中央苏区
法制建设史

杨木生 ★ 著

中共党史出版社

图书在版编目（CIP）数据

中央苏区法制建设史 / 杨木生著 . －－北京：中共
党史出版社，2024.11（2025.1 重印）
ISBN 978-7-5098-6411-1

Ⅰ.①中… Ⅱ.①杨… Ⅲ.①中央苏区－法制史－研
究 Ⅳ.①D929.6

中国国家版本馆 CIP 数据核字（2023）第 203849 号

书　　名：中央苏区法制建设史
作　　者：杨木生
出版发行：中共党史出版社
责任编辑：王媛
责任校对：申宁
责任印制：段文超
社　　址：北京市海淀区芙蓉里南街 6 号院 1 号楼　邮编：100080
网　　址：www.dscbs.com
经　　销：新华书店
印　　刷：北京汇林印务有限公司
开　　本：710mm×1000mm　1/16
字　　数：280 千字
印　　张：16
版　　次：2024 年 11 月第 1 版
印　　次：2025 年 1 月第 2 次印刷
书　　号：ISBN 978-7-5098-6411-1
定　　价：40.00 元

前　言

　　土地革命战争时期，中国共产党领导人民创建了中央革命根据地和中华苏维埃共和国，建立了历史上第一个全国性的红色政权。随着红色区域的开辟和红色政权的建立，中国共产党和中华苏维埃共和国临时中央政府在进行艰苦卓绝的革命战争和土地革命的同时，学习和借鉴苏联的做法与经验，在彻底摧毁旧法体系的基础上，广泛开展了中央苏区法制建设：颁布了宪法大纲、刑事、经济、土地、劳动、婚姻等一系列法律、法令、条例和训令，创立和完善了司法人民委员部、国家政治保卫局、临时最高法庭和各级裁判机构等人民司法机关，制订和规范了公开审判、便民诉讼等一整套司法制度。中央苏区法制就性质而言，是新民主主义法制，是人民民主法制。它遵循和坚持了反帝反封建、实行人民民主、保障人民权利、推进经济建设、推行司法民主等基本原则，体现了服务于革命战争、保障土地革命、原则性和灵活性紧密结合、借鉴苏联模式，同时又受"左"的影响等主要特点，创造和积累了坚持党的领导、依据党的政策、坚持从实际出发、与中国革命的性质和任务相适应、吸引广大群众积极参与等有益经验。从历史地位和作用来看，它在中国法制建设发展史上揭开了崭新的篇章，开创了人民民主法制的新纪元和新道路，是新民主主义法制建设的初创和奠基阶段，也是社会主义法制建设的原始基础和渊源。为保卫新生的红色政权，巩固革命根据地，发挥工农民主专政的职能作用，作出了积极的不可磨灭的贡献，亦为此后革命根据地的政权和法制建设乃至创建社会主义法治体系、建设社会主义法治国家提供了宝贵的经验教训，时至今日仍然具有重要的启示和借鉴意义。

目　录

第一章
中央苏区建立前革命法制产生和发展概况

中央苏区，是中央苏维埃区域的简称，又称中央革命根据地，是土地革命战争期间中国共产党领导人民创建的全国最大的一块革命根据地，是全国苏维埃运动的中心区域，也是中华苏维埃共和国党、政、军首脑机关所在地。中央苏区的正式形成，是以 1931 年 11 月 7 日中华苏维埃共和国临时中央政府在江西瑞金成立为标志，中国共产党在中央苏区领导的苏维埃运动达到了一个新的高潮，在中华民族 5000 年的历史上，第一次建立了由工农当家作主的人民民主政权。这个新生的红色政权在艰苦卓绝的战争环境中，领导人民开展了政权、法制、经济、文化、教育、卫生、体育等各方面的建设，有效地管理了苏维埃共和国，积累了丰富的治国安民执政经验，取得了伟大的成就，为日后陕甘宁边区的建设和社会主义新中国的诞生、发展奠定了坚实的基础。其中，围绕革命斗争这一中心任务开展的法制建设，在有效稳定社会秩序、增强经济实力、巩固红色政权、改善人民生活等各个方面发挥了重要作用，也为新中国的社会主义民主法制建设积累了宝贵经验，在新民主主义法制发展进程中具有里程碑的伟大历史意义。

第一节　中央苏区建立前的革命法制建设

土地革命战争时期，在中共中央有关政策的指导下，各地红军和各革命根据地创造性地开展法制建设，积极推动了红军建设和苏维埃政权建设，维护了各革命根据地的社会秩序和经济秩序。

一、红军的法制建设

纪律，是军队战斗力的保证。而红军创建初期，人员组成非常复杂，有中国共产党掌握和影响下的原国民革命军，在大革命失败后举行起义，改编为工农红军；有工人纠察队；有农民自卫军；有投诚的俘虏。正因此，旧军队中的打骂士兵、赌博、强拿强要等恶劣习气以及流寇思想、自由散漫思想，在红军队伍中也时有出现。为了整肃军纪，打造一支纪律严明的新型人民军队，各地红军在艰苦作战的同时，不断健全军事法制，及时妥善地处理好各类违纪案件，保障了红军的健康发展。

以毛泽东、朱德创建和领导的第一支中国工农红军——红四军为例：

（一）军内民主建设

军、团、营、连都设有士兵委员会，其中在连一级是由全连士兵大会选举出士兵委员会的执委，营以上是由士兵代表大会推选出执委。各级士兵委员会的主要任务是：一、参加军队管理；二、维持红军纪律；三、监督军队的经济；四、作群众运动；五、作士兵政治教育。

最能体现红军民主精神的是士兵委员会的经济监督职能，在红四军中，计划筹款与全军预算及分配支取问题由党的委员会负责，监督经济则由各级士兵委员会负责，每月由军部军需处公布一月收入支取情形，由士兵委员会代表会审查。因此红四军的物质待遇完全实现了平等，官兵一致。红军中流传一副对联："红军中官兵夫薪饷穿吃一样，军阀里将校尉起居饮食不同"。

（二）严明的军纪

红四军的军纪可以分为下列数项：

1. 战时纪律，临阵退却、畏缩不前、违抗命令等可由军官就地枪决。

2. 一般纪律，通敌、叛反、拐枪潜逃、开小差、强奸、乱烧乱杀、敲诈人民财物均处死刑；赌博则没收其所有金钱并决定一月内不发零用钱；嫖妓则处以夜不归营之罪，因嫖妓而滋事者，量其大小或处死刑或罚勤务或打屁股或打手心，其余比较细小之错误则按其轻重处罚。

3. 工农革命军三项纪律：（1）行动听指挥；（2）不拿群众一个红薯；（3）打土豪要归公。

"三大纪律、八项注意"：1928 年 4 月，毛泽东在沙田宣布和解释三大纪律和六项注意。三大纪律是：第一，行动听指挥；第二，不拿工人农民一点东西；第三，打土豪要归公。六项注意是：一、上门板；二、捆铺草；三、说话和气；四、买卖公平；五、借东西要还；六、损坏东西要赔。[①]后来，对六项注意增加了"洗澡避女人"和"不搜俘虏腰包"两项内容，从而成为三大纪律、八项注意。红军的三大纪律、八项注意成为了红军官兵的行动准则，也是红军处理各类违法违纪行为的主要依据。到了 1947 年，毛泽东为中国人民解放军总部起草的关于重新颁布三大纪律八项注意的训令发布。三大纪律、八项注意在党和人民军队建设史上发挥了重要作用。

（三）对土豪劣绅的政策

红军每到一个地方，就要发动群众，打土豪分田地。最初的土地政策是没收一切土地重新分配，之后改为没收地主阶级的土地。把没收、查抄到的土豪劣绅的财产作为军费，或者是分给贫苦群众。对于罪大恶极、欺凌压迫百姓、残害革命人士的土豪劣绅、反动官吏，则予以逮捕、审判。另外，有些农民出于维护家族的利益等因素考虑，在红军打土豪分田地时，出头反对分谷、分财物。这些人大多也是出身贫苦的农民，又没有其他劣迹。一经捉获既不能枪毙，又不好简单地释放。因为他罪不至死，枪毙了他会引起不好影响；如果释放他又没有惩戒其反革命的行动，同样影响不好。红军想出一个办法，就是召集一个群众大会，由被捕的这类人员请几个保人，红军代表宣布他的劣迹，但说明他是没有阶级觉悟受了土劣欺骗，可以不杀他，望他改悔，再由保人及本人向群众说明并表态，愿以后改过，然后当众释放。这样既惩罚这种错误行为，又起到很好的宣传作用。

（四）对俘虏的政策

对于在战斗中抓获的普通俘虏兵，红军首先是公开征求他们的意见。愿意参加红军的，马上登记；不愿意参加红军的，则开欢送会，每人发放一两元路费，并由士兵代表致欢送词，希望他们提高觉悟回家种田，去打土豪，不用再当兵，不要再来打工农和红军。如果俘虏受了伤，红军还给他们治疗，上好

---

① 中共中央党史和文献研究院编：《毛泽东年谱》第 1 卷，中央文献出版社 2023 年版，第234 页。

药，发给路费，派人把他们送回白区。红军优待俘虏的政策，不仅分化瓦解了敌人，而且反动军官诬蔑红军和共产党的宣传也不攻自破。对于促使白军士兵投诚起义、吸引群众参加红军都起到了积极作用。

毛泽东在《井冈山的斗争》一文中指出："尤其是新来的俘虏兵，他们感觉国民党军队和我们军队是两个世界。他们虽然感觉红军的物质生活不如白军，但是精神得到了解放。同样一个兵，昨天在敌军不勇敢，今天在红军很勇敢，就是民主主义的影响。红军像一个火炉，俘虏兵过来马上就熔化了。"[1]

（五）对反水人员的政策

反水就是叛变的意思。在革命根据地初创阶段，红军与白军互有攻守，在革命高潮时，地主、富农受到打击，随着国民党军的"围剿"，白色恐怖一来，马上就出现反水现象。在反水人员中，有投机革命的叛徒，有小地主、富农的中间阶级，他们依照反动派的指示，迫害革命群众，到处烧屋、捉人。还有一部分反水人员是普通农民群众，他们听信反动派宣传，误认为红军要杀死他们，所以跟着反动派逃跑，不敢回家。

由于反水人员的成分复杂，且是特殊时代背景下的现象，红军注意区分反水人员的成分、表现，采取不同的处理政策。对反水的普通农民群众，采取既往不咎、劝其回家的政策。宣传"不杀反水农民""欢迎反水农民回来割禾"。经过广泛宣传之后，农民开始消除了对共产党和红军的疑虑，陆续安心回家。对于在白色恐怖下，趁机反攻倒算、迫害革命干部和群众的土豪劣绅、反动富农以及投机革命钻入革命队伍中的叛徒，坚决予以镇压。

（六）红军的政治主张

1929 年 1 月，红四军从井冈山向赣南闽西进军途中，由毛泽东、朱德签署，以红四军司令部的名义发布了一则公告，这则公告全面阐述了红四军的政治主张以及各项主要政策。公告全文如下：

"红军宗旨，民权革命，赣西一军，声威远震。

此番计划，分兵前进，官佐兵夫，服从命令。

平买平卖，事实为证，乱烧乱杀，在所必禁。

全国各地，压迫太甚，工人农人，十分苦痛。

---

[1]《毛泽东选集》第 1 卷，人民出版社 1991 年版，第 65 页。

土豪劣绅，横行乡镇，重息重租，人人怨愤。

白军士兵，饥寒交并，小资产者，税捐极重。

洋货越多，国货受困，帝国主义，哪个不恨。

国民匪党，完全反动，口是心非，不能过硬。

蒋桂冯阎，同床异梦，冲突已起，军阀倒运。

饭可充饥，药能医病，共党主张，极为公正。

地主田地，农民收种，债不要还，租不要送。

增加工钱，老板担任，八时工作，恰好相称。

军队待遇，亟须改订，发给田地，士兵有份。

敌方官兵，准其投顺，以前行为，可以不问。

累进税法，最为适用，苛税苛捐，扫除干净。

城市商人，积铢累寸，只要服从，馀皆不论。

对待外人，必须严峻，工厂银行，没收归并。

外资外债，概不承认，外兵外舰，不准入境。

打倒列强，人人高兴，打倒军阀，除恶务尽。

统一中华，举国称庆，满蒙回藏，章程自定。

国民政府，一群恶棍，合力铲除，肃清乱政。

全国工农，风发雷奋，夺取政权，为期日近。

革命成功，尽在民众，布告四方，大家起劲"[1]。

其他几支红军在革命斗争和创建苏维埃政权时，也分别提出了自己的政治主张和红军纪律。

活跃在湘鄂赣边的红五军在举行平江起义前，提出十条政治纲领："（一）彻底消灭平江城的民团、挨户团等地主反动武装，逮捕县长、省清乡督察员、独立五师副师长等反动头子及罪大恶极的土豪劣绅，推翻国民党县党部和县政府；（二）宣布成立中国工农红军第五军，并以缴获的一部分武器移交地方党委武装工农；（三）建立平江县以及各区的苏维埃政府，宣布土地纲领和劳动法令，首先是不还债、不纳税、不送租，打土豪，分田地，实行'三八工作制'，增加工资；（四）释放牢中的一切政治犯；（五）在湘鄂赣边区建立革命根据地，并求得与湘赣边区革命根据地和红四军活动的区域打成一片，建立湘鄂赣边区工农兵苏维埃政府，以便统一领导革命；（六）改善士兵生活，凡

---

[1]《毛泽东文集》第 1 卷，人民出版社 1993 年版，第 52—53 页。

参加起义的官兵每人发给现洋 3 元，实行官、兵夫待遇平等，经济公开，建立士兵委员会，选举官长，废除打骂和奴隶教育；（七）没收地主土豪劣绅的财物，向富商筹饷，除现金作军饷外，其余财产分给群众；（八）宣布反对一切帝国主义，反对帝国主义战争，没收帝国主义在平江的教堂、企业和财产，归工农兵苏维埃政府处理；（九）武装拥护苏联，并与各弱小民族，被压迫民族团结起来，反对帝国主义的战争；（十）人民有言论、出版、结社、集会、罢工的自由。"①

这些政治纲领体现了党在八七会议中确立的实行土地革命和武装起义的方针，成为红五军和湘鄂赣边革命根据地维护工农兵合法权益，惩治反动势力的重要法律依据。

在鄂豫皖边地区，徐向前领导的红一方面军也根据革命斗争的实际情况，总结提出了红军建设的要求和纪律。

在政治领导问题上，《中共鄂豫边第一次代表大会关于军事问题决议案》中也规定：各级建立党组织，实行党代表制，坚持党对军队的领导；部队设士兵委员会，实行官兵平等、经济公开、废除肉刑、不杀俘虏；等等。

在军事纪律方面，虽然没有像"三大纪律、八项注意"那样完整的规定和提法，但也有些规定和要求。这些规定和要求包括"服从命令听指挥……打土豪所得和财物，都是归公的。不准贪污……不准调戏妇女，不准随便抓人、杀人，不准抢东西，不准烧房子……部队到一个地方，派饭一桌给一元；借一床被子给三个铜板，睡觉没稻草，要用钱去买；走的时候，得把房子收拾干净，上好门板"；等等。后来总结为十条：（1）不拿穷人一针一线；（2）不拿穷人粮食；（3）对穷人态度要和蔼；（4）爱护枪不要弄坏；（5）节省子弹勿乱打；（6）对群众要宣传红军主张；（7）火线上要对白军宣传；（8）占城市注意收集机器医药；（9）得物资要先顾伤员同志；（10）到地方要研究地形道路②。

正是严明的军纪，正确的政治纲领，才确保了红军成为与历史上任何一支军队都不同的新型人民军队，保证了红军的战斗力，为革命根据地的发展奠定了良好的基础。

---

① 滕代远：《平江起义前后》，《湘鄂赣革命根据地回忆录》，人民出版社 1986 年版，第 11—12 页。

② 徐向前：《历史的回顾》（上），解放军出版社 1984 年版，第 91—92 页。

二、各革命根据地的法制建设概况

在中央苏区正式形成之前，根据中共中央的指示，各革命根据地建立起地方各级苏维埃政权，根据土地革命和武装斗争的需要，制定发布各类法律，建立起司法机关，依法审理各类案件，保护苏区人民的合法权益，打击反革命势力。

（一）立法概况

1. 纲领性文件和政权组织立法

（1）1927年11月，中共江西省委制定的《江西省苏维埃临时政纲》规定，没收地主土地及耕种工具分与无地贫农和退伍兵士；没收庙产、祠产等地方公产分与无地贫农和退伍兵士；没收私人一切大企业及大生产机关，如银行、工厂等，归地方苏维埃与各该工会共同管理；没收一切交通机关如轮船、铁道、邮电等，归地方苏维埃管理；没收军阀官僚地主土豪劣绅及一切反革命派财产交当地苏维埃，作工农银行基金，无利息借与工农；免除工农平民偿还、缴纳过去的欠债、欠租、欠税、欠捐的义务；废除工农平民过去的一切卖契、典契和借契；确认人民有集会、结社、言论、出版、住居、罢工的绝对自由；取消苛捐杂税、规定极低微的土地税；开办各种合作社；严惩反革命政府一切官吏及压迫工农平民的地主、土豪、劣绅、资本家以及一切反革命派；制定真正能保障工人阶级利益的劳动法和劳动保险法，实行八小时工作制；特别保护童工、女工；确定男女绝对平等；由政府设立养老院、育婴院、残废院及病院；解除军阀及反动武装，武装工农，建立工农革命军；整理市政，修筑道路，铺设铁路及汽车路，以便利交通；改良士兵待遇，提高士兵地位及教育，士兵须参加军队的管理；修筑河道，修治堤防，以兴水利；实行普及义务教育及职业教育；注意工农成年补习教育及职业教育；发展农村教育，提高乡村文化；发展社会教育，提高普通文化程度；没收外人在本省内设立的银行、工厂及大企业；没收外人在本省内设立的教会、教堂、学校、医院等；取消以前反动政府与外人订立的侵害中国主权的不平等条约；反动政府所借外债及内债，凡有损害本省苏维埃利益者，不负偿还之责。

1927年11月，中共江西省委还制定了《江西省苏维埃临时组织法》，规定，在江西省建立省、县、市、区、乡等各级苏维埃政权组织，凡年满16岁以上的产业工人、雇农、佃农、半自耕农、兵士，以及靠自身劳动力为谋生手段的新闻记者、教职员、医生等人，享有选举权与被选举权。剥夺地主、土豪劣绅、反动政府官吏、反动军官、工贼、农贼、依附统治阶级危害苏维埃政权者及利用资本剥削工人剩余劳动以求得利润的资产阶级的选举权与被选举权。

《组织法》还规定，在省、县、市苏维埃执行委员会之下，设立主席团和秘书处，设立军事、财政、土地、教育、内务、劳动保险及失业救济、建设、惩治反革命等委员会，在省苏维埃还设立外交委员会。区执行委员会不设立专门委员会，指定专门的财政委员、土地委员、教育委员、内务委员、建设委员、惩治反革命委员分任相关工作。乡苏维埃执行委员会不设主席团和专门委员，其财政、土地、教育、内务、建设、司法等工作由乡执行委员会直接办理。

（2）1929年开始，毛泽东、朱德、陈毅领导的红四军转战赣南和闽西地区，先后攻克长汀、龙岩、永定等地。1929年7月，中共闽西第一次代表大会在福建省上杭召开，选举产生了以邓子恢为书记的中共闽西特委，通过了《苏维埃政权决议案》。《决议案》规定：当乡村中斗争胜利，广大群众已经起来，党有相当的领导力量，政权已经相当巩固时，可以组织苏维埃。一区中有3个乡苏维埃以上，即可成立区苏维埃；一县中有3个区苏维埃以上，即可成立县苏维埃。截至1929年10月，龙岩、上杭、武平、长汀、连城等6个县，先后建立了4个县苏维埃政府、50多个区苏维埃政府、400多个乡苏维埃政府。[①]

1930年3月，在福建省龙岩县城召开了闽西第一次工农兵代表大会，成立了闽西苏维埃政府。在这次大会上通过了《苏维埃政府组织法》。《组织法》规定，苏维埃是工农兵自己选举代表组织的政权机关，凡年满16岁男女而非剥削劳动者、非宗教徒和反革命者，均有选举权和被选举权。《组织法》还就苏维埃的选举程序、选举办法、撤换条件、上下级苏维埃的关系、执行委员的职责、各级政府组织系统等方面作出详细规定。

（3）1930年，湖南省工农兵代表大会通过了《湖南省工农兵苏维埃政府暂行组织法》，分为宣言及政纲、组织原则、省苏维埃政府组织法、县苏维埃政府组织法、区苏维埃政府组织法、乡村苏维埃政府组织法、选举法及附则。

（4）1931年7月，鄂豫皖区第二次苏维埃代表大会通过了《鄂豫皖区苏维埃临时组织大纲》。《大纲》提出，苏维埃是工农代表会议，是工农民主专政的政权，是彻底替工农兵谋解放的政权，与代表地主资产阶级的国民党政权完全

---

① 叶介甫：《邓子恢：闽西苏区的主要创建者》，《中华魂》2020年第11期。

对立，它的组织原则是立法行政合一，完全运用民主集中制。

2. 土地革命立法

20世纪初，封建地主阶级是旧中国最反动、最腐朽的阶级，代表落后的封建生产关系。在近代，地主阶级又是帝国主义统治中国的主要社会基础之一。不打倒地主阶级，不消灭封建剥削制度，也就无法动员广大农民群众投入反帝、反封建的洪流。因此，土地革命是中国革命的基本内容[①]。各革命根据地最主要的政治任务就是开展土地革命，最主要的法制建设任务之一就是制定和实施土地法。1927年，八七会议决定在农村实行土地革命。1927年11月，广东海陆丰革命根据地召开的工农兵代表大会通过了没收土地决议案。随后各革命根据地都曾在中共中央的政策指导下制定土地革命法令。较为典型的包括：

（1）1928年12月，毛泽东主持制定了井冈山《土地法》。井冈山《土地法》共9条，主要内容是：没收一切土地归苏维埃政府所有，或者分配给农民个人耕种，或者分配给农民共同耕种，或者由苏维埃政府组织模范农场耕种。禁止土地买卖。除老幼疾病没有耕种能力及服务公众勤务者以外，其余的人均须强制劳动。分配的方法是，主要以乡为单位分配，如果遇特殊情形，可以以几乡或以区为单位分配。男女老幼平均分配，但能劳动者要比不能劳动者多分一倍土地。茶山、柴山按分田的方法分配，竹木山归苏维埃政府所有，但经政府许可，农民可以享用一定数量的竹木。土地税为15%，遇特殊情形，经高级苏维埃政府批准，适用10%或5%，遇天灾等特殊情形，还可以免交土地税。乡村手工业工人愿意分田的，可以分得每个农民所得田的数量的一半。红军及赤卫队的官兵，在政府及其他一切公共机关服务的人，都可以分配土地，并由苏维埃政府雇人代替耕种。

此后，毛泽东在延安编辑《农村调查》一书时，对井冈山《土地法》作了一个评价，指出："此土地法是一九二八年冬天在井冈山（湘赣边界）制定的。这是一九二七年冬天至一九二八年冬天一整年内土地斗争经验的总结，在这以前，是没有任何经验的。这个土地法有几个错误：（一）没收一切土地而不是只没收地主土地；（二）土地所有权属政府而不是属农民，农民只有使用权；（三）禁止土地买卖。这些都是原则错误，后来都改正了。"[②]

[①] 叶孝信主编：《中国法制史》（新编本），北京大学出版社1996年版，第460页。
[②]《毛泽东文集》第1卷，人民出版社1993年版，第51页。

（2）1929年4月，毛泽东主持制定兴国县《土地法》，共8条。这个土地法修改了没收一切土地的政策，规定："没收一切公共土地及地主阶级的土地。"在土地分配使用问题上，则是沿用井冈山《土地法》的规定。

（3）1930年3月，闽西第一次工农兵代表大会通过的《土地法案》，共10章46条。闽西《土地法案》规定，没收一切土地，以乡为单位按人口平均分配，禁止土地买卖及抵押。分得土地5年后及经3/4以上的农民要求可以重新分配，并确立了抽多补少、抽肥补瘦的方法。

（4）1930年5月，全国苏维埃区域代表大会通过的《土地暂行法》，共9条，并附有19条解释。主要内容是：没收一切地主及参加反革命活动者的土地，分配给无地、少地的农民。禁止土地买卖、租佃、典押。《土地暂行法》在一定程度上纠正了此前土地立法的"左"倾错误。

（5）1930年8月，由中国革命军事委员会发布的《苏维埃土地法》，共4章31条。该法规定没收一切私人、团体的土地，以乡为单位按人口平均分配，豪绅地主、反革命的家属也可酌量分给土地。应按"抽多补少，抽肥补瘦"的原则平均分配给农民，并由苏维埃政府发给耕种证。此外，还规定了废除债务、征收土地税等内容。

3. 刑事立法

在武装斗争和创建革命根据地的过程中，中国共产党面临的突出任务就是及时惩治反革命，保卫新生的苏维埃政权，保障翻身农民的人身财产安全，保证红军军事斗争的顺利开展。因此，在各革命根据地，刑事立法的主要内容都集中在镇压反革命方面，各苏区都制定了惩治反革命条例或肃反条例。如：1928年，永定县溪南区苏维埃政府制定《肃反条例》，闽北小北区代表会议通过、颁布《捕办反动派（军阀、贪官、污吏、土豪、劣绅、捐棍、税蠹、走狗）条例》《处罚条例》；1929年，江西信江工农民主政权制定《肃反条例》；1930年4月，鄂豫皖区六安县第六区制定《肃反条例》；1930年6月，闽西苏维埃制定《惩办反革命条例》。

上述这些刑事立法，对各种反革命行为规定了相应的刑罚，规定了惩治反革命的程序，对于巩固红色政权、保护工农权利起到了重要作用。有的立法也体现了进步和文明，如：不得株连反革命分子的无辜家属；处置反革命分子要向群众解释，必要时召开群众大会裁判；等等。但是由于受"左"倾机会主义路线影响，这些刑事立法也存在适用死刑范围过宽、定罪量刑上有"唯成分论"等错误倾向，在司法实践中更是发生了不同程度的肃反扩大化的错误，给革命造成了重大损失。

特别值得注意的是，1931 年 5 月 19 日赣东北特区苏维埃政府颁布的《暂行刑律》。相比较于其他根据地的刑事立法仅限于或着重于规定反革命的罪名与刑罚，该《暂行刑律》内容比较全面，结构比较合理，包括总则和分则两编，共 36 章 149 条，达到了较高的立法水准，可以说是早期革命根据地内容最为完整、立法技术最高的一部刑事法律。

4. 婚姻立法

在中华苏维埃共和国临时中央政府成立以前，各苏区都已经先后制定了各自的婚姻法规。用法律的武器，解放深受封建压迫的广大妇女，在苏区建立起中国历史上前所未有的新型婚姻与家庭制度。其中影响较大的，包括 1930 年闽西第一次工农兵代表大会制定的《婚姻法》、1931 年湘赣苏区制定的《婚姻条例》以及《鄂豫皖工农兵第二次代表大会婚姻问题决议案》等。

这些婚姻法规，都确立了婚姻自由的原则，规定了离婚的具体条件，并且着重保护妇女儿童的合法权益，反对封建落后的婚姻家庭关系，是中国婚姻法制史上的一大进步。这一点，与同时期国民党统治区的婚姻家庭制度相比，显得尤为明显。

5. 劳动立法

1928 年 7 月，中国共产党第六次全国代表大会通过的"十大政纲"中，确定了实行八小时工作制、增加工资、失业救济、社会保险的劳动立法原则。各革命根据地制定的纲领性文件中，也大都重申了中国共产党的这一政策，并根据这一政策制定了各自的劳动法规。较典型的有 1930 年 3 月闽西第一次工农兵代表大会通过的《劳动法》、1930 年 5 月全国苏维埃区域代表大会通过的《劳动保护法》。

（二）司法制度

1. 司法机关

在国民党统治区，中共中央于 1927 年 11 月在上海建立了中央特科，由周恩来直接领导。特科的主要任务是保卫中央领导机关的安全，了解和掌握敌人的动向，营救被捕同志和惩办叛徒特务。特科设总务、情报、行动三科，1928 年又增设了无线电通讯科，负责设立电台、培训报务员、开展与各地的通讯联络工作。

这一时期，在红军中普遍建立了政治保卫机构或肃反委员会，负责红军的情报、保卫及惩治反革命工作。

在各革命根据地，先后建立了政治保卫局、肃反委员会、革命法庭、裁判部、赤色民警局、内务委员会等司法机构。如：《江西省苏维埃临时组织法》规定，在省、县、市苏维埃执行委员会之下，设立内务、惩治反革命等委员会，区执行委员会指定专门的内务委员、惩治反革命委员分任相关工作；《闽西苏维埃组织法》规定，在执行委员会之下设有裁判肃反委员会，在主席之下设有裁判部；《湖南省工农兵苏维埃政府暂行组织法》规定，在省、县苏维埃政府执行委员会常务委员会下，设裁判委员会和肃反委员会，区苏维埃政府常务委员会和乡苏维埃政府执行委员会下设裁判兼肃反委员职务；《鄂豫皖区苏维埃临时组织大纲》规定，苏维埃政府设政治保卫局（委员若干人，主席一人，直接指挥下级政治保卫局）和革命法庭（委员若干人，主席一人，内设审判委员会、国家公诉员、辩护员）。

2. 诉讼制度和司法程序

中央苏区正式形成之前，各革命根据地的程序法建设相对要薄弱一些，没有专门的诉讼法，司法程序散见于各类刑事立法当中或有关组织法当中。如：1930 年 5 月闽西苏维埃政府制定的《裁判条例》，规定了乡、区、县各级政府兼为审判机构，死刑要经过县政府批准，上诉期为 3—7 日，禁止肉刑等内容；1931 年 9 月 1 日鄂豫皖区苏维埃政府制定的《革命军事法庭暂行条例》，规定了革命军事法庭审理政治案犯、军事案犯和地方案件的不同程序等内容。

第二节　中央苏区创建后开展法制建设的必要性

从 1927 年冬开始，江西、福建两省的党组织在赣西、赣南、闽西各地相继发动和领导了农民武装暴动，为中央革命根据地的创建奠定了广泛的群众基础。[1]1929 年，为粉碎湘赣之敌第三次"会剿"，毛泽东和朱德率领红四军主力主动离开井冈山，转战赣南、闽西，所到之处，发动群众，帮助组建当地红色政权。到 1931 年，红军在毛泽东、朱德的指挥下，连续粉碎国民党对中央苏区的第一、第二、第三次军事"围剿"。1931 年 1 月 15 日，根据中共中央指

---

[1] 共青团赣州市委、中共赣州市委党史办编：《中央苏区青年运动史》，中共党史出版社 2009 年版。

示，中共苏区中央局和中华苏维埃中央革命军事委员会在江西省宁都县的小布宣告成立。同年 11 月，中华苏维埃第一次全国代表大会（"一苏大会"）在江西瑞金胜利召开，成立了中华苏维埃共和国临时中央政府，定都瑞金。"一苏大会"的召开，苏维埃临时中央政府的成立，标志着以瑞金为中心的中央苏区正式形成。

中华苏维埃共和国临时中央政府旧址——瑞金叶坪（"一苏大会"会址）

新生的中华苏维埃共和国临时中央政府，是中国共产党第一次建立的全国性革命政权。从此，中国共产党面临的主要任务，不仅仅是武装斗争，还包括从未独立经历的治国安邦实践。而民主法制建设是国家建设的重要组成部分。为维护社会稳定，巩固和发展政权，发展各项社会事业，新生的苏维埃政权必然需要大力开展民主法制建设。早期革命根据地各自为政的法制建设现状，也呼唤着苏维埃中央政府加快统一革命法制建设的步伐。

一、巩固执政地位，实现依法执政的必然要求

任何一个政权的建立必须具有执政的合法性，否则就得不到人民群众的支持和认可。蒋介石通过《训政纲领》和《中华民国训政时期约法》等系列反动法制为其在南京建立的反动统治披上了"合法"的伪装。在半殖民地半封建的中国，中国共产党建立了与国民党反动政权相抗衡的苏维埃政权，其执政的合法性，也必须通过代表广大人民群众意志的法律予以确认。"一苏大会"通过的《中华苏维埃共和国宪法大纲》，体现了中国人民反帝反封建的意志，反映了广大工农兵和一切劳苦大众争取自由民主的愿望，第一次用国家根本法的形式赋

中华苏维埃第一次全国代表大会会场举手表决场景

予了人民自己的政权——苏维埃政权的合法性，赋予了临时中央政府代表人民群众行使国家管理职能权力的合法性。这是苏维埃政权依法执政的一个方面。另一方面，依法执政还意味着各级苏维埃政权必须在宪法和法律规定的框架内活动，严格执行中央和地方各级苏维埃代表大会所制定和颁布的一系列法律法令，不得违反宪法和法律规定，损害人民群众的合法权利。

二、建设基层政权，保卫胜利果实的重要手段

革命的根本问题就是国家政权问题，正如列宁所指出的一样，如果没有政权，无论什么法律，无论什么选出的机关都等于零。因此，巩固和保卫新生的国家政权，是中华苏维埃共和国成立后摆在临时中央政府面前的一个重要课题。用民主法制建设人民政权，这是各国政权建设中的普遍手段，也是被后来中华苏维埃共和国政权建设实践所证明的成功经验。一是要依据武装斗争、苏维埃运动和红色政权的发展，制定出大量反映人民意志和利益的法律、法令等，并严格保证其贯彻实施，从而激发广大人民的积极性，为保卫工农民主专政政权而英勇斗争。毛泽东在"二苏大会"的报告中指出："施行各种基本的政策是为了什么呢？为了巩固已经胜利的工农民主专政，为了发展这个专政到全国范围内去，为了动员、组织、武装全苏区、全中国的工农劳苦群众，以坚决的革命战争推翻帝国主义与国民党的统治，来巩固与发展这个专政，并且为了从现时资产阶级性的工农民主专政，准备转变到将来社会主义的无产阶级专政去。苏维埃必须施行各种必要的基本的政策，这就是苏维埃一切政策的出发

点。"① 诚然，这也是苏维埃各项立法的出发点。二是要通过法制建设，将党的民主革命纲领具体化、法律化，为中国革命指明道路和方向。三是要通过人民司法工作实现对人民的民主和对敌人的专政。苏维埃政府通过制定和颁布《关于处理反革命案件和建立司法机关的暂行条例》《惩治反革命条例》《裁判部的暂行组织和裁判条例》等法律法规、条例，成立各类司法机构，处理大量刑事案件，严厉打击破坏苏维埃政权的一切违法犯罪活动，巩固和发展苏维埃政权。正如《中央司法人民委员部一年来工作》中指出："裁判部是苏维埃政府的临时司法机关，它目前的中心任务是：保障苏维埃政权及其各种法令的实施，镇压反革命及反苏维埃法令的反革命行动"；"以后裁判部判决反革命案件，应当以保护工农权利，巩固苏维埃政权，适应革命环境，来保障革命胜利为前提。"② 苏区的人民司法工作，对扩大和发展革命根据地，建立、巩固红色政权发挥了重要作用。

三、统一法制，建立工农民主法制的现实要求

中华苏维埃共和国临时中央政府的成立，使全国苏维埃运动有了统一的领导机关。它领导着分散在全国各地约十五六万平方公里、一千余万人口的红色区域，共有十几个苏区，范围涉及江西、福建、湖南、湖北、安徽、云南、广东、广西、浙江等九省。在四周白色政权包围中的彼此分散孤立的苏区，虽然受到中央苏区政权与法制的影响或指导，但由于敌人的分割和封锁，总的来说，还是采取独立自主、各自为战的形式。这样，虽然各个苏区的法律能够因地制宜，容易收到机动灵活的效果，但也有各个苏区法律不统一的缺陷。如《赣东北特区苏维埃暂行刑律》《湘赣省苏区惩治反革命犯暂行条例》等。毛泽东在领导苏区革命斗争中，已深感创建统一法律的重要性。他倡议由"中央制定一个整个民权革命的政纲，包括工人利益、土地革命和民族解放，使各地有所遵循"③。

同时，统一法制也是建立一个与工农民主专政政权性质相适应的工农民主法制的必要前提。工农民主法制与国民党压迫人民、欺骗人民的反动法制有着

---

① 中共中央文献研究室、中央档案馆编：《建党以来重要文献选编》第 11 册，中央文献出版社 2011 年版，第 98 页。

② 瑞金县人民法院编：《中华苏维埃共和国审判资料选编》，人民法院出版社 1991 年版，第 246 页。

③ 张希坡、韩延龙主编：《中国革命法制史》，中国社会科学出版社 2007 年版，第 26 页。

本质的不同。比如：工农民主法制通过法律形式剥夺了地主阶级的全部土地财产，废除了高利贷剥削，取消了苛捐杂税，确认了农民阶级从土地革命中获得的实际利益，让广大工农翻身做主人；国民党反动法制则反其道而行之，大肆为国民党一党专政、蒋介石的法西斯统治涂脂抹粉，对苏维埃政权恶意诬蔑，甚至"企图在他们复辟的地方，施行所谓《剿匪区内各省农村土地处理条例》，倒算已经分配了的土地，使农民再度陷入被剥削的深渊"①。在两个政权尖锐对立之时，建立工农民主法制可以让人们在两种法制的鲜明对比中，认清国民党反动统治的阶级本质，深刻认识到苏维埃政权是自己的政权，革命的法制是保护自己利益的。让中国全体革命民众看到：只有苏维埃政府的政策，才是为了民众政权和民众利益的政策，才是与帝国主义、国民党的反革命政策坚决对抗，推翻帝国主义、国民党在全国的统治，挽救全民出于危亡，解放全体民众出于水火唯一的政策。正如毛泽东当时说的，"在帝国主义、国民党的反革命政策之下，受尽压迫剥削的民众，对于苏维埃每一具体的施政，简直如同铁屑之追随于磁石。这种情形，造成了反动统治阶级的极大恐怖，反动统治阶级因此不惜以一切最无耻的造谣来诬蔑苏维埃的施政。然而铁的事实，是给予无耻造谣的有力的回答。每一个有眼睛的中国人，只要不是丧心病狂的国民党、地主、资本家，便不能不承认苏维埃政府的政策与国民党政府的政策有何等相隔天渊的差别"②。

四、唤起工农群众，深入土地革命的客观需要

中国民主革命的主要问题是农民问题，而农民问题的核心是土地制度的改革。中国的民主革命如果没有广大农民的参加，是不能取得成功的。而如何才能唤起广大农民的革命热情，使他们积极投身到革命队伍中来呢？这就要求我们党解决广大农民最迫切关心的问题——土地问题。对于这一重大问题，毛泽东、朱德等在率领红四军开创赣南、闽西革命根据地的斗争实践中，正确地加以解决了，并总结出一套比较完整的路线、方针和政策，出台了一系列关于土地的法律性文件，推动了根据地土地斗争胜利开展。中华苏维埃共和国成立后，为推动各苏区土地革命继续深入、彻底地开展，必须加强土地法制建设，

---

① 张希坡、韩延龙主编：《中国革命法制史》，中国社会科学出版社 2007 年版，第 34 页。
② 中共中央文献研究室、中央档案馆：《建党以来重要文献选编》第 11 册，中央文献出版社 2011 年版，第 98—99 页。

不断地将红军发动土地革命的先进经验上升为具有普遍指导意义的法律法规，实现对全国各苏区土地革命的指导。

早在党的二大时，中国共产党就开始重视农民的土地问题，在党的纲领中提出农民问题、农民运动的内容。1925年五卅运动后，党开始将帮助农民解决土地问题列入重要议事日程。1926年9月，毛泽东发表《国民革命与农民运动》一文，指出："农民问题乃国民革命的中心问题"，"所谓国民革命运动，其大部分即是农民运动"，"然若无农民从乡村中奋起打倒宗法封建的地主阶级之特权，则军阀与帝国主义势力总不会根本倒塌"。[①]1927年1月至2月，毛泽东回湖南考察农民运动，明确地指出，解决农民问题，就要解决土地问题，这已经不是宣传的问题，而是要立即实行的问题了。后发表《湖南农民运动考察报告》，这个报告是农民运动成功经验的总结，为我们党领导斗争制定正确的路线和策略，提供了可靠的实践依据。井冈山革命根据地时期，毛泽东在湘赣边界各县深入开展了土地革命，发动群众开展打土豪分田地的斗争，并于1928年12月主持制订了中国共产党历史上的第一部土地法——井冈山《土地法》。这个土地法否定了封建土地所有制，规定"没收一切土地归苏维埃政府所有"，"以人口为标准，男女老幼平均分配"。井冈山革命根据地的土地革命经验，为中央苏区土地革命运动的顺利开展奠定了基础。1929年4月，在总结赣南土地革命经验的基础上，毛泽东主持制定兴国县《土地法》，修改了井冈山《土地法》中"没收一切土地"的政策。1930年2月召开的红四军前委、赣西特委和红五、红六军军委联席会议（通称二七会议），强调平分土地是当务之急，提出一要"分"，二要"快"。由此，在赣南、闽西掀起了轰轰烈烈的分田运动。1931年11月，"一苏大会"通过《中华苏维埃共和国土地法》，指导全国土地革命。

经过三年多的土地革命实践，中国共产党基本上形成了一条正确的土地革命路线，这就是：依靠贫农，联合中农，限制富农，消灭地主阶级，变封建的土地所有制为农民的土地所有制。同时，还形成了一套比较切实可行的土地革命政策和方法，如：以乡为单位，按人口平均分配土地，在原耕地基础上抽多补少、抽肥补瘦，等等。

农村革命根据地的土地革命，虽然因缺乏经验，加上受"左"倾错误干扰，曾出现过一些偏差，但它极大地唤起广大农民群众的觉醒，动摇了封建

---

① 《毛泽东文集》第1卷，人民出版社1993年版，第37、38、39页。

制度的根基。在实行土地革命的地方，被压迫的贫苦农民翻身做了主人，他们的生活得到显著改善。中国共产党坚决地领导广大农民改革封建土地制度这个事实，极大地调动了他们支援红军进行革命战争、保卫和建设根据地的积极性。土地革命战争时期，瑞金共有24万人，其中4.9万人参加革命，有3万多人参加长征、1万多人牺牲；兴国共有23万人，其中8万多人参加红军，1.2万多人牺牲。无数工人、农民心甘情愿跟党走，是因为事实告诉他们：中国共产党视人民为父母，是最广大人民根本利益和意志的忠实代表。

五、施行民主政治，搞好廉政建设的重要保障

中华苏维埃共和国成立后，作为中华苏维埃共和国临时中央政府的重要创建者和领导者的毛泽东，为苏维埃的民主政治建设进行了创造性的探索，为革命根据地的政权建设提供了宝贵的经验，在我国的民主政治建设史上留下了光辉的篇章。

"一苏大会"通过的《中华苏维埃共和国宪法大纲》及中央执行委员会通过的《中华苏维埃共和国的选举细则》《地方苏维埃政府的暂行组织条例》《处理反革命案件和建立司法机关的暂行程序》等法律、决议、条例的制定、颁布、施行，标志着中央苏区民主政治建设的正式开始。随后，毛泽东领导中华苏维埃共和国临时中央政府继续制定和发布了一系列的法规、条例和实施细则，对苏维埃国家生活的重要方面作出了法律规定，使临时中央政府在实行工农民主专政、组织苏维埃国家生活方面，较好地发挥了自己的职能作用，使中央苏区的民主政治建设逐步得到健全和完善。

1934年1月22日，中华苏维埃共和国第二次全国苏维埃代表大会（"二苏大会"）在瑞金沙洲坝召开。大会通过的《中华苏维埃共和国中央执行委员会与人民委员会对第二次全国苏维埃代表大会的报告》《中华苏维埃共和国第二次全国苏维埃代表大会关于苏维埃建设的决议案》《中华苏维埃共和国宪法大纲》和《中华苏维埃共和国中央苏维埃组织法》等，都全面总结了中央苏区两年多来的工作，特别是系统总结了民主政治建设方面的成功经验，表明了中央苏区的民主政治建设已发展到成熟阶段。毛泽东亲自领导和主持制定的上述重要文件，全面准确地论述了中华苏维埃民主政权的性质、宗旨、任务和方针政策，是中央苏区民主政治建设的理论基础和行动纲领，它集中反映了毛泽东在这一时期关于民主政治建设的基本理论和光辉思想。

"二苏大会"会址

"二苏大会"参会代表合影

在土地革命中，苏维埃政府制定颁布了《工农检察部的组织条例》《工农检察部控告局的组织纲要》《突击队的组织和工作》《轻骑队的组织与工作大纲》《工农通讯员任务》《统一会计制度》和《怎样检举贪污浪费》等一系列具有法律性质的反腐败规范性文件。特别是中央政府执行委员会发布的《关于惩治贪污浪费行为》的第 26 号训令，对贪污公款金额及量刑档次进行了详细规定，被史学家称为中国共产党历史上第一份反腐败的量刑标准文件，确保反腐倡廉工作有法可依，努力建设廉洁高效政府。

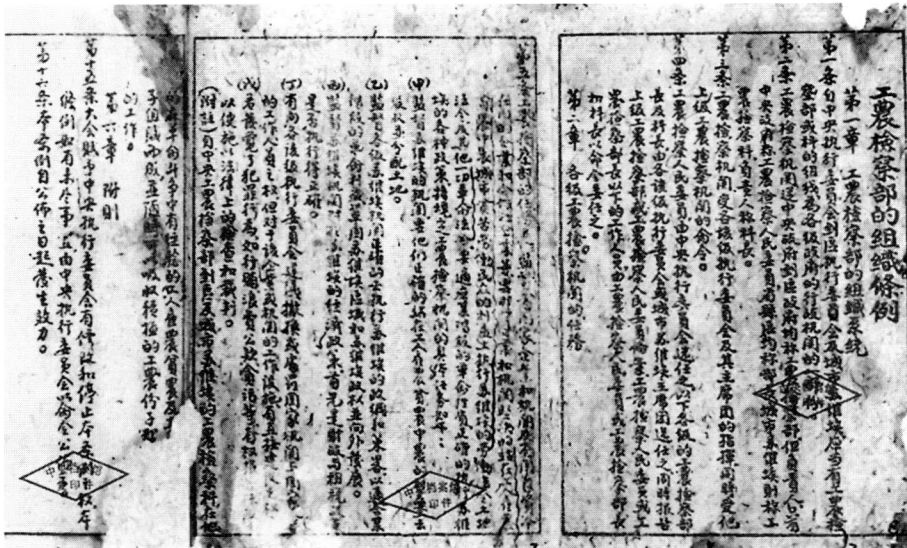

《工农检察部的组织条例》

《突击队的组织和工作》

《工农检察部控告局的组织纲要》

六、开展经济和社会建设，打破敌人封锁的有效途径

中央苏区的经济建设，是在完成土地革命、建立红色政权的基础上进行的。中华苏维埃共和国临时中央政府的成立，为中央苏区开展经济建设和各项事业发展，提供了客观条件和实际可能。同时，开展经济建设，打破敌人封

锁，又必须依靠法制作保障。

"一苏大会"及 1933 年 8 月中央苏区南部 17 县经济建设大会上，通过了《关于经济政策的决议案》《关于苏维埃经济建设的决议》《粉碎五次"围剿"与苏维埃经济建设任务》等一系列有关经济建设的决议，制定了一系列经济政策。临时中央政府陆续颁布《暂行税则》《工商业投资暂行条例》《借贷暂行条例》和《矿山开采权出租办法》等法规，领导各级苏维埃政府发展农业生产，兴办和发展国营工商业、合作社商业，鼓励和保护私营工商业，鼓励对外贸易等。通过苏区经济建设，苏区军民有效打破了敌人的经济封锁，使农业、工业、商业、交通、邮电和金融等工作得到一定的恢复和发展，保证了苏维埃政权机构的正常运转，并改善了人民生活。此外，根据地军民在条件极为艰苦和简陋的情况下，依然努力发展文化、教育事业，并取得重大成就。

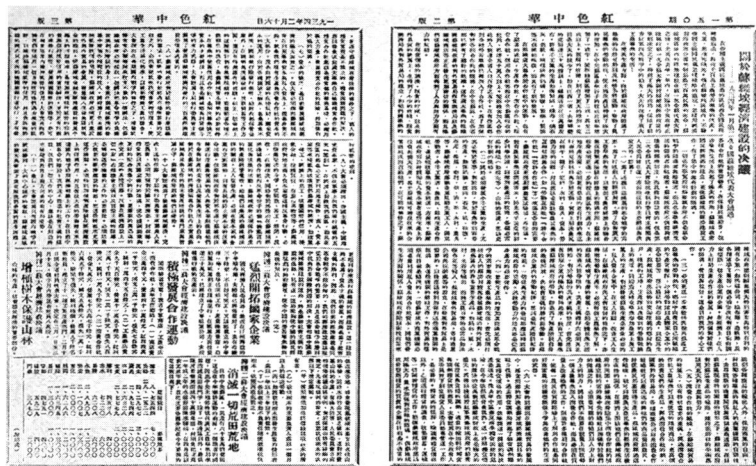

《关于苏维埃经济建设的决议》

第二章
中央苏区时期法制建设的指导思想和主要特点

第一节　中央苏区时期法制建设的指导思想

土地革命战争初期，在红军和革命根据地初创阶段，由于各个革命根据地尚未连成一片，并且规模不大，尚未建立统一的苏维埃政权，各个革命根据地的政权机构也不健全，没有设立独立的司法机构，系统的法律法规也来不及制定与颁布。1930 年中共中央决定将全国苏区连成一片，并以湘鄂赣和赣西南为中央苏区后，各根据地分别开始了零散的立法工作。1931 年"一苏大会"召开后，成立了中央执行委员会、中央人民委员会等中央机构，随之开始了大规模、较系统的立法工作和司法工作。中央苏区法制工作以马列主义法律学说为指导，同中国革命实践和苏区革命根据地实际情况相结合，坚持了以下几个方面的指导思想。

一、以党的领导为核心

中央苏区是中国共产党领导下创建国家政权的首次尝试。苏维埃政权是党领导的新型的工农民主专政的政权。中国共产党是苏维埃政权的缔造者和政治核心。在"一苏大会"召开前夕，中国共产党就公开宣言："苏维埃政权是无产阶级领导下的工农民主专政。共产党是苏区政权的领导者。"作为体现苏维埃政权的人民意志和国家意志，作为苏维埃政权和党的政策的重要"工具""武器"的苏区法制和苏区司法机关，同样是在党领导下制定的、创建的。在筹备"一苏大会"和组建苏维埃临时中央政府过程中，党中央和苏区中央局给予了直接的领导。如，为"一苏大会"起草了《宪法大纲（草案）》以及《土地法》《劳动法》等，提供给大会讨论通过。临时中央政府成立后，所颁布的各项法令、训令和决议，也都是当时党的方针政策和决策的具体体现。

我们党不但领导国家机关进行立法，运用法律工具实现党的路线、方针和政策，而且还领导司法机关严格依法执法。中央苏区各级党组织都十分重视帮助和指导各级苏维埃司法机关加强自身建设，明确工作任务，划清工作职责范围。如，颁布《国家政治保卫局组织纲要》《裁判部的暂行组织及裁判条例》《处理反革命案件和建立司法机关的暂行程序》等。又如，通过举办短训班、创办党校和苏维埃大学等办法，加紧培养训练苏维埃司法人员，帮助他们提高思想政治水平和工作能力。此外，中国共产党还通过在司法机关等苏维埃政权机关以及各种非党组织的机关中建立党团组织，通过党团作用实施党的领导。党的六大要求凡有党员三人以上者均要成立党团，其任务是"在非党组织中，加强党的影响，实行党的政策，并监督党员在非党组织中之工作"。各级党组织要求各级苏维埃的决议、法令的制定或修改，先由党团讨论后，经过苏维埃中的党员采取提建议、发表意见等方式，使之为政权组织的大多数代表或委员所接受，以便有效地贯彻实施。同时，要求全体党员要模范带头执行决议、法令。

1936年12月，毛泽东在总结土地革命战争和苏区建设经验时指出："因为半殖民地的中国的社会各阶层和各种政治集团中，只有无产阶级和共产党，才最没有狭隘性和自私自利性，最有远大的政治眼光和最有组织性，而且也最能虚心地接受世界上先进的无产阶级及其政党的经验而用之于自己的事业。因此，只有无产阶级和共产党能够领导农民、城市小资产阶级和资产阶级，克服农民和小资产阶级的狭隘性，克服失业者群的破坏性，并且还能够克服资产阶级的动摇和不彻底性（如果共产党的政策不犯错误的话），而使革命和战争走上胜利的道路。"[①] 正是因为在苏维埃法制建设过程中，始终坚持以党的领导为核心的指导思想，才保证了中央苏区法制建设取得伟大成就。

二、以反帝反封建为目标

反帝反封建是大革命时期的主要目标，苏维埃临时中央政府成立后继续鲜明地以此为目标。苏区工农民主政权，在立法和司法工作中都把反帝反封建作为自己的斗争目标。

在反帝国主义方面，由"一苏大会"通过的《中华苏维埃共和国宪法大

---

① 《毛泽东选集》第1卷，人民出版社1991年版，第183—184页。

纲》（以下简称《宪法大纲》）明确宣示："中国民族的完全自主与独立，不承认帝国主义在华的政治上经济上的一切特权，宣布一切与反革命政府订立的不平等条约无效，否认反革命政府的一切外债。"① 明确规定："在苏维埃领域内，帝国主义的海陆空军绝不容许驻扎，帝国主义的租界租借地无条件的收回，帝国主义手中的银行、海关、铁路、航业、矿山、工厂等一律收归国有。"② 这是苏维埃共和国的彻底反帝纲领，通过立法表达了鲜明的反帝国主义的立场。在坚持驱逐帝国主义在华侵略势力、取消其在中国强夺的各种政治经济特权的同时，苏维埃法律也主张发展同各国人民的友好关系。《宪法大纲》规定：目前允许外国企业在"必须遵守苏维埃政府一切法令"的条件下继续生产；"居住苏维埃区域内从事劳动的外国人，一律使其享有苏维埃法律所规定的一切政治上的权利"。③

在反封建主义方面，《宪法大纲》第 6 条明确提出："没收一切地主阶级的土地，分配给贫农、中农，并以实现土地国有为目的。"④《中华苏维埃共和国土地法》更明确地规定："所有封建地主、豪绅、军阀、官僚及其他大私有主的土地，无论自己经营或出租，一概无任何代价的实行没收。被没收的土地，经过苏维埃由贫农与中农实行分配。被没收的旧土地所有者，不得有任何分配土地的权限。雇农、苦力、劳动农民均不分男女同样有分配土地的权限。乡村失业的劳动者，在农民群众赞成之下，可以同样分配土地。老弱残废以及孤寡，不能自己劳动，而且没有家属可依靠的人，应由苏维埃政府实行社会救济，或分配土地后，另行处理。"⑤ 为了摧毁残酷剥削农民的封建土地制度，苏维埃政权开展了土地革命，同时依据对农村各阶级经济状况的科学分析，制定了土地革命纲领和土地法则，坚决执行了依靠贫农雇农、联合中农、限制富农、消灭地主阶级的土地革命路线，先后颁布了井冈山《土地法》（1928 年 12 月）、兴国县《土地法》（1929 年 4 月）、《土地暂行法》（1930 年 5 月）、《中华苏维埃共和国土地法》（1931 年 12 月）等。这些法律文件都具体规定了消灭封建土地制度的原则和办法，是农民向封建势力作斗争的锐利武器，沉重地打击了封建势力。

---

① ② ③ ④ 中共中央文献研究室、中央档案馆编:《建党以来重要文献选编》第 8 册，中央文献出版社 2011 年版，第 651、651、653、651 页。

⑤ 中共中央文献研究室、中央档案馆编:《建党以来重要文献选编》第 8 册，中央文献出版社 2011 年版，第 730—731 页。

三、以工农民主专政为基础

《中华苏维埃共和国宪法大纲》第 2 条明确宣布:"中国苏维埃政权所建设的是工人和农民的民主专政的国家,苏维埃全政权是属于工人、农民、红军兵士及一切劳苦民众的。"[①]《宪法大纲》还明确宣布:"在苏维埃政权下,所有工人、农民、红军兵士及一切劳苦民众都有权选派代表掌握政权的管理"[②],讨论和决定一切国家的地方的政治事务,由劳动群众当家作主。苏区法律规定,人民可以直接参加国家的日常管理活动,使民主由代表机关扩展延伸到社会生活广泛的领域。1933 年 12 月 12 日,由毛泽东签署的《中华苏维埃共和国地方苏维埃暂行组织法(草案)》规定:在乡、市苏维埃政府下设立各种委员会,广泛吸收各方面的群众积极分子参加基层政权的管理工作。这些委员会有的是常设的,有的是临时设立的,其成员包括乡、市苏维埃代表,工、农、青、妇等群众团体的代表,以及表现积极的工人、农民和知识分子。

坚持工农民主与对阶级敌人实行专政、惩罚犯罪,是紧密相联的,如果不坚决打击阶级敌人和刑事犯罪分子危害人民的破坏活动,工农民主政权就会失去保障。从这个意义上说,在工农群众内部实行民主,对阶级敌人进行专政、对犯罪行为实施惩罚,构成了苏区法制建设不可分割的两个方面。为此,苏维埃中央专门制定了《中华苏维埃共和国惩治反革命条例》,规定:凡一切图谋推翻或破坏苏维埃政府及工农民主革命所得到的权利,意图保持或恢复豪绅地主资产阶级的统治者,不论用何种方法,都是反革命行为。并规定了对各种反革命行为的具体处罚方法。不仅如此,对于革命队伍内部出现的各种犯罪行为,苏区也加大惩处力度,以维护工农民主专政政权。例如对原瑞金县叶坪村苏维埃主席谢步升等罪犯进行严厉惩处。

在实行工农专政的同时,苏区对专政对象也采取了惩办与教育相结合的方针。在司法人民委员部负责人梁柏台的主张下,苏区建立了劳动感化院。1932 年 8 月,司法人民委员部颁布的《劳动感化院暂行章程》规定:要"教育及感化违犯苏维埃法令的一切犯人"。通过劳动改造与教育感化的途径,使犯人掌握生产技能,养成劳动习惯,转变思想,改恶从善。同时,实行革命人道主义,对犯人不虐待,不打骂,有病给以治疗,注意改善生活待遇等。由于采取了上述正确的政策和做法,绝大部分犯人得到了改造,转变了思想,弃恶从

[①②] 中共中央文献研究室、中央档案馆编:《建党以来重要文献选编》第 8 册,中央文献出版社 2011 年版,第 649—650 页。

善，有些人甚至转而参加苏区的建设或投身革命斗争。

四、以苏维埃法律面前人人平等为原则

《中华苏维埃共和国宪法大纲》第 4 条规定："在苏维埃政权领域内的工人、农民、红军兵士及一切劳苦民众和他们的家属，不分男女、种族（汉、满、蒙、回、藏、苗、黎和在中国的台湾，高丽，安南人等）、宗教，在苏维埃法律面前一律平等，皆为苏维埃共和国的公民。""凡上述苏维埃公民在十六岁以上皆享有苏维埃选举权和被选举权。"[①]

苏区政府不仅在法律中明确规定"苏维埃法律面前一律平等"原则，而且在具体工作和司法实践中也确立了"适用法律一律平等"的原则。在适用法律上一律平等主要包含以下内容：（一）任何苏维埃公民都享有《中华苏维埃共和国宪法大纲》及其他法律法规规定的权利，即《宪法大纲》所规定的选举权与被选举权，参加劳动与参加红军及其他革命工作的权利，享有监督权、受教育权以及言论、出版、结社、集会、婚姻自主等权利；同时也必须履行相应的义务，即参加红军、参加苏维埃建设、保卫红色政权、完粮纳税、接受文化教育提高素质等义务。（二）这种平等权利不是形式的，而是真实的。苏区法律在规定人民应该享有哪些权利的同时，总是相应规定保障措施，把重点放在保证人民权利的实现上。例如，《中华苏维埃共和国的选举细则》中关于对破坏选举、妨碍选举自由行为给以惩罚的规定以及关于监督代表和罢免失职代表的规定，都是为了保证人民能够真正行使自己的选举权和被选举权。（三）任何苏维埃公民违法犯罪都必须受到法律的追究与制裁，干部犯法与民众犯法一样要追究法律责任。如，原中央执行委员会委员、于都县苏维埃主席熊仙璧贪污渎职犯罪，被苏维埃共和国最高特别法庭判处监禁一年，期满后剥夺公民权一年，成为苏区廉政风暴中的第一大案。

五、以司法民主为方向

苏区司法机关随着工农民主政府的建立而产生。它在中国共产党的领导下，通过审判活动保障革命法律的实施，为巩固工农民主政权，保障人民的合

---

① 中共中央文献研究室、中央档案馆编：《建党以来重要文献选编》第 8 册，中央文献出版社 2011 年版，第 650 页。

法权益和苏区的各项建设事业服务。苏区司法机关及苏区实行的司法制度，坚持司法民主的指导思想，彻底摧毁了在中国沿袭两千多年的封建司法传统，在中国法制史上翻开了崭新的一页。

刑讯逼供是封建审判制度的一大特征，反动政权刑讯逼供的形式甚多，几乎合法化。它与革命法制是不相容的，必须彻底废除。因此，废除刑讯逼供是苏区工农民主政府司法建设的方针。1931年12月，中华苏维埃共和国中央执行委员会颁布的第六号训令明确宣布："必须坚决废止肉刑，而采用搜集确实证据及各种有效的方法。"反对逼供信，重证据而不轻信口供，是区别人民司法机关和反人民司法机关的一个重要标志。实行重证据而不轻信口供的原则，不仅是革命人道主义的表现，而且把审判工作放在注重调查研究的科学基础上，是防止冤假错案的有效措施。

与此同时，苏区司法机关在审理案件时，除法律另有规定外，一律以公开方式进行，允许团体旁听和发言，同时实行合议制和人民陪审员制。人民陪审员由职工会、雇农工会等群众团体选举产生，无选举权者不得为陪审员。审判案件时，由裁判部部长或裁判员和两名陪审员组成合议庭，以裁判部部长或裁判员为主审，判决时以多数人的意见为准，如有争执时，由主审员的意见判决，如陪审员坚持保留意见时，须将其意见报送上级裁判部参考。为保护被告人的合法权利，开庭审判时，除检察员出庭作原告外，凡与群众团体有关的案件，该团体组织可派出代表作原告。被告人为本身利益，经法庭许可，可派出代表出庭代为辩护，有公民权的人皆有作辩护的资格。这些公开审判原则，体现了人民司法的民主性。它既可以向人民群众进行广泛的法制宣传，又使审判工作置于群众监督之下，有利于提高办案质量。

旧中国的审判程序，形式机械，手续繁琐，加上贪官污吏徇私舞弊，敲诈勒索，诉讼者往往倾家荡产，根本得不到法律的保护。所谓"衙门八字开，有理无钱莫进来"，是劳动人民对旧社会司法制度和法官判案龌龊本质的深刻揭露。而苏区人民司法机关实行以公开、便民为原则的诉讼制度，无论一审或二审，口诉或状诉均有同等效力，同时免收诉讼费。一般案件经二审之后，即为终审。这种制度既可以保障当事人行使其诉讼权，又可避免因缠讼不休而造成人力物力的损失。苏区这些诉讼原则和审判制度，是人民民主制度在司法工作上的体现。虽然因战争环境和"左"倾路线的干扰，有些规定未能实施，但这些保障人民诉讼权利的民主原则和审判制度是完全必要的。因此，它在抗日根据地以及在中华人民共和国成立后都得到进一步的充实和发展。

综上所述，苏区法制建设指导思想，是中国人民在中国共产党的领导下，在革命斗争中形成和确立的，是马列主义普遍真理与中国革命实际相结合的产物。它们互相联系，相辅相成。正因为工农民主政府始终不渝地全面贯彻了这些指导思想，才使得苏区法制建设取得了重大成就，并为新中国法制建设奠定了初步的、良好的基础。

第二节　中央苏区时期法制建设的主要特点

由苏区法制的性质所决定，苏区法制既不同于社会主义法制，也不同于一切剥削阶级的法制，具有自身的显著特点。

一、鲜明的阶级性

中央苏区法制建设是在中国共产党的领导下，通过武装的革命反对武装的反革命这一武装斗争形式，彻底摧毁旧政权，建立工农民主专政新政权，彻底摧毁国民党反动派的反动法制，根据广大人民群众的革命利益和革命意志创建起来的。马克思曾指出，不能使旧法律成为新社会发展的基础，正像这些旧法律不能创立旧社会关系一样。旧法律是从这些旧社会关系中产生出来的，它们也必然同旧社会关系一起消亡。它们不可避免地要随着生活条件的变化而变化。不顾社会发展的新需要而保存旧法律，实质上不是别的，只是用冠冕堂皇的词句作掩护，维护那些与时代不相适应的私人利益，反对成熟了的共同利益。因此，苏维埃法制与旧中国一切反动政权的法制有着本质上的区别，具有鲜明的阶级性。

封建法制是封建统治阶级用来压迫和欺骗人民的工具，而苏区法制则是反映广大人民群众反帝反封建的革命意志和革命利益的，是实现新民主主义革命任务的工具。《中华苏维埃共和国宪法大纲》明确提出："中华苏维埃共和国家根本法（宪法）的任务，在于保证苏维埃区域工农民主专政的政权和达到它在全中国的胜利。这个专政的目的，是在消灭一切封建残余，赶走帝国主义列强在华的势力，统一中国，有系统的限制资本主义的发展，进行国家的经济建设，提高无产阶级的团结力与觉悟程度，团结广大的贫农群众在它的周围，以转变到无产阶级的专政。"①

不仅苏维埃立法工作中体现了鲜明的阶级性，而且在苏区审判工作中也体现了鲜明的阶级性。毛泽东在中华苏维埃第二次全国代表大会上指出：苏维埃法庭以镇压地主资产阶级为目的，对于工农分子的犯罪则一般处置从轻，国民党法庭以镇压工农阶级为目的，对于地主资产阶级的犯罪则一般从轻，法庭的作用完全给政府的阶级性决定了。据司法人民委员部报告，在1932年7月至9月全苏区所判决的犯人，政治犯（反革命犯）约占70%②。这说明苏维埃法庭是工农民主专政的重要武器，具有鲜明的阶级性，在镇压地主资产阶级和一切反革命活动、巩固苏维埃政权中起了重大作用。

二、彻底的革命性

苏区法制建设彻底的革命性，也表现在两个方面。一方面，表现在苏区法制建设彻底地废弃了司法范围内的一切野蛮封建的做法，摧毁国民党半殖民地半封建的司法机关、诉讼原则和程序，实现司法制度的彻底改革。比如明令宣布废止肉刑，制定《劳动感化院暂行章程》等。毛泽东说："苏维埃法庭一方面严厉镇压反革命分子的活动，苏维埃对于这样的分子决不应该有丝毫的姑息。但是另一方面，对于已经就逮的犯人，都是禁止一切不人道的待遇。苏维埃中央政府已经明令宣布废止肉刑，这亦是历史上的绝大的改革，而国民党法庭则至今充满着中世纪惨无人道的酷刑。"③又说："苏维埃的监狱对于死刑以外的罪犯是采取感化主义，即是用共产主义的精神与劳动纪律去教育犯人，改变犯人犯罪的本质。而国民党监狱则是纯粹的封建野蛮的虐杀、法西斯蒂的酷刑、劳苦群众与革命者的人间地狱"④。

另一方面，表现在苏区法制建设直接服务于苏区的革命斗争，所有的立法、司法、执法活动都是紧紧围绕革命斗争需要开展的。毛泽东在"二苏大会"报告中指出："他的任务，就是他必须用全部力量去动员民众、组织民众与武装民众，必须一晚不停地去进攻他的敌人，去粉碎敌人对于他的'围剿'。

---

① 中共中央文献研究室、中央档案馆编：《建党以来重要文献选编》第8册，中央文献出版社2011年版，第649页。

② 赣州市中级人民法院编，彭光华主编：《人民司法摇篮——中央苏区人民司法资料选编》，2006年版，第133页。

③④ 中共中央文献研究室、中央档案馆：《建党以来重要文献选编》第11册，中央文献出版社2011年版，第109页。

他的任务是革命战争，是集中一切力量去开展革命战争，用革命战争去打倒敌人的那一个专政，并且还要打倒强大的帝国主义统治，因为帝国主义是敌人那一个专政的拥护者与指挥者。他打倒帝国主义与国民党的目的，为的是要统一中国，实现资产阶级性的民主革命，并且要使这个革命在将来能够转变到社会主义的革命去。这就是苏维埃的任务。"① 《司法人民委员部一年来的工作》也指出："在猛烈发展革命战争的时期，一切工作都应以发展革命战争为中心任务，一切都应服从于战争，司法机关也应当如此。各级司法机关就在这一任务下进行工作。"② 可见，苏区法制具有鲜明的战争年代特征，充满着彻底的革命性。

三、充分的民主性

充分的民主性，首先表现在立法上，即通过立法形式肯定人民已经取得的民主和自由的权利，确认人民在国家生活中的主人翁地位。如，规定苏区人民不分性别、职业、民族、宗教信仰、财产状况和文化程度的差别，一律享有平等的民主权利，并确认人民有管理国家的最高权利。《中华苏维埃共和国宪法大纲》明确宣布："在苏维埃政权下，所有工人、农民、红军兵士及一切劳苦民众都有权选派代表掌握政权的管理"，"讨论和决定一切国家的地方的政治事务"，由劳动群众当家作主。这是人民民主优越于资产阶级民主的重要标志。苏区法律还规定，人民可以直接参加国家的日常管理活动，使民主由代表机关扩展延伸到社会生活广泛的领域。

1933年12月12日，由毛泽东签署的《中华苏维埃共和国地方苏维埃暂行组织法（草案）》规定：在乡、市苏维埃政府下设立各种委员会，广泛吸收各方面的群众积极分子参加基层政权的管理工作。这些委员会有的是常设的，有的是临时设立的，其成员包括乡、市苏维埃代表，工、农、青、妇等群众团体的代表，以及表现积极的工人、农民和知识分子。他们在乡、市苏维埃主席团的领导下，活跃在基层工作的第一线，直接负担推行政务、管理社会生活的责任。

---

① 中共中央文献研究室、中央档案馆编：《建党以来重要文献选编》第11册，中央文献出版社2011年版，第97—98页。
② 赣州市中级人民法院编，彭光华主编：《人民司法摇篮——中央苏区人民司法资料选编》，2006年版，第130—132页。

充分的民主性不仅体现在立法上，同时还贯彻于司法制度与司法实践中。苏维埃时期创立的诉讼与审判制度中，公开审判制、审判合议制、人民陪审制、辩护制度和审判人员回避制等都体现了充分的民主性。如，《裁判部的暂行组织及裁判条例》规定，公审时容许一切苏维埃公民旁听，还规定法庭审理案件采取陪审制，陪审员由职工会、雇农工会、贫农团及其他群众团体选举出来，每审判一次得调换二人。

另外，当时还建立了死刑复核制，凡判处死刑的案件，虽然被告不提起上诉，审理该案的裁判部也应将判决书和该案卷宗呈报上级裁判部批准才能执行。在死刑复核过程中，苏区临时最高法庭和后来的苏区最高法院经调查复核改判了多起案件。例如，瑞金县裁判部1932年5月24日审判的朱多伸死刑案，5月26日，临时最高法庭主席何叔衡在批示中指出：瑞金县苏裁判部第二十号判决书关于朱多伸判处死刑一案不能批准。朱多伸由枪毙改为监禁两年。根据口供和判决书所列举的事实，不过是贪污怀私及冒称宁石瑞三县巡视员等，是普通刑事案件，并非反革命罪。且朱多伸曾组织游击队，参加过革命，又年已72岁，因此减死刑为监禁。这些充分体现了民主性的司法制度和原则，在新中国成立后得到了继承和发扬。

四、广泛的群众性

坚持群众路线，是苏区法制建设中最显著的特色。我们党的群众路线，正是在这个时期形成的。大革命的失败，使我们党逐渐意识到只有发动最广大农民起来革命，才能推翻三座大山的压迫和黑暗统治。因此，1934年2月，毛泽东在"二苏大会"上指出："只有动员群众才能进行战争，只有依靠群众才能进行战争。"①

为了发动群众，领导群众搞好审判工作，中央执行委员会和临时最高法庭、司法人民委员部曾多次颁布命令与条例，指示审判机关要与群众相结合，把审判机关的专门工作置于群众的监督之下，借审判案件教育群众遵纪守法，提高群众对敌斗争的积极性。苏维埃的代表依法有权参加审判工作，可以作案件的陪审员、辩护人、证人。各级审判机关所组织的民事法庭、刑事法庭、军事法庭、劳动法庭及巡回法庭都分别有苏维埃的代表以人民陪审员

---

① 中共中央文献研究室、中央档案馆编：《建党以来重要文献选编》第11册，中央文献出版社2011年版，第149页。

身份参加。这些陪审员分别在职工会、雇农会、贫农团及士兵会中选举产生。1933 年 5 月 30 日，中央司法人民委员部颁布了《对裁判机关工作的指示》，要求各级裁判部审判任何案件时，都要注意多数群众对该案的意见，即注重社会效果。要求各法庭在开庭审判前，应广泛地张贴告示，公布开庭审判日期，以吸引和组织广大群众前来旁听。必要时还要组织巡回法庭，到出事地点或群众聚集的地方去审判案件，扩大审判工作的影响。中央苏区第五次反"围剿"期间，一些反革命分子及各级政府工作人员中的贪污腐化分子，就是由革命群众揭发、经过法庭审判而得到及时处理的。这种审判机关与群众相结合的办案方针，反映了中国共产党领导下的苏维埃专政机关依靠人民、保护人民利益的本质特征，密切了党和政府与人民群众的联系，深刻地体现了人民司法的原则。

五、原则性与灵活性相结合

当时的中央苏区呈现着红区和白区之间犬牙交错的局面，并且各革命根据地之间也处于地理上的分割状态。在这种客观情况下，苏区法制建设适应需要，针对不同地区的实际情况，在立法和司法上强调原则性与灵活性的结合，制定了一批原则性与灵活性紧密结合的法规。如，《中华苏维埃共和国司法程序》第 4 条关于预审权的规定：一切关于反革命案件，各级国家政治保卫局，均有预审之权，预审后交法庭处置，但在边区的地方保卫局，在战线上的红军保卫局，对于敌人的侦探、法西斯分子、刀匪团匪及反革命的豪绅地主，有权直接处置。第 2、3 条关于审判权的规定：区裁判部、区肃反委员会，有审讯和判决当地一切犯人（反革命分子及其他）之权。新区、边区，在敌人进攻的地方，在反革命特别活动的地方，在某种工作的紧急动员时期（如：查田运动、扩大红军、突击运动等），区裁判部、区肃反委员会，只要得到了当地革命民众的拥护，对于反革命及豪绅地主之犯罪者，有一级审判之后直接执行死刑之权；省县两级裁判部、肃反委员会、高初两级军事裁判所，均有捉拿、审讯、判决与执行判决（包括死刑）一切犯人之权。第 5 条规定实行上诉制度，犯人不服判决者，准许声明上诉；但在新区、边区，在敌人进攻地方，在其他紧急情况时，对反革命案件及豪绅地主犯罪者，得剥夺他们的上诉权。

在婚姻法方面，中华苏维埃共和国中央执行委员会分别于 1931 年 12 月 1 日和 1934 年 4 月 8 日颁布实施《中华苏维埃共和国婚姻条例》和《中华苏维埃共和国婚姻法》。根据党的原则和苏区实际情况，确立了婚姻自由、男女平等、一夫一妻、废除封建婚姻制度的原则，对结婚、离婚、离婚后财产与小孩的处理、非婚生子女的处理等作了较为细致的规定，而且婚姻法在婚姻条例关于结婚条件、离婚条件、对私生子女权益的保护等方面规定的基础上还有所发展。

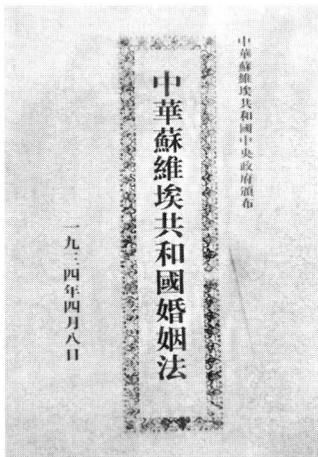

《中华苏维埃共和国婚姻法》

所有这些规定，都体现了原则性与灵活性的紧密结合。原则性与灵活性的紧密结合是马克思主义的一条原则，这一马克思主义的原则在苏区法制建设中得到了充分的体现，从而形成了苏区法制建设的一个显著特点。

六、时代的局限性

中央苏区时期，在党的正确指导下，根据党的政策，当时制定了许多法律法规，其内容基本上是正确的。但在中后期由于"左"倾路线的影响，一些法律的规定程度不同地存在着"左"的倾向，如"地主不分田、富农分坏田"的政策。《中共中央关于土地问题给苏区中央局的信》中明确地阐述了这一政策，指出："国际和中央所要实行的是：地主阶级必须彻底消灭，绝对不能分田和租田给他及他的家属；凡是富农的土地都须没收，只有在他们自己耕种的条件下才分坏田给他们。"[1] 在这个"左"的政策的指导下，《中华苏维埃共和国土地法》具体地规定了"所有封建地主、豪绅、军阀、官僚及其他大私有主的土地，无论自己经营或出租，一概无任何代价的实行没收"（第一条），"中国富农的特性是兼地主或高利贷者，对于他们的土地应该没收"（第三条）。"被没收的旧土地所有者，不得有任何分配土地的权限"（第一条）。"富农在被没收土地后，可以分得较坏的劳动份地，不过有一个条件，就是他必须用自己的劳动力去耕种这些土地"（第三条）。[2] 这种"地主不分田，富农分坏田"的政策以及依据这一政策制定的有关法律规定，实质就是在肉体上消灭地主分子，在

[1] 中共中央文献研究室、中央档案馆编：《建党以来重要文献选编》第8册，中央文献出版社2011年版，第669页。

[2] 中共中央文献研究室、中央档案馆编：《建党以来重要文献选编》第8册，中央文献出版社2011年版，第730—731页。

经济上消灭富农。其结果不仅使地主分子失去了生活出路，过重地打击了富农，而且容易侵犯中农利益，影响农民的生产积极性，甚至危害根据地的革命秩序，归根到底对于人民革命的长远利益是非常不利的。

另外，刑事立法和司法工作也受到了"左"倾错误的影响，肃反扩大化，给党和人民带来严重的影响和危害。1932年4月发布的《纠正放松肃反的错误》训令，同年6月发布的《为更改执字第六号训令第二项之规定》训令，1933年3月发布的《关于镇压内部反革命问题》训令，在逮捕权、审判权和审级上都作了重大的改变。逮捕与审判权扩大化，乃至只需一级审判、直接执行死刑等。在肃清所谓"AB团"、社会民主党、改组派等反革命组织过程中，把党内持不同意见的同志，或阶级出身不好者，当作"AB团"、社会民主党、改组派等，并以"最严厉的手段来镇压"，进行非法捕押、滥施肉刑，剥夺一切民主权利，不准申辩，并不经正式审判即行处死。《关于若干历史问题的决议》指出："很多地区，更由于错误的肃反政策和干部政策中的宗派主义纠缠在一起，使大批优秀的同志受到了错误的处理而被诬害，造成了党内极可痛心的损失。"①

---

① 中共中央文献研究室、中央档案馆编：《建党以来重要文献选编》第22册，中央文献出版社2011年版，第101—102页。

第三章
中央苏区时期的主要立法

第一节 中央苏区的立法概况

土地革命战争时期，中国共产党领导人民在武装起义的基础上，开辟了赣南和闽西等革命根据地，建立了各级工农民主政权。各工农民主政权根据党中央的统一政策，结合本区域的实际情况，颁布了大量的法令、法规、条例、训令等。特别是 1931 年 11 月中华苏维埃共和国成立后，为保卫新生的苏维埃政权，改善劳苦大众的生产生活，各级苏维埃政权陆续制定了宪法大纲、政权组织法、选举法、刑事法规、土地法、劳动法、婚姻法等系列法律法规，在社会政治经济关系的主要方面基本做到了有法可依，逐步形成了相对统一的新民主主义法制体系。这些革命法律法规，为后来革命根据地的法制建设奠定了初步的基础。

相对统一和固定的立法机构，是有序开展立法活动的组织保证。事实上，当时的中央苏区已基本形成了相对统一的立法体制。中华苏维埃全国代表大会及中华苏维埃共和国中央执行委员会和地方苏维埃代表大会及其执行委员会作为权力机关，也是立法主体。中华苏维埃全国代表大会及中华苏维埃共和国中央执行委员会是由《宪法大纲》确定并经各根据地选出或派出的代表组成，由"一苏大会"选举产生，而地方苏维埃代表大会及其执行委员会是由省、县、区、乡四级工农兵代表组成并经大会选举产生。中华苏维埃的主要法律及地方性法规都是由全国和地方苏维埃代表大会及其执行委员会制定颁布的。这样的立法体制具有广泛的代表性，确保了法律法规能最大限度地体现多数工农群众的利益和愿望，具有较强的民主性。

摧毁旧法体系，建立与新的社会关系相适应的法律体系，是中央苏区立法必须首先解决的问题。马克思指出，不能使旧法律成为新社会发展的基础，正像这些旧法律不能创立旧社会关系一样。旧法律是从这些旧社会关系中产生出来的，它们也必然同旧社会关系一起消亡。它们不可避免地要随着生活条件的变化而变化。中国共产党领导工农群众建立工农民主专政新政权后，在彻底摧毁旧法体系的基础上，根据广大人民群众的革命利益和革命意志广泛开展了法制建设，颁布了以《宪法大纲》为主的一系列法律、法令、条例和训令；创立和完善了司法人民委员部、国家政治保卫局、临时最高法庭和各级裁判机构等人民司法机关；制订和规范了公开审判、便民诉讼等一整套人民司法制度。

就中央苏区法制性质而言，是新民主主义法制，是人民民主法制。它遵循和坚持了反帝反封建、实行人民民主、保障人民权利、推进经济建设、推行司法民主等基本原则。与一切维护剥削阶级利益的旧法制有着本质上的区别。

基于当时的立法需要，中央苏区在立法过程中对苏联法律进行了大量移植，可谓是"法律移植"的典型。我们把苏区法律同当时的苏联法律作一番对照研究，就不难发现两者在许多方面有着"惊人的相似"。如《中央苏维埃组织法》《地方苏维埃组织法》《劳动法》《土地法》《宪法大纲》等等，都深深地烙上了苏联模式的印记。不仅法律内容如此，而且法律机构设立也是这样。例如国家政治保卫局、裁判部、法庭，也与苏联的体制一样，按"苏联模式"构造。这种所谓的"移植"，在促进和推动中央苏区法制建立与发展的同时，也存在把苏联经验神圣化、绝对化的倾向，甚至有生搬硬套、不顾中国当时的国情和实际情况的错误做法。毋庸置疑，法的移植是吸收人类优秀的立法成果为我所用的有益做法，但是法的移植必须从本国社会实际出发，并须经过"本土化"改造才能解决好"水土不服"问题。法国资产阶级启蒙思想家、法学家孟德斯鸠说过，"如果一个国家的法律竟能适合于另外一个国家的话，只是非常凑巧的事"①。这种把马克思主义教条化，把共产国际决议和苏联经验神圣化的倾向，最终制约了中央苏区法制建设的发展。

中央苏区的法律形式主要表现为法律、法令、条例和训令等成文法。如《中华苏维埃共和国中央苏维埃组织法》《中华苏维埃共和国惩治反革命条例》《中华苏维埃共和国中央执行委员会训令》等。这种成文法的优势，在于法律的确定性和可预测性，它有利于在根据地内得到推行和适用。但这些成文法往往又呈现零散性、地区性、临时性的特点，没有形成完备的部门法律体系。革

---

① ［法］孟德斯鸠:《论法的精神》上册，张雁深译，商务印书馆1982年版，第6页。

命根据地的立法工作，除中华苏维埃共和国成立后的一段时期外，由于长期没有全国性的革命政权，是在党中央的政策方针指导下，由各根据地政权分别制定通行于本辖区的法律、法规。因此，苏区的立法工作，就不可避免地带有地区性、临时性和多变性的特点，难以形成全国统一的、比较系统稳定的基本法典。

1931 年 1 月，中共六届四中全会后，王明"左"倾教条主义占主导地位。在"左"倾路线的错误领导下，中央苏区法制建设受"左"的影响，无论是根本大法——《中华苏维埃共和国宪法大纲》，还是其他部门法——土地法、劳动法、刑事立法等都有明显体现。比如：《宪法大纲》规定，一切剥削者的武装必须全部解除（第九条）；《中华苏维埃共和国土地法》规定地主不分田、富农分坏田；在《中华苏维埃共和国劳动法》中，不顾苏区的具体情况、具体特点，机械地推行"八小时工作制"以及过多的休假日、过高的工资待遇、片面的福利要求等；在刑事立法中，也采取了过左的肃反条例，使肃反扩大化。正如毛泽东在 1940 年 12 月《论政策》一文中指出，土地革命的后期产生许多过左的政策："在经济上消灭资产阶级（过左的劳动政策和税收政策）和富农（分坏田），在肉体上消灭地主（不分田），打击知识分子……"总之，"左"倾错误，严重地打乱了苏区法制建设健康发展的进程，给革命带来了损失。

苏维埃立法在打碎旧的法统基础上，创造出了一种新型的工农民主法律制度，尽管当时的立法技术较为粗糙，法律结构很不完备，某些内容还不够完善、不够成熟，但与当时的革命性质和任务是相适应的，切实解决了当时无法可依的难题，在新民主主义法制进程中迈出了具有历史意义的一步。

第二节　中央苏区的宪政立法

一、中央苏区宪法规范

1931 年 11 月，中华苏维埃第一次全国代表大会在瑞金召开，会议通过了《中华苏维埃共和国宪法大纲》（以下简称《宪法大纲》）。1934 年 1 月，中华苏维埃第二次全国代表大会对《宪法大纲》进行了修改，主要修改点是在第一条增加了"同中农巩固的联合"的条文，这是带有政策性的重大补充，是毛泽东及其他坚持正确路线的同志与王明的"左"倾错误进行斗争的积极成果。

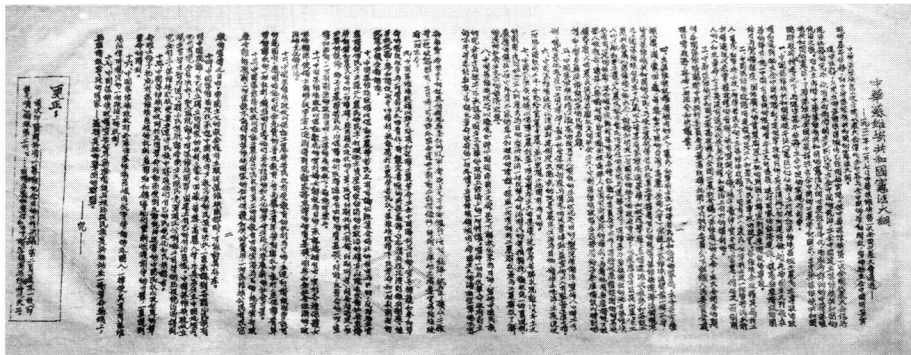

《中华苏维埃共和国宪法大纲》

（一）《宪法大纲》主要内容

《宪法大纲》全文共 17 条，主要内容包括：

1. 确立红色政权的政权性质是工农民主专政。《宪法大纲》第 2 条明确规定："苏维埃全政权是属于工人、农民、红军兵士及一切劳苦民众的"，对军阀、官僚、地主、豪绅、富农及一切反革命分子实行专政。这清楚地说明中华苏维埃政权的性质是工农民主专政。这种工农民主专政的政权，实际上就是在中国共产党领导下的工人、农民和城市小资产阶级联盟的政权。大革命失败以后，官僚资产阶级已经投靠帝国主义和封建势力，变为人民的敌人；民族资产阶级则追随大资产阶级而退出革命，中国革命的动力便只剩下了工人、农民和城市小资产阶级。在这种情况下，中国共产党为继续高举革命的旗帜，保持革命的传统，遂提出建立工农民主共和国的口号，而且为此艰苦奋斗了多年。但是，当时提出这个口号，并没有超出资产阶级民主革命的范畴，我们党所要完成的任务仍然是资产阶级民主革命的任务。

2. 确立政权的组织形式是民主集中制的工农兵代表大会制度。《宪法大纲》第 3 条规定："中华苏维埃共和国之最高政权为全国工农兵会议（苏维埃）的大会，在大会闭会期间，全国苏维埃临时中央执行委员会为最高政权机关，中央执行委员会下组织人民委员会处理日常政务，发布一切法令和议决案。"[1] 这就表明，革命政权的基本政治制度是民主集中制的工农兵代表大会制度。

这项基本政治制度，在 1928 年 7 月党的第六次全国代表大会政治决议案

---

[1] 中共中央文献研究室、中央档案馆编：《建党以来重要文献选编》第 8 册，中央文献出版社 2011 年版，第 650 页。

中就已确定:"力争建立工农兵代表会议（苏维埃）的政权,这是引进广大的劳动群众,参加管理国事的最好方式。"工农兵代表大会制度在各革命根据地的实施,对推动土地革命和夺取武装斗争的胜利,起到了很大的作用。

3. 确定以彻底实现反帝反封建的革命纲领作为工农民主专政的基本任务。《宪法大纲》第 1 条作了明确的规定:"中华苏维埃共和国家根本法（宪法）的任务,在于保证苏维埃区域工农民主专政的政权和达到它在全中国的胜利。这个专政的目的,是在消灭一切封建残余,赶走帝国主义列强在华的势力,统一中国,有系统的限制资本主义的发展,进行国家的经济建设,提高无产阶级的团结力与觉悟程度,团结广大的贫农群众在它的周围,以转变到无产阶级的专政。"①

以根本法的形式反映了资产阶级民主革命的性质和反帝反封建的任务,并且指明了由民主革命转变到社会主义的必由之路。

4. 确定了工农劳动群众在政治上、经济上、文化上的各项基本权利。关于工农劳动群众的各项基本民主权利问题,《宪法大纲》第 2、第 4、第 5、第 6、第 9、第 10、第 11、第 13、第 14 条中作了具体规定,概括起来包括三点。首先在政治上包括:（1）参政权利。规定"苏维埃公民在十六岁以上皆享有苏维埃选举权和被选举权"②。（2）武装自卫。"惟手执武器,参加阶级战争的权利,只能属于工农劳苦民众"③。（3）其他民主权利。如,公民"在苏维埃法律面前一律平等",实行民族平等和宗教自由政策,倡导婚姻自由。其次,在经济方面:决定"没收一切地主阶级的土地,分配给贫农、中农";改善工人阶级的生活状况;取消一切反革命统治时代的苛捐杂税,征收统一累进税。最后,规定了保障工农劳苦民众享受教育的权利,实行普及教育,积极引导青年劳动群众参加政治的和文化的革命生活等。

5. 确定了对外政策的基本方针。《宪法大纲》第 8 条规定:"宣布中国民族的完全自主与独立,不承认帝国主义在华的政治上经济上的一切特权。宣布一切与反革命政府订立的不平等条约无效,否认反革命政府的一切外债。在苏维

---

① 中共中央文献研究室、中央档案馆编:《建党以来重要文献选编》第 8 册,中央文献出版社 2011 年版,第 649 页。

② 中共中央文献研究室、中央档案馆编:《建党以来重要文献选编》第 8 册,中央文献出版社 2011 年版,第 650 页。

③ 中共中央文献研究室、中央档案馆编:《建党以来重要文献选编》第 8 册,中央文献出版社 2011 年版,第 651 页。

埃领域内，帝国主义的海陆空军绝不容许驻扎，帝国主义的租界租借地无条件的收回，帝国主义手中的银行、海关、铁路、航业、矿山、工厂等一律收归国有，在目前，可允许外国企业重新订立租借条约继续生产，但必须遵守苏维埃政府一切法令。"①《宪法大纲》还规定，对于居住苏维埃区域内从事劳动的外国人给予法律的保护。《宪法大纲》最后宣告：中华苏维埃政权同世界无产阶级与被压迫民族"站在一条革命战线上"，同无产阶级专政的国家——苏联结成"巩固的联盟"。

（二）《宪法大纲》主要特点

1. 它是中国共产党领导人民制定的第一部宪法性文献，是确保人民民主制度的根本法并兼有施政纲领的特色。它把革命人民已经争得的成果，用根本法的形式确认下来，是中国法制史上的一大创举。同时《宪法大纲》又指出了今后的奋斗目标，确定了中央工农民主政府的各项方针政策，因而它便成为当时工农民主政府领导人民进行反帝反封建斗争的伟大纲领。

2. 在这个《宪法大纲》中存在某些"左"倾错误。由于"左"倾错误，《宪法大纲》不可避免地规定了一些过左的政策，如前文所述。同时，在部门法中，还规定了过左的土地政策、劳动政策、经济政策和肃反政策，使革命遭受重大损失。另外，《宪法大纲》还错误地规定，"一直承认到各弱小民族有同中国脱离，自己成立独立的国家的权利"（第14条）。这一规定，既不符合我国民族问题的历史和现状，也不利于当时联合各族人民向正在阴谋吞并中国、进行民族分裂、建立傀儡政权的日本帝国主义作斗争。

（三）《宪法大纲》的作用和意义

《宪法大纲》具有重要的作用和历史意义。它是工农革命政权的根本法，也是进行工农革命的总纲领，明确了苏维埃政权的性质、任务、目的、组织形式、外交政策原则等。《宪法大纲》的制定颁布，对于当时各革命根据地的苏维埃政权建设以及全国人民革命运动都具有重要的指导意义。《宪法大纲》确认了劳苦工农民众的各项基本权利，极大地鼓舞了根据地广大人民的革命斗志，同时也使处于国民党统治地区的广大劳苦大众看到了希望。《宪法大纲》

---

① 中共中央文献研究室、中央档案馆编：《建党以来重要文献选编》第8册，中央文献出版社2011年版，第651页。

是党领导人民制定人民宪法的最初尝试，是人民宪法的雏形，对于以后制定人民宪法提供了极其宝贵的经验和教训。

二、中央苏区政权机关组织立法

在中华苏维埃共和国成立前，各革命根据地依据政权建设的需要，先后制定了地方性的革命委员会组织大纲和苏维埃组织法。如：1927 年 11 月的《江西省苏维埃临时组织法》，1929 年 8 月的《闽西苏维埃政权组织法》，1930 年 3 月的《信江苏维埃政府临时组织法》《闽西苏维埃政府组织法》，1930 年 7 月的《湖南省工农兵苏维埃政府暂行组织法》，1931 年 10 月的《湘赣苏区各级苏维埃政府暂行组织法》等。

自 1930 年初党中央提出建立全国性政权起，中央苏区即开始了全国性苏维埃组织法的制定。1930 年 5 月，全国苏维埃区域代表大会通过了《中华苏维埃共和国中央苏维埃组织法》。中华苏维埃共和国成立后，鉴于当时各根据地的各级苏维埃组织很不完善的情况，为加强各级苏维埃的建设，统一各根据地政权的组织与职权，1931 年 11 月，中央执行委员会第一次全体会议通过了《中华苏维埃共和国划分行政区域暂行条例》和《地方苏维埃政府的暂行组织条例》，临时中央政府于 1931 年 12 月 15 日发布了《关于苏维埃建设重要的训令》，1933 年 12 月公布了《中华苏维埃共和国地方苏维埃暂行组织法（草案）》，1934 年 2 月公布了《中华苏维埃共和国中央苏维埃组织法》等。这些法律规范成为了各级苏维埃政权组织建设的主要法律依据。

（一）革命委员会组织法

《中华苏维埃共和国地方苏维埃暂行组织法（草案）》第 6 章对革命委员会有专门的规定。第 198 条规定，一切在暴动时期的地方和红军新占领的地方，组织临时政权机关——革命委员会。

1. 革命委员会的建立方式

革命委员会的建立分两种情况：（1）第 199 条规定，先有革命群众团体的组织与工作而暴动起来的地方，各级革命委员会建立的方式为：①市或乡的革命委员会，由市或乡的革命群众团体选派代表组织之。②区革命委员会，由市或乡的革命委员会选派代表与区一级革命群众团体的代表共同组织之。③县革命委员会，由区革命委员会选派的代表与县一级革命群众团体的代表共同组织之。④省革命委员会，由县革命委员会选派的代表与省一级革命群众团体选派的代表共同组织（但每个革命委员会的名单，除中间被白区隔离，交通断绝的地方外，均须报告上级革命委员会或苏维埃执行委员会对其审查与批准）。

（2）第200条规定，在红军或游击队部队新占领而过去没有相当革命群众团体的组织与工作的地方，各级革命委员会建立的方式为：①市或乡的革命委员会由在该市或该乡工作的红军或游击部队的政治机关指定委员名单，由该政治机关委任之。但委任后仍须召集该市或该乡工农贫民群众开会，报告此委任的名单，如当地附近不远有上级苏维埃或革命委员会，须报告该苏维埃或革命委员会加以委任。②区及县的革命委员会，由在该县工作的红军或游击部队的政治机关指定委员名单加以委任，但须召集全区或全县尽可能到会的工农贫民群众开会，提出报告。

2. 各级革命委员会的组成

各级革命委员会的组成见下表。

各级革命委员会	组成人数	主席团人数	主席、副主席
省革命委员会	25人至35人	9人至11人	均设主席1人，副主席1人至2人。由主席团会议推举，报告上级政府委任，或直接由上级政府委任
县革命委员会	15人至25人	5人至9人	
区革命委员会	11人至19人	3人至5人	
市革命委员会	11人至19人	5人至11人	
乡革命委员会	7人至11人	不设主席团	

省、县、区、市革命委员会之下，均设劳动、土地、军事、财政、粮食等部和肃反委员会。依工作程序，可以增设其他的部。各部设部长、副部长各1人，并设部委员会。各部直接隶属于各该部的上级，绝对服从各该部上级的命令，同时受同级革命委员会的指导和节制。

3. 革命委员会的任务

革命委员会的任务是发动工农群众对地主、资产阶级的斗争，从地主、资产阶级手中夺取武装；组织革命委员会指挥工农贫民参加的红色武装队伍，极力发展革命的战争，消灭镇压当地一切反革命武装力量，领导群众极力镇压已被推翻而仍然暗中活动的一切反革命分子；领导群众没收并分配土地，实行劳动法，组织工会及贫农团，使之成为革命委员会的柱石。在城市中要特别注意监督工作，监督资本家的企业与商店。最后是召集工农兵代表大会，选举正式政权机关——苏维埃。

（二）地方苏维埃的组织法

早期革命根据地主要是根据自行制定的组织法建立各级地方政权组织。苏维埃共和国成立后，地方苏维埃政权建立的主要依据为《地方苏维埃政府的暂行组织条例》和《中华苏维埃共和国地方苏维埃暂行组织法（草案）》。

1.《地方苏维埃政府的暂行组织条例》

《地方苏维埃政府的暂行组织条例》（以下简称《条例》）经 1931 年 11 月中央执行委员会第一次全体会议通过并颁布，共有 10 章 73 条。

《条例》规定：地方苏维埃政府分省、县、区、乡四级。在市镇设城市苏维埃。省县区苏维埃的组织为：苏维埃代表大会—执行委员会—主席团—主席。下设：土地、财政、劳动、军事、文化、卫生、工农检查、粮食、内务等部和总务处（省为总务厅），废止秘书制。城市苏维埃的组织为：城市苏维埃代表会—主席团—主席。下设：内务、劳动、文化、军事、卫生、粮食、工农检查、土地、财政等科和总务处。乡苏维埃的组织为：乡苏维埃代表会—主席。不设执行委员会，也不设主席团。其下也不分科，一切事件由整个苏维埃负责，乡苏维埃的每个代表须担负苏维埃的一部分工作。有临时事件时，可临时组织委员会进行工作，各种临时设立的委员会的委员，除乡苏维埃的代表外，吸收乡里的活动分子参加。乡苏维埃的工作人员以不脱离生产为原则。有生活费的工作人员规定为主席 1 人、交通 1 人、其他工作 1 人，不得超过 3 人。城市苏维埃领生活费的工作人员名额不得超过 19 人，区苏不得超过 15 人，县苏不得超过 25 人，省苏不得超过 90 人。

《条例》规定了巡视制度。省县区执行委员会和城市苏维埃可任用指导员，以指导和巡视下级苏维埃所管辖的机关的工作。规定了工作检查制度。各级苏维埃主席团对于各地和各部的工作，最少每月须检查一次；对于所管辖的下级苏维埃政府的工作，最少每三个月须检查一次；检查的结果，在主席团或执行委员会的全体会议上作报告。规定了地方苏维埃政府的财政制度。各级地方苏维埃政府机关的一切收入，须完全缴到中央政府财政人民委员部的各级机关，作为中华苏维埃共和国的国库收入；地方苏维埃政府的支出须作预算案，送上级苏维埃政府批准，按照所批准的预算案支出。规定了文件的署名。地方苏维埃政府的文件，须由主席、副主席署名；与某科部有关系的文件须由主席同某科或某部长同时署名。

2.《中华苏维埃共和国地方苏维埃暂行组织法（草案）》

1933 年 12 月 12 日中央执行委员会颁布《中华苏维埃共和国地方苏维埃暂行组织法（草案）》。该法组织体系比较完整，结构比较严密，对地方各级苏维埃的产生办法、内部机构、职责、人员等有详细的规定，共有 7 章 208 条，是当时篇幅最长、条文最多的一项法律。该法规定地方苏维埃政府分省、县、区、乡四级，在市镇设市和市区苏维埃。

（1）省、县、区苏维埃的组织

省、县、区（包括中央、省和县直属的市）苏维埃的组织分为省县区苏维埃代表大会、执行委员会、主席团、主席。下设各部。省县区苏维埃代表大会，为各该级地方最高权力机关。由各下一级的苏维埃代表大会和各级所属红军所选出代表组成。执行委员会，为各级苏维埃代表大会闭会期间的各地最高政权机关。主席团，为各级执行委员会闭会期间的各地最高政权机关。

省、县、区（包括中央、省和县直属的市）执行委员会及其主席团，直接负责领导本地方的政务。下设劳动、土地、军事、财政、国民经济、粮食、教育、内务、裁判等部以及工农检察委员会、国家政治保卫分局，省还设审计委员会。

（2）乡（市）苏维埃的组织

乡（包括市之下的"市区"和隶属于区的市）苏维埃的组织分为苏维埃全体代表会议、主席团、主席。全体代表会议下不设执行委员会。主席团为代表会议闭会期间的最高政权机关。主席团推选主席 1 人，副主席 1—2 人。乡（市）苏维埃，是苏维埃政权的基层组织。通过定期或临时会议，传达和坚决执行上级苏维埃的命令和指示，执行乡（市）苏维埃的决议。

（3）地方各级苏维埃职权

各级地方苏维埃主要有四项职权：执行中央政权机关的一切法律、命令、决议和指示，执行各该上级机关的命令、决议和指示；决定并执行本区域内关于各种苏维埃建设工作的计划；解决一切地方性质的问题；统一本区域内各级苏维埃机关的行政工作。

下级苏维埃机关绝对服从上级苏维埃机关。下级苏维埃的决议、命令和指示，有违背中央政权机关的法律、命令、决议、指示及上级机关的命令、决议、指示的，上级苏维埃得取消之。下级苏维埃机关如有违抗上级苏维埃机关的命令、决议、指示的，各该上级苏维埃机关得将其一部改造或全部解散。

（三）《中华苏维埃共和国中央苏维埃组织法》

中华苏维埃共和国成立后，由于当时"一苏大会"没有制定中央苏维埃组织法，而是依照《中华苏维埃共和国宪法大纲》的规定，建立了临时的中央政权机构。后来经过两年多的实践，积累了许多新经验，到"二苏大会"时，决定对中央一级的政权机构进行较大的调整，于1934年2月17日颁布了《中华苏维埃共和国中央苏维埃组织法》。该组织法由总则和分则组成，主要对中央政权的组织机构及其职权作了详细规定，共有10章51条。主要内容如下：

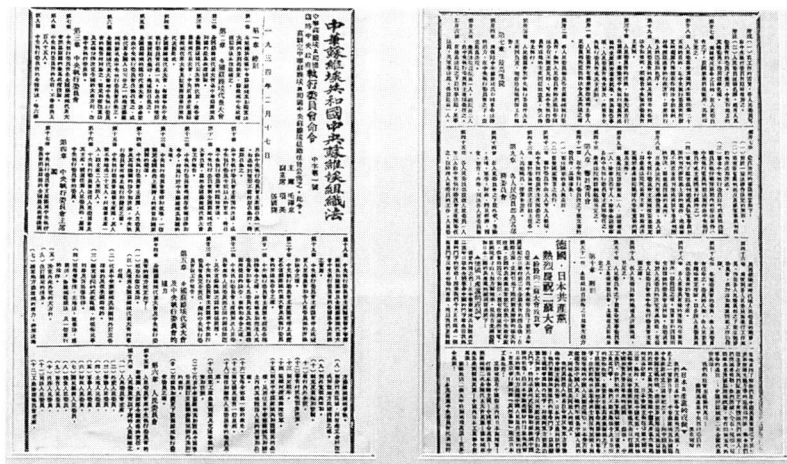

《中华苏维埃共和国中央苏维埃组织法》

1. 全国苏维埃代表大会。全国苏维埃代表大会是中华苏维埃共和国的最高政权机关。全国苏维埃代表大会的代表，由各省和中央直属县苏维埃代表大会以及红军所选举出来的代表组成。大会每两年一次，由中央执行委员会召集。如遇特别情形不能按期召集时，得延期召集。遇必要时亦可召集临时代表大会，由中央执行委员会自动召集或应代表全国人口三分之一的地方苏维埃的要求，由中央执行委员会召集。

根据《中华苏维埃共和国中央苏维埃组织法》第24条规定，全国苏维埃代表大会的主要职权是：（1）颁布和修改宪法；（2）代表中华苏维埃共和国对外订立各种条约及批准国际条约；（3）制定法院的系统组织，并颁布民事刑事及诉讼等法律；（4）颁布劳动法、土地法、选举法、婚姻法、苏维埃组织法，及一切单行的法律；（5）决定内政外交的大方针；（6）改订国家的边界；（7）确定地方苏维埃的权力，并解决地方苏维埃间的争执；（8）划分行政区域，并有建立、合并、改造或解散地方政权机关之权；（9）对外宣战与媾和；（10）制定度量衡和币制；（11）发行内外公债；（12）审查并批准预算决算；（13）制定税率；（14）组织并指导海陆空军；（15）制定中华苏维埃共和国国民的公民权，及居住在中华苏维埃共和国领土内的其他国籍人民的居留和公民权；（16）宣布全部或一部的赦免；（17）制定国民教育一般原则；（18）选任和撤销人民委员会的委员和主席；（19）规定工业农业商业及交通事业的政策和计划；（20）代表中华苏维埃共和国与中国境内各民族订立组织苏维埃联邦共和国的条约；（21）有撤换和变更下级苏维埃执行委员会委员之权。[①]

2. 中央执行委员会。中央执行委员会由全国苏维埃代表大会选出，是代表大会闭幕期间的最高政权机关。它对代表大会负责并报告工作。中央执行委员会的全体会议，每6个月一次，由中央执行委员会主席团召集。中央执行委员会的职权除不能颁布和修改宪法外，完全与全国苏维埃代表大会相同。

3. 中央执行委员会主席团。中央执行委员会主席团，是中央执行委员会选出的，作为中央执行委员会闭会期间的最高政权机关。它对中央执行委员会负责并报告工作。第一届中央执行委员会没有设立主席团，第二届中央执行委员会，由于革命形势发展需要而决定增设主席团，并赋予较大的权力，使其能够及时处理中央政府的日常工作。[②]

中央执行委员会主席团的职权为：监督宪法和中央执行委员会的各种法令及决议的实施；有停止或变更人民委员会和各人民委员部的决议和法令之权，有停止或变更各省苏维埃代表大会及其执行委员会的决议或命令之权；有颁发各种法律、命令之权，有审查和批准人民委员会和各人民委员部及其他所属机关所提出的法令、条例和命令之权；解决人民委员会与各人民委员部之间的关系问题等。

4. 人民委员会。人民委员会是中央执行委员会的行政机关，负有指挥全国政务的责任。人民委员会及其主席由中央执行委员会选任。人民委员会对中央执行委员会及其主席团负责并报告工作。人民委员会由人民委员会主席、各人民委员、工农检察委员会主席等组成。人民委员这个名称只有人民委员会的委员才能用，中央和地方的其他委员不得用这个名称。

5. 最高法院。最高法院是中央执行委员会下设的最高审判机关。实际上，

---

① 中共中央文献研究室、中央档案馆编：《建党以来重要文献选编》第11册，中央文献出版社2011年版，第222—223页。

② 张希坡、韩延龙主编：《中国革命法制史》，中国社会科学出版社2007年版，第76页。

最高法院到 1934 年 2 月才设立,之前只组织临时最高法庭,代行最高法院职权。

6. 审计委员会。审计委员会是中央执行委员会下设的审计机关,由 5 人至 9 人组成,由中央执行委员会主席团委任,其中正、副主任各 1 人。

7. 各人民委员部。在人民委员会之下,设外交、劳动、土地、军事、财政、国民经济、粮食、教育、内务、司法各人民委员部。各人民委员部,除人民委员外,设副人民委员 1 人至 2 人,由中央执行委员会主席团委任,协助人民委员的工作,人民委员因故缺席时代理人民委员的职务。

人民委员会之下设革命军事委员会、工农检察委员会、国家政治保卫局。

(四)苏维埃政权组织法的特点

1. 议行合一是中央苏区的政权组织形式。议行合一是一种国家机关工作的决定和执行高度协调一致的政权组织形式。议行合一的典型特征是拥有立法权的议会在最上位,行政机关和司法机关从属于议会。中华苏维埃共和国之最高政权为中华苏维埃全国代表大会。地方各级最高政权为地方各级苏维埃代表大会。工农群众民主选举代表组成各级苏维埃代表大会,行使立法权,组织建立其他国家机关,包括国家行政机关、军事机关、司法机关,并拥有对这些国家机关监督权和对国家重大事务的决定权,管理国家事务。苏维埃代表大会既是议事的机关,议决大政方针,制定法律,又是执行的机关,由下属各部、委员会组织行政,贯彻执行法律和各项决议,即议行合一。一般认为该政权组织形式比三权分立更有效率。

2. 民主集中制是中央苏区的政权组织原则。早在井冈山时期,毛泽东就提出在苏维埃政权中实行"民主集中主义的制度",一方面批评只要集中、不要民主的倾向,另一方面也反对只要民主、不要集中的倾向。中央苏区各级苏维埃代表大会都由民主选举产生,代表人民当家作主,对人民负责,受人民监督。定期向选举单位和选民报告工作。选民或选举单位有权罢免不称职的代表。其他国家机关,包括行政机关、军事机关、司法机关都要对工农兵代表大会负责,接受工农兵代表大会的领导和监督。定期向工农兵代表大会报告工作。工农兵代表大会有权选任和撤销其他国家机关的组成人员,撤销和变更其他国家机关的决定或命令。同时在国家机关中,政府各部以垂直领导为主,下级绝对服从上级,地方绝对服从中央。既讲民主又讲集中,民主与集中相结合,是典型的民主集中制。

3. 委员会制是中央苏区行政管理的制度创新。委员会制，亦称合议制，是政府制度其中之一，是集体行使行政管理权和决策权的工作制度。在中央苏区，中央和地方各级政府，各级政府的各部（除军事部外）均成立委员会。但各级政府的执行委员会与各级政府的各部委员会不同。各级政府的执行委员会是权力机关。各级政府的各部委员会是讨论和建议该部工作的机关，委员会成员除本部外，还有与本部工作有关的其他部和群众团体的代表。如：劳动部劳动委员会，有职工会的代表，国民经济部及土地部的代表；国民经济部国民经济委员会，有劳动部、土地部、财政部、职工会及同级合作社的代表；教育部教育委员会，有共青团、少先队、儿童团、工会等群众团体的代表等等。笔者认为，中央苏区的委员会制不是纯粹意义上的以集体领导为主要特征的委员会制，是一个咨议组织。尽管这样，也足见中国共产党在建立革命政权后，坚持科学决策、科学管理、接受监督的执政理念和政治智慧。

4. 精简和效能原则是中央苏区政府机构建设原则。精简机构，既可以减轻政府财政压力，又可以明确各部门职责与权限，简化办事程序。提高效能则提高了办事效率，有效解决办事拖拉、推诿扯皮的问题，实现政府职能规范有序，办事公开透明、便民高效。中央苏区组织法对中央和地方各级苏维埃的机构设置和人员配备，始终贯彻精干和效能原则。如，1931 年 11 月的《地方苏维埃政府的暂行组织条例》规定，各级政府的脱产人员（领生活费的工作人员），乡苏至多不得超过 3 人；区苏不得超过 15 人，若在经费困难时，不得超过 7 人；县苏不得超过 25 人，若在经费困难时，不得超过 15 人；省苏不得超过 90 人。还规定各部的工作可以兼任。

5. 接近民众、方便民众是中央苏区行政区划原则。1931 年 11 月的《中华苏维埃共和国划分行政区域暂行条例》和 1933 年 7 月的《关于重新划分行政区域的决议》指出：中国旧有行政区域，过于广大，适合封建统治，不适合于苏维埃的民主集中制。苏维埃划分行政区域的原则，须尽量接近群众，为群众谋一切利益。因此，不论乡、区、县、省区域都不应过大。特别是区、乡两级区域不应过大。进而对县、区、乡（市）苏维埃政权管辖人口以及纵横面积等都进行了明确的规定。如，1931 年 11 月的《条例》规定：山区：每乡管辖纵横不得超过 15 里，人口不得超过 3000 人；平地：每乡管辖纵横以 5 里为主，最多不得超过 10 里，人口不得超过 5000 人；城（市）苏：除城市范围内，加入附近周围 2 里的地方。毛泽东在"二苏大会"报告中指出："苏维埃……把从省至乡各级苏维埃的管辖境界都改小了……这是使苏维埃密切接近于民众，使苏维埃因管辖地方不大得以周知民众的要求，使民众的意见迅速反映到苏维埃来，迅速得到讨论与解决，使动员民众为了战争为了苏维埃建设成为十分的便利。"①

三、中央苏区选举立法

民主选举是实现广泛民主、人民当家作主的集中体现。早在 1928 年，中共六大通过的《苏维埃政权组织问题决议案》就指出，"苏维埃应在劳动群众直接选举的基础上组织起来"。根据这一指示，各革命根据地在创建苏维埃政权时积极开展民主选举活动并制定相应的选举条例，确保选举有法可依。比如，1927 年 11 月江西省《苏维埃临时组织法》中的《选举条例》，1930 年 2 月 6 日《闽西工农兵代表会（苏维埃）代表选举条例》等。

中华苏维埃共和国成立后，临时中央政府以《中华苏维埃共和国宪法大纲》为立法依据，相继制定颁布了《中华苏维埃共和国的选举细则》（1931 年 11 月）、《中华苏维埃共和国选举委员会的工作细则》（1931 年 12 月）、《苏维埃暂行选举法》（1933 年 8 月），以及有关选举的指示、训令等。其中，《苏维埃暂行选举法》共 9 章 59 条，是中央苏区最为完善的一部选举法，详细规定了选举的原则、程序、组织和方法，以较为充实的内容和相对完善的形式把选举立法提高到一个新阶段。

（一）选举法的主要内容

1. 选举权和被选举权

选举权和被选举权是公民权利中最基本、最重要的权利，它为谁享有，直接决定于并且鲜明地标志着国家政权的性质。中央苏区选举立法明确地确认这种权利属于劳动群众，不给剥削者和反革命分子，充分体现了苏维埃制度的民主本质。

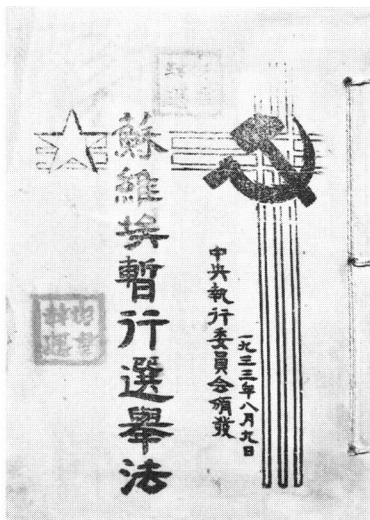

《苏维埃暂行选举法》

① 江西省档案馆、中共江西省委党校党史教研室选编：《中央革命根据地史料选编》下册，江西人民出版社 1982 年版，第 310 页。

（1）享有选举权和被选举权的人。第一，一切被雇用的劳动者及其家属与一切自食其力的人及其家属（如工人、雇员、贫农、中农、独立劳动者、城市贫民等）；第二，在中华苏维埃共和国海陆空军服军役者及其家属；第三，以上二种人中，在选举时失去劳动能力或失业者。具备上列资格之一者，凡居住在中华苏维埃共和国领土内，在选举的日子，年满16岁的，无男女、宗教、民族的区别，都得享受选举权和被选举权。但上列各种人的家属，如出身是被剥夺选举权的，则没有选举权和被选举权。

（2）不具有选举权和被选举权的人。第一，雇用他人的劳动以谋利者（如富农、资本家）及其家属；第二，不以劳动，而靠资本、土地及别的产业的赢利为生活者（如豪绅、地主、高利贷者、资本家）及其家属；第三，地主、资本家的代理人、中间人（中介人、牙人之类）和买办及其家属；第四，一切靠传教迷信为职业的人，如各宗教的传教士、牧师、僧侣、道士、地理和阴阳先生等及其家属（但其家属，如靠自己的劳动为生活者，仍有选举权和被选举权）；第五，国民党政府及其他反动政府的警察、侦探、宪兵、官僚、军阀和一切参加反对工农利益的反动分子及其家属；第六，犯神经病者；第七，经法庭判决有罪，而在执行判决期间及被剥夺选举权的期限未满期者等。

（3）选举各级苏维埃代表的比例。选举各级苏维埃代表，工人居民同其他居民有一定比例规定，保证工人比别的居民要享受优越的权利。第一，乡苏维埃，工人居民每13人选举正式代表1人，其他居民每50人选举正式代表1人。人口不满500人的乡，工人居民每8人选举正式代表1人，其他居民每32人选举正式代表1人。第二，区属市苏维埃，工人居民每13人选举正式代表1人，其他居民每50人选举正式代表1人。第三，县属市苏维埃，工人居民每20人选举正式代表1人，其他居民每80人选举正式代表1人。第四，省属市苏维埃，工人居民每100人选举正式代表1人，其他居民每400人选举正式代表1人。第五，中央直属市苏维埃，工人居民每500人选举正式代表1人，其他居民每2000人选举正式代表1人。第六，区苏维埃代表大会，乡村居民每200人选举正式代表1人，代表的成分，工人应占20%至25%。如区苏的管辖下有市苏维埃，应加上市苏的代表。城市居民，每50人选举正式代表1人。第七，县苏维埃，城市居民每400人选举正式代表1人，乡村居民每1600人选举正式代表1人。代表的成分，工人须占20%至30%。第八，省苏维埃，城市居民每1000人选举正式代表1人，乡村居民每4000人选举正式代表1人。代表的成分，工人须占25%至35%。第九，全国苏维埃，城市居民每 1500 人选举正式代表 1 人，乡村居民每 6000 人选举正式代表 1 人。代表的成分，工人须占 25% 至 35%。

红军选举各级苏维埃代表的比例为：区苏维埃，每 25 人选举正式代表 1 人；县苏维埃，每 100 人选举正式代表 1 人；省苏维埃，每 400 人选举正式代表 1 人；全国苏维埃，每 600 人选举正式代表 1 人。警卫部队，如警卫连、警卫团、政治保卫队等，则参加所在地的市苏维埃和乡苏维埃的选举，选举代表的比例与工人相同。

2. 基层选举的组织、程序和办法

（1）成立选举委员会。选举委员会为专门办理选举的临时性机关，其组织分两种：市选举委员会，管理全市的选举工作，委员有 7 人至 11 人；区选举委员会，管理全区各乡的选举工作，委员有 9 人至 13 人。选举结束后，选举委员会就宣告解散。

（2）广泛宣传动员。1933 年 8 月 9 日，中央执行委员会训令第二十二号《关于此次选举运动的指示》指出：内务人民委员部与教育人民委员部应着力指导各级内务部与教育部进行选举的宣传鼓励工作。不但要组织选举宣传队，而且要使一切农村中与城市中的俱乐部、识字班、夜学校、小学校、列宁室和墙壁报，都为选举活动起来。同时责成《红色中华》报要系统地报道选举，成为选举运动一个有力的宣传者和组织者。毛泽东在《今年的选举》中说："必须在选举前三个星期内作最广泛的宣传……使群众把选举看得极重要，同时又有着充分的自信心来参加选举，来推选许多先进分子进苏维埃，而一切当选人都有百倍的勇气来担当国家大事，这种宣传鼓动是选举胜利的先决条件。"[1]

（3）选民登记和公布。有组织的选民可经过其所在的组织（如工会、贫农团等）进行登记；无组织的选民，由选举委员会的登记员进行登记。登记须按照选民登记表填写。

登记结束后，即由选举委员会指定专人审查登记表，并须在选举大会召开前 15 天，经过当地苏维埃政府，将选民的名单和被剥夺选举权者的名单及该选举区域的居民总数，在当地及圩场上公布。同时公布该区域内应选举的正式代表和候补代表的人数。用红榜、白榜的办法将有选举权的居民与无选举权的居民实行严格的划分。有选举权的写在红纸上，无选举权的写在白纸上。使阶级异己分子在广大工农群众的监视之下，不能窃取选举权。

---

[1] 中共中央文献研究室、中央档案馆编：《建党以来重要文献选编》第 10 册，中央文献出版社 2011 年版，第 503 页。

（4）划分选举单位。工人以生产或以其职业和产业的组织为单位，不能以生产为单位进行选举的人民，则划选区或划街道；农民以屋场（小村子）为单位，人数过少的屋场，可合并附近一个至几个屋场为单位。工人的家属与工人本人在同一单位参加选举，如不与工人同住，则依照其工作地点或居住地点所划分的单位参加选举。

（5）提出候选人名单并公布。候选人名单，应该在选举前收集各群众团体的意见，主要是工会、贫农团与女工农妇代表会，经过党、团和各群众团体的讨论，然后由选举委员会公布，使选民对于各候选人能够加以充分的考虑。毛泽东在《今年的选举》中说：好好的准备候选名单，是争取选举胜利的重要关节。

候选名单中要严格审查工农成分的比例，同时还要注意候选名单中不但不使一个阶级异己分子（成分与工作差）混进来，而且要看各人的政治表现与工作能力。候选人名单可以多于应选代表人数。

（6）向选民作工作报告。乡苏市苏在选举以前一星期，以屋场或村子为单位召集选民大会，报告苏维埃工作，并引导选民批评讨论，欢迎他们提出新的具体意见，以此为政府今后工作的方向，使政府的政策和工作在群众中得到检验，使选民的选举热情提到更高程度。

（7）准备提案并公布。在选举大会开会之前，须将提案的草案准备好，并普遍公布，使选民看了草案可充分准备意见，在选举大会上将草案经过选民群众的修改通过，即作为正式提案。提案内容要能充分表现当地群众对于自己生活、政府法令政策、革命战争的意见。

（8）召开选举大会。选举大会的组织领导为选举大会的主席团。主席团由三人组成，两人由大会推选，一人为选举委员会的代表。在每次选举大会开会时，选举委员会必须派代表去出席，派去的代表为该选举大会主席团的当然主席，并推选书记一人，担任选举大会的记录。

选举大会须有该地选民总数的半数以上到会，才能开会。若到会的选民不足法定人数时，须宣告延会。由选举委员会再定期重新召集，开会时间和地点须重新通知。倘第二次召集选举大会，无论足定人数与否，都可以开会。

在选举中，代表候选人须按名逐一提出，逐一讨论，逐一表决，使选民尽量发表意见。不得拿整个名单一次付表决，绝对禁止用强迫命令方式去通过代表名单。当选民中有不赞成某人的意见表示时，须立即注意群众的意见。如果为多数人所反对，立即撤销原提议，而另提适当的候选人，或由群众提出候选人。选举不用书面投票，以举手来付表决，举手多数者当选。

选举大会必须作出记录，并由主席团全体成员及书记签字或盖章。在选举后，选举大会的记录、到会登记表及一切与选举有关系的文本都汇送选举委员会，转送市苏维埃或区执行委员会保存，以备审查。选举委员会应向市苏维埃或区执行委员会作选举的总结报告。

3. 区以上各级苏维埃代表大会的选举

（1）区以上各级苏维埃代表大会，由各自的下一级苏维埃代表大会选举代表组成。区苏维埃代表大会，由乡（区属市）苏维埃及区属红军所选举出来的代表组成；县苏维埃代表大会，由区苏维埃代表大会和县属市苏维埃及县属红军所选举出来的代表组成；省苏维埃代表大会，由县苏维埃代表大会和省属市苏维埃及省属红军所选举出来的代表组成；全国苏维埃代表大会，由省苏维埃代表大会和中央直属县苏维埃代表大会、中央直属市苏维埃及红军所选举出来的代表组成。

（2）苏区各级政府须向各自的下一级苏维埃代表大会作工作报告。在选举之前，区苏政府须在各乡苏和市苏的全体代表会议上作工作报告，并吸收广大群众来参加旁听。乡苏市苏的代表会议，对于区苏的工作报告，须作详细的讨论，将讨论结果提交到区苏政府；县苏政府则派代表到区苏代表大会作工作报告，省苏政府则派代表到县苏代表大会作工作报告，中央政府则到省苏代表大会作工作报告。同时在各级代表大会上，本级的执行委员会须向之作同样的报告。报告之后，都需经过详细讨论，将讨论结果，按级报告上级政府。要将群众对于政府的工作意见，一直送到中央政府，使苏维埃的最高机关了解群众的情绪与要求。

（3）各级代表资格的审查和执行委员会候选名单的准备。区、县、省及全国苏维埃代表大会的代表资格，由各该级苏维埃代表大会组织审查委员会审查。

各级执行委员会候选名单的形成，必须注意将各种斗争中表现最积极最坚决的分子，选举到执行委员会去；要特别注意工人积极分子，将工人积极分子大量地选举到执行委员会，加强无产阶级在苏维埃中的领导力量；同时，对于贫农中农的积极分子，要有很好的注意与吸收。执行委员之中，劳动妇女最少有20%。除注意上述成分之外，还要注意工作能力，决不能只看成分而不看工作能力如何，随便列入候选名单。执行委员选出之后，须报上级执行委员会审查批准。

4．选举的审查、监督和保障

选举的审查、监督和保障，主要是对市、乡选举的审查与承认和代表的资格审查与监督，以及对选民选举权的保障。

（1）市、乡选举的审查与承认。市苏维埃和区执行委员会接到关于市、乡选举的各种文件后，组织专门委员会审查。对按照选举法所规定的组织和程序进行的选举，才算合法，予以承认。如发现某部分的选举有违反选举法规定的，取消某部分选举。取消某部分选举之权属市苏维埃和区执行委员会。如发现全部选举有违反选举规定的，取消全部选举。取消全部选举之权属于上级苏维埃执行委员会。在选举效力上发生争执时，一般由市苏维埃和区执行委员会解决。市苏维埃和区执行委员会不能解决时，移交上级苏维埃执行委员会解决。

（2）代表的资格审查与监督。对乡苏维埃、市苏维埃的代表资格，由乡苏维埃和市苏维埃的全体代表会议组织审查委员会审查之。

对乡苏维埃、市苏维埃代表的监督。乡苏维埃和市苏维埃的代表，如有不执行自己的职务，违背选民的付托，或有犯法的行为时，乡或市苏维埃经过全体会议得开除之。选举该代表的选民，也有随时召回代表之权，并得另选举之。但须报告上级苏维埃执行委员会审查。

（3）选民选举权的保障。对于选举有违反选举法规定的时候，每个选民可向市苏维埃或区执行委员会控告，市苏维埃或区执行委员会接到这种控告时，须即予审查之。如不能解决时，可按级上诉。中央执行委员会为选举上诉的终审机关。

（二）选举法的特点

1．凸显工农民主专政的政权本质。苏维埃政府是工农民主专政的政府，坚持工农民主专政，是这个时期的基本原则。这个原则表现在苏维埃的选举上：一方面是吸引尽可能多的工人、农民及贫民分子积极地参加选举，另一方面剥夺一切剥削分子的选举权。广大工农认识到工农民主专政的苏维埃，是民众自己的政权，因此都积极起来参加选举，许多地方选民参与率达80%以上，兴国全县、上杭才溪区、瑞金武阳区平均到会的选民甚至在90%以上，有些地方仅有害病的、生育的以及担任警戒的人不曾参加选举。

2．保证无产阶级在苏维埃政权中的领导地位。苏维埃的选举采用工人居民同其他居民按一定比例选举代表的办法，规定代表的成分及工人应占的比例，以组织乡（市）苏维埃代表会议和从区到中央的各级苏维埃代表大会及其执行委员会。这样便在苏维埃政权的组织上保证了无产阶级占着领导的地位，建立工人与农民的联盟。如上杭才溪区上才溪乡 75 个代表，工人有 35 人，占代表总数的 46.5%；兴国全县工人代表占全县代表总数的 42.4%。

3. 乡（市）选举是最基本最重要的选举。乡（市）苏维埃，是苏维埃政权的基本组织，是最接近群众的基层权力机关。上级苏维埃的一切法令政策、一切扩大红军、查田运动、实行劳动法、经济建设、文化建设等等工作，均须经过乡（市）苏维埃才能实际去执行。而且，全苏大会、省苏大会、县苏大会、区苏大会要想开得好，最终要依赖于乡苏大会选出很好的代表来。所以，乡（市）选举是最重要的选举。苏维埃的选举，见之于乡（市）选举的组织、程序和办法，都十分完备。

4. 选举发动热烈的批评与讨论，真正体现人民民主。在 1933 年 8 月 9 日中央执行委员会训令第二十二号《关于此次选举运动的指示》中，提出"此次选举的方针"，如：政府向选民及代表大会作工作报告，必须在这次选举运动中真正地实行起来，发动选民群众批评与讨论；发动选民对候选名单热烈批评，绝对禁止用强迫命令方式去通过代表名单；发动群众讨论提案等。

（三）选举法的历史意义

中央苏区的民主选举法，对于人民行使自己的民主权利作出了有权利、有保障的规定，积累了民主选举的丰富经验，充分体现了苏维埃政权的人民性和民主性。但也有一些过左的规定，如：不加区分地剥夺富农的选举权，且不分剥削者本人与其家属，一律剥夺选举权和被选举权；对于一般从事迷信职业的人亦剥夺选举权和被选举权。同时，也未规定精神劳动者如医生、著作家、教员等的选举权，不利于团结一些中间力量参加革命斗争。另外，部分低龄群众没有法律行为能力，参加民主选举不现实，也不够科学。

第三节 中央苏区的刑事立法

苏维埃刑事法是中华苏维埃共和国的基本法律之一，是规定什么是犯罪、犯的什么罪和应该处以什么样刑罚的法律，是中央苏区刑事办案的重要法律依据。尽管当时的刑事法律还不够系统，在很多方面存在"应急性"的特征，但其历史意义是十分深远的。

一、中央苏区刑事实体立法

中央苏区时期，国民党反动派为了破坏工农民主政权，除了向革命根据地进行军事进攻以外，还不断派遣特务分子潜入红色区域内，与被推翻的地方豪绅相勾结，组织反革命团体，进行各种破坏活动，甚至阴谋发动反革命暴乱，使根据地人民遭受极大的损失。因此，中央苏区的工农民主政权一建立，就面临着摧毁反动组织、镇压一切反革命活动、惩办各种反革命犯罪分子的紧迫任务。这就决定了当时刑事立法的主要任务，是镇压危害工农民主政权及破坏土地革命的一切反革命活动和其他犯罪活动。据当时的统计，苏区的刑事案件中反革命案件占了 70%，普通刑事案件只占 30%。

为了坚决镇压反革命和一切反动派，维护根据地的革命秩序，保障人民生命财产的安全，保证革命战争的胜利，在着重进行革命战争的同时，各地工农民主政权先后颁布过一些地区性的肃反法令。在江西，有 1929 年 12 月信江地区的《肃反条例》、1931 年 3 月发布的《赣东北惩治反革命条例》。在福建，有 1930 年 6 月发布的《闽西惩治反革命条例》、1931 年 2 月的《反动政治犯自首条例》。中华苏维埃共和国成立后，有 1931 年 12 月 13 日中央执行委员会通过的《处理反革命案件和建立司法机关的暂行程序》(第六号训令)、1932 年 12 月苏区中央局制定的《关于肃反工作检阅决议》、1933 年 3 月中央执行委员会颁布的第二十一号训令《关于镇压内部反革命问题》等。在此基础上，1934 年 4 月 8 日，《中华苏维埃共和国惩治反革命条例》正式颁布，这个条例实际上就是中央苏区时期的刑事实体法，是一部比较完整的单行刑事法规。其主要内容是：

(一)明确了刑法的适用范围

第 1 条规定：凡犯本条例所列举各罪者，不论是中国人外国人，不论在中华苏维埃共和国领土内或在领土外，均适用本条例以惩罚之。第 30 条规定：凡藏匿与协助本条例所规定的各种罪犯，与反革命分子同罪。不管是从属人还是从属地角度看，中央苏区的刑罚管辖的范围都是比较广泛的。

(二)确定了反革命罪的概念和主要罪行

第 2 条规定：凡一切图谋推翻或破坏苏维埃政府及工农民主革命所得到的

权利，意图保持或恢复豪绅地主资产阶级的统治者，不论用何种方法都是反革命行为。

自第 3 条至第 29 条，具体列举了各种主要的反革命罪行，如：组织反革命武装土匪在苏区内举行暴动者，勾结帝国主义国民党军阀以武力进攻苏区者，组织反革命团体破坏苏维埃政权意图恢复反动统治者，携枪投敌或投降反革命积极反对苏维埃红军者，以反革命为目的混入革命机关进行破坏暗杀抢劫放火或盗取国家机密者，以破坏苏维埃经济的目的制造或输入假货币及公债券故意扰乱金融者，假冒苏维埃红军或革命团体名义伪造公私印章文件进行反革命活动者，以文字图画讲演进行反革命宣传者等，皆以反革命罪论处。

（三）规定了刑罚的种类

1. 死刑。在条例列举的 27 种反革命罪中，有 26 种规定对情节严重的主要罪犯要处以死刑。当时法令规定死刑一律用枪决，废止杀头、破肚等酷刑。

2. 监禁。即有期徒刑，指剥夺罪犯一定期限的自由，交付监督改造场地进行改造。条例规定，犯有所列罪行且情节较轻者，分别处以六个月以上或一、二、三年以上的有期徒刑。有期徒刑以十年为最高限度，期限自逮捕之日起算。为了执行监禁，在省、县裁判部下设立看守所和劳动感化院。其中，看守所监押未决犯或判处短期监禁的犯人，劳动感化院则适用于判处长期监禁的犯人。

3. 没收财产。凡犯条例所列各罪之一者，除按照该条文的规定科刑外，得没收本人财产的全部或一部。

4. 剥夺公民权。除按照规定科刑外，得剥夺其公民权的一部或全部。关于剥夺公民权的起算时间，开始时没有明确规定。1932 年 4 月 20 日临时最高法庭第二号训令，针对江西省苏维埃裁判部判决书中存在的问题，明确指示如下：剥夺选举权一项，应从监禁期满开始之日起算。在监禁期内，被告人自然无从行使其选举权。

5. 驱逐出境。早在 1930 年 3 月闽西《裁判条例》中曾有"驱逐出境"的规定。1932 年 1 月 27 日《中华苏维埃共和国政治保卫局组织纲要》第 1 条规定：惩治反革命分子最严厉的是死刑，次要的应监禁、罚苦工或驱逐出苏区境外。《中华苏维埃共和国惩治反革命条例》对此虽然没有直接规定，但在第 29 条中却间接提到"驱逐出境"，即"被苏维埃驱逐出境，又秘密进入苏维埃内意图进行反革命活动者处死刑"。

此外，在其他法令和审判实践中还规定有警告、罚金、苦工或强迫劳动等刑罚。如，1932 年 1 月中央执行委员会公布的《裁判部的暂行组织及裁判条例》第 29 条规定，"裁判部有宣布被告人：警告、罚款、没收财产、强迫劳动和监禁、枪决之权"。

（四）确立了刑罚具体运用的一般原则

1. 实行罪刑法定主义和刑事类推相结合。第 38 条规定：凡本条例所未包括的反革命犯罪行为，得按照本条例相类似的条文处罚之。即有法律规定的，按规定执行；无法律规定的，实行比照类推的原则。罪刑法定主义是一项重要的刑法原则。在革命根据地制定的刑事法规中，基本上贯穿了这一原则。但是，由于当时处于激烈的革命战争时期，法制还不是很完备，阶级斗争又异常尖锐复杂，一切阶级敌人正在千方百计地采取各种手段进行破坏活动，因而在一个单行条例中，不可能将一切反革命罪行一一详加列举。为了堵塞法制不完备的漏洞，在条例中明确规定"得按照本条例相类似的条文处罚之"，实行刑事类推的原则。

2. 实行"再犯加重"的原则。第 31 条规定：凡犯本条例所列举各罪之一，经法庭判处监禁，又再犯本条例所列各罪之一或一项以上者，加重其处罚。

3. 实行"分清首要与附和"分别区别对待的原则。在《处理反革命案件和建立司法机关的暂行程序》第 7 条中规定，不论在新旧区，对于处置反革命团体、"AB 团"、社会民主党、改组派等人，一定要分别阶级成分，分别首要与附和。即对于豪绅地主富农资本家出身的反革命分子以及首要分子应该严厉处置（如宣告死刑等），对于从工农贫民劳动群众出身而加入反革命组织的分子以及附和的分子，应该从宽处置（如自新释放等）。在条例第 32、33、34、35、36、37 条中规定对未遂犯、附和犯、服从犯、工农出身者的犯罪、对革命有过功绩者的犯罪、自首分子、自新分子、未成年人的犯罪，可以减轻或免除处罚。

这些原则贯穿了镇压与宽大相结合的精神，便于集中力量坚决打击反革命分子，分化瓦解敌人。

（五）附属刑法

当时的刑事法除镇压反革命这一主要内容外，中央苏区政府还在陆续颁布的《土地法》《婚姻法》《工商业投资暂行条例》《借贷暂行条例》和《保护山林条例》等法规中，规定了对严重违法者追究刑事责任的内容。

如，《借贷暂行条例》中规定，放高利贷以及帮助反革命行动者，除没收财产外，并予以法律制裁。《保护山林条例》中规定：如因砍伐树木而发生严重的情形者，处以一年以上三年以下的监禁。这是革命法制史上较早的惩治破坏森林资源罪的刑事法规。

（六）反贪腐刑事法规

在中央苏区政权建立初期，贪污腐败之风在部分干部中有所抬头，严重影响了党在人民群众中的形象，侵害了党的肌体。为此，反贪腐成为刑法的第二项重要任务。1933年12月，中执委发布了《关于惩治贪污浪费行为》（第二十六号训令），它是在总结中央苏区1931年开始的以节约为中心的反贪污反浪费斗争经验的基础上，为使严惩贪污和浪费行为有法可依而颁布的。这个条例共4条，其基本内容是：

1. 确定了贪污罪的概念及刑罚。贪污罪是指苏维埃机关、国营企业及公共团体的工作人员利用自己的地位，贪没公款以图私利的行为。训令规定，对贪污罪犯按数额大小分别处以极刑和不同量刑幅度的监禁、强迫劳动，并没收其本人家产的全部或一部，且得追回其贪没之公款等刑罚。

2. 确定了挪用罪的概念及刑罚。挪用罪是指苏维埃机关、国营企业及公共团体的工作人员利用自己地位，挪用公款以图私利的行为。训令规定，对挪用罪犯按数额大小分别处以极刑和不同量刑幅度的监禁、强迫劳动，并没收其本人家产的全部或一部，且得追回其挪用之公款。

3. 规定了浪费罪的概念及刑罚。浪费罪是指苏维埃机关、国营企业及公共团体的工作人员，因玩忽职守而浪费公款，致使国家受到损失的行为。训令规定，对浪费罪犯应依其浪费程度处以警告、撤销职务以至一个月以上三年以下的监禁。

这一训令当年在保卫苏区经济建设、粉碎敌人经济封锁等方面发挥了积极作用，也为今天制定有关惩治贪污浪费的法规提供了可资借鉴的经验，具有较大的现实意义。

二、中央苏区刑事程序立法

为了切实保证刑事实体法的贯彻实施，从而达到坚决镇压反革命和一切反动派，巩固根据地的革命秩序，保护广大工农的利益，保证革命战争胜利的目的，中央苏区先后颁布了一系列刑事诉讼法律、法令、条例和程序。主要有以下三部：1931年12月13日中央执行委员会非常会议通过的《中华苏维埃共和国中央执行委员会训令（第六号）——处理反革命案件和建立司法机关的暂行程序》，1932年1月9日颁布的《裁判部暂行组织及裁判条例》，1934年4月8日颁布的《中华苏维埃共和国司法程序》。这些训令、条例和程序构成中央苏区时期的刑事程序法。主要内容如下：

（一）中央苏区刑事诉讼法性质和任务

中央苏区刑事诉讼法是在中国共产党的领导下，掌握在广大工农手中，镇压帝国主义、封建势力和反革命的有力工具，充分体现了工人阶级和广大劳苦大众的意志和利益。主要任务可概括为：坚决迅速地建立革命秩序，使革命群众的生命权利和一切法律上应得的权利得到完全的保障；坚决地惩罚和镇压反革命的组织和活动，以巩固苏维埃政权和保卫革命战争的胜利；受理和审判一般刑事案件。

（二）关于侦查权、逮捕权、预审权和审判权的规定

中华苏维埃共和国中央执行委员会第六号训令中规定：一切反革命案件都归国家政治保卫局去侦查、逮捕和预审，预审之后向裁判部提出诉讼，由国家司法机关审讯和判决。审讯和判决之权属于国家司法机关。县一级司法机关无判决死刑之权。未设立国家政治保卫局的地方，如发现有涉嫌反革命的材料须报告上级国家政治保卫局，当地的苏维埃政府不得擅自逮捕或审讯。在县和区两级尚只设立肃反委员会，未设立国家政治保卫局或特派员。而建立政权已满六个月的地方，若发现有涉嫌反革命的材料，必须得到国家政治保卫局省分局的同意后，当地苏维埃政府方可逮捕。但在特殊情况下除外。在革命政权的建立尚未满六个月的地方（新发展区域），革命与反革命斗争尖锐的时候，县肃反机关及特别指定的区肃反机关取得县或区执行委员会的同意之后，有决定逮捕审讯反革命分子之权。审讯以后应移交于同级政府的司法机关作最终的审讯，最后还须报省司法机关，作最终的判决，但豪绅地主富农资本家罪恶昭著、当地工农群众要求处决者，当地政府无须报省司法机关许可就可执行处决之。在暴动起初时，革命政权机关尚未建立的时候，当地革命群众有直接逮捕和处决豪绅地主及一切反革命分子的权利。

不论在新旧区域，对于处置反革命团体的分子，一定要分别阶级成分，分

别首要与附和，即对于豪绅地主富农资本家出身的反革命分子以及首要分子，应该严厉处置（如宣告死刑等），对于从工农贫农劳动群众出身而加入反革命组织的分子以及附和的分子，应该从宽处置（如自新释放等）。在审讯方法上，必须坚决废除肉刑，而采用搜集确定证据及各种有效方法。

（三）对逮捕权、预审权和审判权规定之修正

1934 年 4 月 8 日，中央执行委员会发布了《中华苏维埃共和国司法程序》，宣布废止第六号训令、裁判部暂行条例上所规定的司法程序。这个新司法程序，扩大了地方政权机关处置反革命分子的权力，在第 1、4、2、3 条中对逮捕权、预审权和审判权作了新规定。第 1 条规定：区保卫局特派员、区裁判部的区肃反委员会（新苏区革命委员会之下的）、民警局、劳动法庭，均有捉拿反革命及其他应该捉拿的犯人之权，过去关于区未得上级同意不能捉拿人的规定，应废止之；当紧急时候，乡苏维埃与市区苏维埃、乡革命委员会与市区革命委员会，只要得到了当地革命群众的拥护，均有捉拿反革命分子及其他重要犯人之权，捉拿后分别送交区

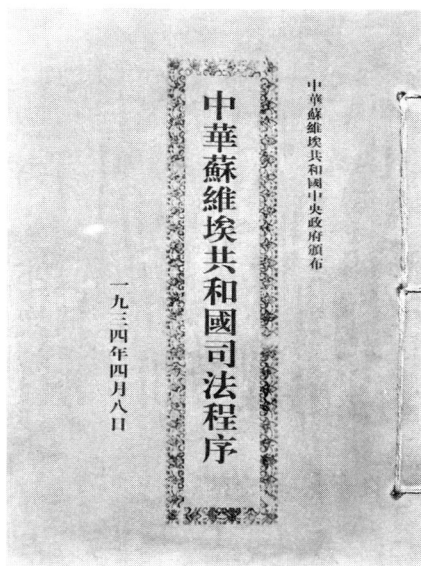

《中华苏维埃共和国司法程序》

级肃反裁判机关。第 4 条规定：一切关于反革命案件，各级国家政治保卫局均有预审之权，预审之后交法庭处置；在边区的地方保卫局，在战线上的红军保卫局，对于敌人的侦探、法西斯分子、刀匪团匪及反革命的豪绅地主，有权采取直接处置，不必交裁判部；在严重的紧急的反革命案件上，国家政治保卫局及其地方分局、红军分局、军区分局有权采取紧急处置。第 2 条规定：区裁判部、区肃反委员会，有审讯和判决当地一切犯人（反革命分子及其他）之权；新区边区，在敌人进攻的地方，在反革命特别活动的地方，在某种工作的紧急动员时期，区裁判部、区肃反委员会，只要得到了当地革命民众的拥护，对于反革命及豪绅地主之犯罪者，有一级审判之后直接执行死刑之权，但执行之后须报告上级处置。第 3 条规定：省县两级裁判部、肃反委员会、高初两级军事

裁判部，均有捉拿、审讯、判决与执行判决（包括死刑）一切犯人之权。

（四）刑事诉讼相关制度的规定

1. 审判组织分合议制和独任制两种。《裁判部的暂行组织及裁判条例》第13条规定：审判复杂而重要的案件，必须由三人组织法庭进行审理，裁判部长或裁判员为主审，其余两人为陪审员；审判简单而不重要的案件可由裁判部长或裁判员一人单独审理。繁简分流的办案机制对于提高审判效率无疑是具有积极意义的。

2. 实行陪审员制度。《裁判部的暂行组织及裁判条例》第14、15条规定：审判案件实行由陪审员陪审的制度，陪审员由职工会、雇农工会、贫农团及其他群众团体选举。陪审员在陪审期间，得暂时解放他的本身工作，并保留原有的中等工资。陪审结束后，仍回到原有的工作岗位上。主审和陪审员在决定判决时，以多数的意见为准，若争执不决时，应当以主审的意见来决定判决书的内容。陪审员的不同意见可用信封封起来供上级裁判部参考。陪审制度有利于人民群众参与司法、监督司法、协助司法，发扬司法民主。

3. 实行公开审判和当庭宣判制度。《裁判部的暂行组织及裁判条例》第16、17、18条规定：审判案件必须公开，倘有秘密关系时可用秘密审判的方式，但宣布判决书时仍须公开；审判案件时，必须有书记一人或二人担任记录；每次开庭审问完了一个案件之后，法庭需退庭商议判决书，待判决书宣布之后才能审判第二个案件，绝不许审问完了之后，经过几天才宣布判决书。

审判公开和当庭宣判制度，把法庭的审判活动置于人民群众的直接监督之下，符合现代审判理念，有利于提高审判工作的质量，保护当事人的合法权利，同时也便于向广大群众进行法制宣传教育。

4. 实行回避制度。《裁判部的暂行组织及裁判条例》第3章第19、39条规定：与被告人有家属和亲属关系或私人关系的人不得参加审判该被告人的案件（陪审、主审都一样）；裁判员如果是代行检察员的职务，担任预审的工作，在法庭审判该案件时，不得为法庭的主审和陪审。

实行回避制度的目的，在于保证司法机关公正客观地处理案件，防止先入为主和徇私舞弊。对于当事人及其法定代理人来说，实行回避制度，允许他们对审判、检察和侦查人员等提出回避申请，是法律赋予的一项诉讼权利。实行回避制度，是实行民主诉讼程序的一个重要方面，是正确行使司法权力的一种诉讼保障。

5. 实行辩护制度。《裁判部的暂行组织及裁判条例》第 24 条规定：被告人有权获得辩护，在开庭审判时，被告人为本身的利益可派代理出庭辩护，但须得法庭的许可。

在刑事诉讼中贯彻辩护制度，是为了使执法机关兼听原告和被告双方的意见，做到客观全面地了解案情，正确适用法律，以便防止无罪的人受到刑事追究或出现轻罪重判等偏差错误。从而保护被告人的合法权益，并使案件能够得到公正合理的判处。

6. 实行两审终审制。根据《裁判部的暂行组织及裁判条例》第 30、31、32 条的规定，当时实行四级两审制，即四级（区、县、省、中央）两审终审的制度。区裁判部审理一般不重要的案件，其判决处罚强迫劳动或监禁的期限不得超过半年；县裁判部是区裁判部所判决的案件的终审机关，同时又是审判有全县意义的案件之初审机关，有判决死刑之权，但没有执行死刑之权。县裁判部判决死刑的判决书，得有省裁判部的批准之后才能执行；省裁判部为县裁判部所判决的案件之终审机关，同时又是审判有全省意义的案件之初审机关，有判决死刑之权，但须送临时最高法庭批准而后执行；临时最高法庭（最高法院）为最高审判机关，它的判决就是终审判决。

后来颁布的《中华苏维埃共和国司法程序》，对审级制度作了修改，规定实行两级审判制，即限于初审、终审两级。如区为初审机关，则县为终审机关；县为初审机关，则省为终审机关；省为初审机关，则最高法院为终审机关，最高法院在审判程序上为最后的审判机关。任何案件，经过两级审判之后，不能再上诉（第 6 条）。

与两审终审制相适应，中央苏区刑事诉讼法规定了上诉制度。《裁判部的暂行组织及裁判条例》第 25 条规定：各级裁判部所裁决的案件在判决书上所规定的上诉期间内被告人有上诉权，上诉期限规定为两个星期。由审理案件的法庭看该案件的内容而决定上诉的日期。上诉的日期是被告人把上诉书送到审理该案件的裁判部的日子而计算起，并不是上诉书送到上级裁判部的日子而计算起。《中华苏维埃共和国司法程序》对上诉制度作了修改和更明确的规定，第 5 条指出，实行上诉制度，犯人不服判决者，准许声明上诉，并规定声明上诉之期最多 7 天，从判决书送到被告人之日算起（被告人不识字的须对他口头说明），但在新区边区，在敌人进攻地方，在其他紧急情况时，对反革命案件及豪绅地主犯罪者，得剥夺他们的上诉权。

7. 死刑审批制度。根据《裁判部的暂行组织及裁判条例》有关规定，死刑案件的被告人不提起上诉的，审理该案件的裁判部也应把判决书及该案件的全部案卷，送上级裁判部批准后，才能执行。这一制度，体现了中央苏区时期刑事诉讼法在死刑问题上严肃审慎的态度，对于保证适用死刑的准确性，防止偏差，防止出现难以挽回的严重错误是有重要意义的。

（五）历史意义

中央苏区时期颁布的刑事诉讼方面的法令、条例和程序，是中国共产党领导的新民主主义革命时期，由工农民主政府制定的。它是从实际出发的，基本上符合当时的历史条件。尽管它的内容规定很笼统而不具体，有些方面也没有作出规定，不够完善，但是，在当时的历史条件下，它对于镇压反革命组织及其活动，打击根据地内的反革命分子和其他各种刑事犯罪分子，保障广大人民的权利，巩固苏维埃政权，仍然起了巨大的作用。为我国刑事诉讼法的发展奠定了坚实的重要的基础，对以后各个时期制定刑事诉讼法产生了极大的积极影响。

第四节　中央苏区的民事立法

中央苏区政府在进行艰苦革命斗争的同时，也开展了一系列的民事立法活动，为工农群众从事民事活动提供了法律规范。比较有代表性的立法包括土地法、劳动法和婚姻法等。

一、中央苏区土地立法

（一）中央苏区土地立法的概况

大革命时期，中国农村仍是封建半封建的土地制度，封建的土地所有制和封建的剥削制度不但还保留着，而且同买办资本和高利贷资本的剥削结合在一起，在社会经济生活中占着绝对优势。在这种制度背景下，土地分配极不合理，大多数土地的所有权为地主和富农所有，而占人口大多数的贫农和雇农则只有少量甚至没有土地。据中国国民党中央执行委员会农民部土地委员会1927年6月发表的《中国土地分配的调查》统计，当时占农村人口14%的地主和富农占有81%的土地，占人口11%的中农占有13%的土地，占人口20%

的贫农只占有 6% 的土地，占人口 55% 的雇农和其他农村居民却没有一寸土地①。广大农民为了生活不得不靠租赁地主和富农的土地过日子，由于封建地租苛重，农业生产力又低下，广大农民过着极其悲惨的生活。

中国共产党为了把广大农民从封建剥削制度中解放出来，在创建革命根据地进行革命战争的同时，高举土地革命的大旗，领导农民开展土地斗争。为了领导、推动和保障农民进行土地革命，在中央苏区成立前，各级革命政权已先后制定了许多关于土地问题的决议案和土地法规。其中具有典型意义的土地法律法规主要有 1928 年 12 月的井冈山《土地法》、1929 年 4 月的兴国县《土地法》、1929 年 7 月闽西的《土地问题决议案》和《政治问题决议案》、1930 年 3 月闽西的《土地法案》、1930 年 5 月的《土地暂行法》、1930 年 6 月的《富农问题决议案》、1930 年 8 月的《中央军事委员会土地法》等。在这些有关土地制度改革的法令中，贯穿着一个总的思想，即彻底消灭一切封建的土地剥削制度。但是，由于当时的斗争形势比较复杂，革命工作缺乏经验，特别是受"左"倾路线的持续干扰，在土地立法的许多具体政策问题上，如没收土地的对象和范围、分配土地的标准和办法、土地所有权的归属问题、对待地主和富农的政策问题等，都经历了一个曲折的认识过程和反复的斗争过程。

关于确定农民土地私有权问题，直到 1930 年 9 月才得到正确解决。土地革命的历史经验证明：在建立工农民主政权之后，迟迟不分配土地，或在土地分配之后，不以立法形式明确宣布确认农民的土地所有权（包括占有权、使用权和处分权），不考虑中国的特点，机械地搬用别国土地国有的经验，肯定是行不通的。在红色区域内有些地方，最初几年农业生产有所下降，其主要原因之一，就是没有确认农民的土地所有权，从而影响到农民的生产积极性。1930 年 9 月，中共六届三中全会根据《共产国际执委秘书处关于中国问题的决议案》中"暂时不要禁止土地买卖制"的指示，在《关于政治状况和党的总任务议决案》中提出了"没收地主土地归农民"的口号。1931 年 2 月 8 日中共苏区中央局第九号通告——《土地问题与反富农策略》指出，"必须使广大农民在革命中取得了他们唯一热望的土地所有权"。1931 年 2 月 27 日，毛泽东在以中央军委总政治部主任的名义写给江西省苏维埃政府的信中，明确指出："过去分好了的田（实行抽多补少抽肥补瘦了的）即算分定。得田的人，即由他管所

---

① 《第一次国内革命战争时期的农民运动资料》，人民出版社 1983 年版，第 4 页。

分得的田，这田由他私有，别人不得侵犯。以后一家的田，一家定业，生的不补，死的不退，租借买卖，由他自主。田中出产，除交土地税于政府外，均归农民所有。吃不完的，任凭自由出卖，得了钱，来供给零用。用不完的，由他储蓄起来，或改良田地，或经营畜业，政府不得借词罚款，民众团体也不得勒捐"①。根据上述原则，江西省苏维埃政府于这年5月专门发布了《关于土地问题的布告》，向群众公开宣布："一经分定的土地，即归农民所有，任其出租买卖，生的不补，死的不退。"闽西苏维埃政府也在4月20日的《土地委员扩大会议决议》中规定：农民分得田地，即为自己所有，有权转租或变卖、抵押，政府不禁止。这一政策实施后，情况很快发生变化。"经过分配土地后确定了地权，加以我们提倡生产，农民群众的劳动热情增长了，生产便有恢复的形势了"。这是土地革命中一项重要经验。

1931年11月，"一苏大会"以《土地法草案》为基础，通过了《中华苏维埃共和国土地法令》。

（二）《中华苏维埃共和国土地法令》的主要内容

1. 没收地主及其他大私有主的土地和财产。《中华苏维埃共和国土地法令》第1条规定："所有封建地主、豪绅、军阀、官僚及其他大私有主的土地，无论自己经营或出租，一概无任何代价的实行没收。"第3条规定："中国富农的特性是兼地主或高利贷者，对于他们的土地应该没收。"第4条规定："没收一切反革命的组织者及白军武装队伍的组织者和参加者的财产与土地。"第6条规定："一切祠堂、庙宇及其他公共土地，苏维埃政府必须力求无条件的交给农民。"除了没收土地以外，第8条还规定："没收一切封建主、军阀、豪绅、地主的动产与不动产、房屋、仓库、牲畜、农具等。富农在分得土地后，多余的房屋、农具、牲畜及水磨油榨等亦须没收。"②

没收地主及其他大私有主的土地和财产，这是土地革命的基本内容。旧中国的大部分土地掌握在地主富农手中，广大的雇农贫农毫无土地或只有极少量的土地。没收地主阶级及其他大私有主的土地和财产分给广大的贫雇农民，使广大的贫雇农民摆脱地主阶级的残酷盘剥，摆脱极端悲惨的生活。《中华苏维

① 中共中央文献研究室编：《毛泽东年谱（1893—1949）》上卷，中央文献出版社1993年版，第335页。
② 中共中央文献研究室、中央档案馆编：《建党以来重要文献选编》第8册，中央文献出版社2011年版，第730—732页。

埃共和国土地法》对此作了明确规定，这对于实现土地革命的基本内容，废除封建土地剥削制度起了保障作用。

2. 没收的土地和财产，分给贫雇农民和中农。第 1 条规定：“被没收的土地，经过苏维埃由贫农与中农实行分配……雇农、苦力、劳动农民均不分男女同样有分配土地的权限。乡村失业的劳动者，在农民群众赞成之下，可以同样分配土地。老弱残废以及孤寡，不能自己劳动，而且没有家属可依靠的人，应由苏维埃政府实行社会救济，或分配土地后，另行处理。”第 8 条规定：“没收的房屋分配给没有住所的贫农、中农居住……牲畜和农具可由贫农、中农按组或按户分配，或根据农民意见自愿的将各种没收农具办初步合作社。”①

在中央苏区时期，采取平分土地的方法，把封建地主的私有财产变为农民的私有财产，这既符合当时中国的实际，又符合广大贫苦农民的利益，具有重大意义。这是因为：第一，旧中国的农业经济是小农经济，一家一户就是一个生产单位，而小农的自由土地所有制，在一定条件下是农业小生产的必要条件。马克思指出：自耕农的自由所有权，对小生产来说……显然是土地所有权的最正常的形式……土地的所有权是这种生产方式充分发展的必要条件。列宁指出，平分土地这种分配的方法，甚至这种分配的想法对资产阶级民主变革却是十分有利的。所以，在农业经济落后的中国，土地革命必须经过平分土地的过程，以实现农民的土地私有制。第二，中国民主革命的主要斗争形式是战争，而革命战争的胜利需要农民在人力物力上的支援。平分土地，把封建地主的私有财产变为农民的私有财产，满足农民的土地要求，有利于农民为了保田、保家而积极参军、参战，努力支援前线。同时，如果农民对土地只有使用权，对生产是不利的，只有分配地主土地归农民所有，确认了地权，才能激发农民生产的积极性，使革命战争获得物质上的保障。

3. 废除一切地租、高利贷债务和苛捐杂税，解放农民。第 9 条规定：“必须消灭口头的及书面的一切佃租契约，取消农民对这些财产与土地的义务或债务，并宣布一切高利贷债务无效。所有旧地主与农民约定自愿偿还的企图，应以革命的法律加以严禁，并不准农民部分的退还地主豪绅的土地或偿还一部分

---

① 中共中央文献研究室、中央档案馆编：《建党以来重要文献选编》第 8 册，中央文献出版社 2011 年版，第 730—732 页。

的债务。"①

毛泽东指出："一切过去及现在的国民党区域，农村中是吓人的地租（百分之六十到百分之八十）、吓人的高利贷（百分之三十到百分之百）与吓人的苛捐杂税（全国计一千七百余种之多）。结果土地集中于地主阶级与富农，绝大多数农民失去土地，陷于求生不能求死不得的惨境。"② 在这种情况下，《中华苏维埃共和国土地法》毫不留情地明文规定废除一切地租、高利贷债务和苛捐杂税，使广大农民扬眉吐气，欢欣鼓舞，坚决拥护中国共产党，其意义是显而易见的。

4. 尽快实现土地水利国有制的土地所有权。第 12 条中规定："在苏维埃政权下，土地与水利的国有才是改善农民生活最可靠的方法，而事实上就是转变农村经济达到高度的社会主义发展的必经步骤。不过实际实行这个办法，必须在中国重要区域土地革命胜利与基本农民群众拥护国有条件之下才有可能。"③

这一规定是脱离中国当时实际情况的。旧中国的农业经济是小农经济，广大人民强烈要求有自己的土地，他们在取得了土地所有权后，像列宁所说的一样，"他们'狂热地'维护土地私有制，是不可避免的"。因此，列宁主张在一般存在土地私有制的情况下，反对地主所有制，而拥护农民所有制。可见，在消灭地主土地私有制之后，只能实行个体农民的土地所有制。这是解放农村生产力的第一步，是中国民主革命时期巩固工农联盟的基础，是中国民主革命的一项基本任务。实践经验也证明，我国土地改革后的农村发展方向，不应是实行土地水利国有化，而应是积极领导农民走组织起来的道路，逐步变个体经济为集体经济。

5. 实行地主不分田、富农分坏田的政策。第 1 条中规定：被没收的旧土地所有者，不得有任何分配土地的权限。第 3 条中规定：富农在被没收土地后，可以分得较坏的劳动份地，不过有一个条件，就是他必须用自己的劳动力去耕种这些土地。这种地主不分田、富农分坏田的政策在《中共中央关于土地问题

---

① 中共中央文献研究室、中央档案馆编:《建党以来重要文献选编》第 8 册，中央文献出版社 2011 年版，第 732 页。

② 中共中央文献研究室、中央档案馆编:《建党以来重要文献选编》第 11 册，中央文献出版社 2011 年版，第 115 页。

③ 中共中央文献研究室、中央档案馆编:《建党以来重要文献选编》第 8 册，中央文献出版社 2011 年版，第 733 页。

给苏区中央局的信》中作了更加明确的规定：要彻底消灭地主阶级及其封建剥削关系，绝对不能容许地主阶级及其家属在其土地被无偿还的没收以后，又重新与土地关系结合起来。凡有这类的企图，都是给地主复辟的机会，我们应给以无情的打击和反对。在中国革命现阶段中，无产阶级政党对富农的态度是以抑制富农发展为总方针。因为中国富农的特征多兼有半地主半封建的剥削，故没收他们的土地，但仍可分配他们一份坏土地，只要他们以自己的劳动力去耕种。总之，中央所要实行的是：地主阶级必须彻底消灭，绝对不能分田和租田给他及他的家属。凡是富农的土地都须没收，只有在他们自己耕种的条件下才分坏田给他们。①

这种地主不分田、富农分坏田的政策，是错误的政策。这个政策归根到底对于人民革命的长远利益是非常不利的。这一错误政策，直到红军到达陕北后才加以纠正。

总而言之，《中华苏维埃共和国土地法令》是土地革命时期"施行时间最长、贯彻地区最广、影响也最大的土地法"②。它的制定和实施，"使得全国土地问题的解决有了正确的依据"。以后各根据地依照这个土地法，分别制定了本地区的具体执行方法，比如，1931年12月江西省苏维埃的《对于没收和分配土地的条例》、1932年赣东北省的《苏维埃土地分配法》、1932年福建省苏维埃的《检查土地条例》、1933年川陕省苏维埃的《关于土地改革的布告》、1934年湘鄂川黔革命委员会的《没收和分配土地暂行条例》等等。这些土地法规的颁布和实施，没收了地主富农的土地，使农民得到了土地，摆脱了地主富农利用封建地租和高利贷的残酷剥削，调动了广大贫苦农民的革命和生产积极性，解放了农村生产力，促进了土地革命的进一步发展，支援了革命战争，巩固了苏维埃政权。

二、中央苏区婚姻立法

解放受压迫的妇女，废除封建落后的婚姻制度，是中国共产党民主革命纲领的重要内容之一。在革命根据地，由于推翻了反动政权，实行了土地改革，男女公民不仅在政治上翻了身，而且分得了土地，有了工作，这为实现男女

① 中共中央文献研究室、中央档案馆编：《建党以来重要文献选编》第8册，中央文献出版社2011年版，第664页。
② 张希坡、韩延龙主编：《中国革命法制史》，中国社会科学出版社2007年版，第544页。

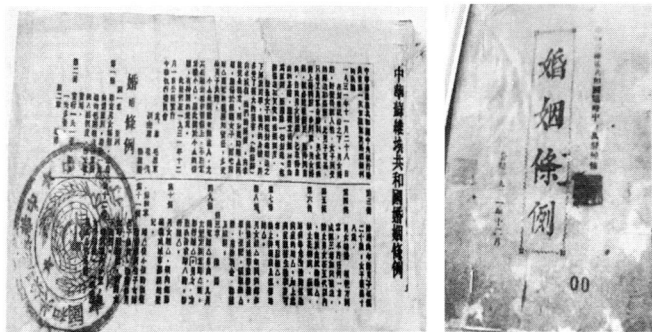

《中华苏维埃共和国婚姻条例》

平等和婚姻自由，创造了必要的物质前提和政治保障。许多革命根据地先后通过了有关改革婚姻制度的决议和命令，如，闽西根据地的《婚姻法》和《关于婚姻法令之决议的命令》等。中华苏维埃共和国临时中央政府在继承和吸收这些革命根据地的婚姻法律、法令和决议的基础上，以《中华苏维埃共和国宪法大纲》为依据，对封建主义婚姻家庭制度实行了彻底全面的改革，于1931年12月颁布了《中华苏维埃共和国婚姻条例》。后来，又根据实际情况，适应新的形势，对此条例进行了必要的修改，于1934年4月8日颁布了《中华苏维埃共和国婚姻法》。这两个法律文件构成了中央苏区时期的婚姻立法。

中央苏区时期婚姻立法的主要内容如下：

（一）基本原则

根据《中华苏维埃共和国婚姻条例》和《中华苏维埃共和国婚姻法》的规定，中央苏区时期的婚姻立法有三项基本原则。

1. 婚姻自由。男女婚姻自由是中央苏区婚姻立法的一项基本原则。中央苏区时期的婚姻立法，反对和否定封建婚姻制度，提出了婚姻自由的原则，这是反封建的表现。婚姻自由包括结婚自由和离婚自由两个方面。根据这一原则，结婚必须男女双方自主自愿，不允许任何一方对他方加以强迫或任何第三者加以干涉。另一方面，离婚也是自由的，所谓离婚自由，就是指夫妻双方在感情确已破裂的情况下，提出解除婚姻关系的请求，应受到法律的保护。

为了贯彻执行婚姻自由的原则，《中华苏维埃共和国婚姻法》第1条中明确规定："废除一切包办、强迫和买卖的婚姻制度，禁止童养媳。"第8条中也规定"改聘礼及嫁妆、聘金"。这是因为包办强迫买卖婚姻、童养媳、聘金、聘礼及嫁妆等都是贯彻执行婚姻自由原则的障碍，所以要废除。

2. 一夫一妻制。中央苏区的婚姻自由是在一夫一妻制下的婚姻自由，因此，中央苏区的婚姻立法的又一项基本原则是一夫一妻制。根据这个原则，任何人只能有一个配偶，不能同时有两个或更多的配偶；有夫之妇或有妇之夫在配偶死亡之前或离婚之前不得再结婚；未婚男女也不得与两个以上的人结婚；一切公开的或隐蔽的一夫多妻或一妻多夫式的两性关系都是不允许的，是非法的。

这个原则与剥削阶级所谓的"一夫一妻"制有着根本的区别，建立在私有制基础上的剥削阶级的"一夫一妻"制，正如恩格斯所指出的那样，"它是建立在丈夫的统治之上的，其明显的目的就是生育有确凿无疑的生父的子女；而确定这种生父之所以必要，是因为子女将来要以亲生的继承人的资格继承他们父亲的财产"①。正因为如此，剥削阶级的"一夫一妻"制是片面的，专对妇女而言的。妻子只能有一个丈夫，剥削阶级中的男性却可以蓄婢纳妾为补充，实行公开或隐蔽的多妻制。例如，在我国奴隶社会和封建社会中，礼制和法律虽然禁止多妻，却并不禁止娶妾。我国古籍《礼记》《白虎通》等书记载：天子有后，有夫人、有嫔、有世妇、有御妻；诸侯一娶九女；卿大夫、士有妻有妾。到新中国成立前的旧中国，剥削阶级中仍然盛行着纳妾制度。国民党政府的《民法》虽然规定有配偶者不得重婚，但在解释中又说：娶妾并非婚姻，自无所谓重婚。这就为通过娶妾实行多妻制披上了合法的外衣。所以说，剥削阶级所实行的是以纳妾为其主要形式的公开的多妻制。在资本主义社会里，"一方面是专偶制，另一方面则是淫游制以及它的最极端的形式——卖淫"②。因此，资产阶级的婚姻制实际上是"公妻制"。中央苏区的一夫一妻制与剥削阶级的"一夫一妻"制是截然不同的。

为了严格实行一夫一妻制的原则，《中华苏维埃共和国婚姻法》第2条规定："禁止一夫多妻与一妻多夫"。这个规定对贯彻实施一夫一妻制有了法律保障。

3. 保护妇女、儿童的权益。保护妇女、儿童的权益，虽然在中央苏区时期婚姻立法中没有明文规定这一原则，但纵观其婚姻立法，我们可以发现，中央苏区时期的婚姻立法包含了这一原则。

《中华苏维埃共和国中央执行委员会第一次会议关于暂行婚姻条例的决议》中指出，"妇女刚从封建压迫之下解放出来，她们的身体许多受到了很大的损

---

① 《马克思恩格斯选集》第4卷，人民出版社2012年版，第71页。
② 《马克思恩格斯选集》第4卷，人民出版社2012年版，第77页。

伤（如缠足），尚未恢复，她们的经济尚未完全独立"。所以在婚姻问题上，特别是在离婚问题上，"应偏于保护妇女，把离婚而引起的义务和责任，多交给男子负担"。《中华苏维埃共和国婚姻条例》第 19 条规定："男女双方离婚后，如果都不愿意离开原来居住的房屋，男方须将其房屋的一部分租赁给女方"。第 20 条规定：女方如未再行结婚，男方须维持其生活并为其代耕田地，直到再行结婚为止。《中华苏维埃共和国婚姻法》第 15 条也规定：离婚后女子未再行结婚，并缺乏劳动力或没有固定的职业，因而不能维持生活者，男子须帮助女子耕种土地或维持其生活。但如果男子自己缺乏劳动力或没有固定的职业，不能维持其生活者，不在此例。

中央苏维埃政权的建立，从根本上改变了儿童的地位。《中华苏维埃共和国宪法大纲》规定了保护儿童的特殊条款。《中华苏维埃共和国婚姻条例》中规定了保护儿童的条款：离婚前所生子女归男方抚养，如果女方、男方都愿意抚养，则归女方抚养。但是哺乳期内的子女则得女方抚养，所有归女方抚养的子女均由男方负担其必要的生活费用的三分之二，直到 16 岁为止；如果女方再婚，新夫愿意抚养其子女的，子女的生父才不再负担子女的生活费用，但新夫必须向乡苏维埃或市、区苏维埃登记，一经登记即应负担把子女抚养成人的责任，不得中途停止或进行虐待。后来考虑到由女方担负抚养责任对子女更为有利，于是在《中华苏维埃共和国婚姻法》第 16 条中规定："离婚前所生的子女及怀孕的小孩均归女方抚养。如女子不愿抚养，则归男子抚养，但年长的小孩同时须尊重小孩的意见。"其他规定与婚姻条例相一致。

此外，中央苏区的婚姻立法，还重视非婚生子女的合法权益。《中华苏维埃共和国婚姻法》第 19 条中规定：一切私生子女享有与婚姻所生子女同等的一切权益。禁止危害、歧视、虐待和抛弃私生子女。非婚生子女的抚养问题，由男女双方共同负责，其中男方负担三分之二。

（二）结婚

结婚是男女双方依法自愿建立夫妻关系的行为。为了保障婚姻当事人和社会、民族的利益，防止不合理的婚姻发生，中央苏区时期的婚姻立法对结婚条件和结婚登记作出了规定。

1. 结婚条件

按照中央苏区的婚姻立法，结婚条件可以分为两个方面，即必备的条件和禁止的条件。

（1）结婚的必备条件

第一，结婚必须男女双方自愿。《中华苏维埃共和国婚姻条例》和《中华苏维埃共和国婚姻法》都一致规定："男女结婚须双方自愿，不许任何一方或第三者加以强迫。"这是婚姻自由原则的具体表现。男女双方自愿是指：结婚必须男女双方自愿，而不是一厢情愿，不许一方对他方加以强迫；必须是本人自愿，而不是依他人的意志为转移，不许父母等第三者包办；必须是真心实意的情愿，而不是勉强同意，不许任何人以任何手段加以干涉。

第二，男女结婚必须达到法定年龄。根据当时的具体情况，《中华苏维埃共和国婚姻条例》和《中华苏维埃共和国婚姻法》规定："结婚的年龄，男子须满二十岁，女子须满十八岁"。结婚要建立家庭，要生儿育女繁衍后代，要处理家庭关系，履行社会义务。因此，就要求男女双方都必须具备一定的生理条件和精神条件，即男女双方的身体和智力必须发育成熟。这样，才能正确处理自己的婚姻问题，正确处理夫妻关系和父母子女关系。

第三，男女结婚必须符合一夫一妻制。男女结婚必须符合一夫一妻制，这是中央苏区时期婚姻立法的一项重要原则，同时又是男女结婚的一个必备的条件。《中华苏维埃共和国婚姻条例》和《中华苏维埃共和国婚姻法》在第一章总则中明确规定了实行一夫一妻制，禁止一夫多妻和一妻多夫。在实践中，工作人员在办理结婚手续时都必须查明这一点，从而保证一夫一妻制的实现，杜绝一夫多妻和一妻多夫的现象。所以，它也是结婚的一个必备条件。

（2）结婚的禁止条件

第一，禁止结婚的血亲关系。《中华苏维埃共和国婚姻条例》第 5 条规定："禁止男女在五代以内亲族血统的结婚"。这个规定颁布以后，在农村贯彻执行很困难，因为在农村亲属聚居，关系密切，接触外界比较少，因此，亲族血统结婚现象十分普遍。于是在后来颁布的《中华苏维埃共和国婚姻法》考虑这一实际情况，改为"禁止男女在三代以内亲族血统的结婚"。

第二，禁止结婚的疾病。根据中央苏区的婚姻立法，禁止结婚的疾病包括身体和精神方面的疾病。《中华苏维埃共和国婚姻法》第 6 条规定：禁止患花脚病、淋病、肺病等危险性传染病者结婚。但经医生验明可以结婚的，不在此例。《中华苏维埃共和国婚姻法》第 7 条规定：禁止患神经病及疯瘫者的结婚。

2. 结婚登记

男女双方要求结婚，不仅要符合结婚条件，而且还必须进行结婚登记。在中国婚姻制度发展史上，中华苏维埃共和国首先创造了结婚登记制度。结婚登记是婚姻关系成立的必经程序，是政府对婚姻关系成立进行审查和监督的必要措施。只有经过结婚登记，取得结婚证，婚姻关系才算正式成立，夫妻间的权利和义务才正式产生，并得到法律的承认和保护。

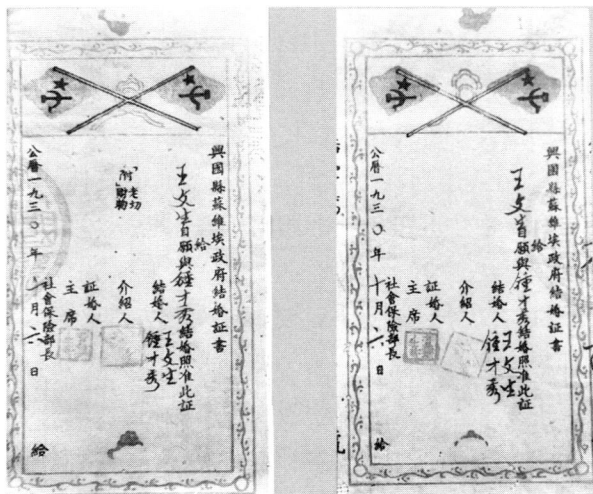

结婚证

《中华苏维埃共和国婚姻条例》和《中华苏维埃共和国婚姻法》规定："乡苏维埃或城市苏维埃为办理结婚登记的机关，由它发给双方当事人结婚证。"因此，《中华苏维埃共和国婚姻法》第8条规定："男女结婚须同到乡苏维埃或市区苏维埃进行登记，领取结婚证。"男女双方一经办理结婚登记手续，领取了结婚证，夫妻关系即告成立。

3. 关于事实婚姻的问题

事实婚姻是没有配偶的男女，没有进行婚姻登记而公开同居的婚姻关系。对于事实婚姻，中央苏区的婚姻立法允许其存在，并不认为是违法的。《中华苏维埃共和国婚姻法》第9条规定：凡男女实行同居，不论登记与否均以结婚论。

（三）离婚

婚姻关系除因配偶死亡而终止外，只能因离婚而中止。离婚是夫妻双方解除婚姻关系的法律行为。它不仅在双方的人身关系、财产关系方面引起一系列的法律后果，而且涉及子女的抚养和教育等问题，对家庭和社会生活都会产生一定的影响。因此，离婚问题在婚姻立法中占有重要地位，成为整个婚姻家庭制度不可缺少的组成部分。

中央苏区的婚姻立法也有离婚的规定，它不但对离婚的条件、办理离婚的机关作了明确规定，而且对离婚后子女的抚养和财产的处理等问题也作了具体规定。

1. 办理离婚的条件和机关。《中华苏维埃共和国婚姻条例》第 9 条规定：离婚自由。凡男女双方同意离婚的，即可离婚，男女一方坚决要求离婚的，亦可离婚。《中华苏维埃共和国婚姻法》第 10 条进一步规定："明确离婚自由。男女一方坚持要求离婚的，即可离婚。"

根据中央苏区婚姻立法的规定，离婚的登记机关，与结婚登记机关一样，在农村是乡苏维埃，在城市是市区苏维埃。《中华苏维埃共和国婚姻法》第 12 条规定："男女离婚，须向乡苏维埃或市区苏维埃登记。"一经登记，婚姻关系便被解除。

2. 离婚后财产的处理和子女的抚养。离婚不仅解除了夫妻间的人身关系，而且也终止了夫妻间的财产关系。因此，在离婚时，必须对财产的分割、债务的清偿以及生活帮助等问题作出妥善的处理。对此，中央苏区的婚姻立法作出了具体的规定。《中华苏维埃共和国婚姻条例》第 17 条和第 18 条规定：夫妻双方在土地革命中所得到的财产、田地和各自的债务，由本人处理；结婚满一年，夫妻共同经营所增加的财产，离婚时由双方平分，如有子女则按人口平分；婚后所负的共同债务，由男方负责清偿。《中华苏维埃共和国婚姻法》第 4 条重申了《婚姻条例》的上述规定，而且还明确规定："离婚后女子如未再行结婚，并缺乏劳动力，或没有固定职业，因而不能维持生活者，男子须帮助女子耕种田地，或维持其生活。但如果男子自己缺乏劳动力，或没有固定的职业，不能维持其生存者，不在此例。"在这里，既体现了保护妇女的原则，也照顾了男子的实际情况。

男女双方离婚以后，夫妻关系即行解除，但双方与所生子女之间的父母子女关系并不因父母离婚而取消。离婚以后，父母对子女仍有抚养和教育的义务。关于子女的抚养问题，中央苏区的婚姻立法也作了专门的规定。《中华苏维埃共和国婚姻条例》规定：离婚前所生子女归男方抚养，如男女双方都愿意抚养，则归女方抚养，但在哺乳期间内的子女只能由女方抚养。所有归女方抚养的子女均由男方负担必要生活费的三分之二，直到 16 岁为止。其支付办法，或支付现金，或为小孩耕种分得的土地。如果女方再婚，新夫愿意抚养子女的，子女的生父才不再担负子女的生活费用。但新夫必须向乡或市区苏维埃登记，一经登记即应负担把子女抚养成人的责任，不得中途停止或进行虐待。《中华苏维埃共和国婚姻法》第 14、16、17、18 条中也作了相应的规定。在这里，全面体现了保护儿童的原则和精神。

3. 关于军人离婚的规定。《中华苏维埃共和国婚姻法》第 11 条规定：红军战士之妻要求离婚，须得到其夫同意。但在通信顺利的地方，经过两年其夫无信回家者，其妻可向当地政府请求登记离婚。在通信困难的地方，经过四年其夫无信回家者，其妻可向当地政府请求登记离婚。这是婚姻法在婚姻问题上对军人从法律上予以的特殊保护。这个规定有利于稳定军心，增强军人的战斗意志和加强军民团结。

（四）中央苏区婚姻法的重要历史意义

中央苏区时期的婚姻立法，是我国新民主主义革命时期婚姻家庭制度的法律创新。它是我国历史上第一次运用法律武器，发动群众，对封建婚姻家庭制度实行彻底全面的改革，开创了我国婚姻制度改革的新纪元，是我国婚姻制度改革的里程碑。中央苏区的婚姻立法所确定的基本原则和制度，是从当时的实际情况出发的，反映了广大劳动民众的意志，是完全正确的，深受广大群众特别是青年男女的拥护。它与剥削阶级的婚姻立法针锋相对，有着本质上的不同，正如毛泽东所指出的："就拿婚姻制度一件事来说，苏维埃区域与国民党区域也是两个绝对相反的世界。"[1] 它为以后抗日根据地的婚姻立法、解放区的婚姻立法以及新中国成立后的婚姻立法奠定了各项原则的基础。

三、中央苏区劳动立法

（一）中央苏区劳动立法的概述

中央苏区时期，虽然处于动荡的战争环境下，但是，党和人民政府十分重视劳动立法。毛泽东指出："只有坚决地实行劳动法，才能改善工人群众的生活，使工人群众积极地迅速地参加经济建设事业，而加强他们对于农民的领导作用。"[2] 因此，在进行革命战争的同时，颁布了许多劳动法令以及实施的法规。较有代表性的有：1931 年 11 月 "一苏大会" 审议通过的《中华苏维埃共和国劳动法》，1931 年 12 月 21 日颁布的《中华苏维埃共和国中央执行委员会关于实施劳动法的决议案》，1932 年 4 月颁布的《中华苏维埃各级劳动部暂行组织

---

① 中共中央文献研究室、中央档案馆编:《建党以来重要文献选编》第 11 册, 中央文献出版社 2011 年版, 第 128 页。
②《毛泽东选集》第 1 卷, 人民出版社 1991 年版, 第 125 页。

纲要》以及《中华苏维埃临时中央政府劳动部训令（第一号）》。

1. 劳动立法的出发点。激发工人的革命积极性是中央苏区劳动立法的出发点。毛泽东于 1934 年 1 月在中华苏维埃第二次全国代表大会上的报告中指出："苏维埃基于他的政权的阶级性，基于武装劳动民众以革命战争打倒帝国主义、国民党的伟大任务，必须坚决的启发工人的阶级斗争，保证工人的日常利益，发展工人的革命积极性，组织工人的这种积极性到伟大的革命战争中来，并且使工人成为革命战争的积极领导者，成为巩固与发展苏维埃政权的柱石。这就是苏维埃劳动政策的出发点。"[1]

2. 劳动立法的宗旨。中央苏区时期劳动立法的宗旨是为了发展生产，保护劳动者特别是工人的利益，改善人民生活，使之成为调整劳动关系和发动群众的武器。

3. 劳动立法的基本原则。毛泽东在"二苏大会"上的报告中指出："苏维埃政权之下，工人是主人翁，工人领导着广大的农民担负了巩固苏维埃与发展苏维埃的伟大的责任。因此

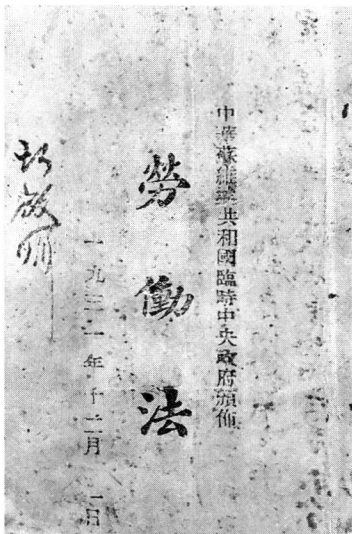

《中华苏维埃共和国劳动法》

苏维埃的劳动政策的原则是在于保护工人阶级的利益，巩固与发展苏维埃政权。"[2] 苏维埃的劳动政策的原则构成劳动立法的基本原则。

（二）中央苏区劳动立法的主要内容

1. 劳动法的适用范围。劳动法的适用范围，即劳动法的效力范围，指的是劳动法在什么地域、什么时间和对什么人有效。

（1）劳动法的地域效力。《中华苏维埃共和国中央执行委员会关于实施劳动法的决议案》第 6 条规定："劳动法在中华苏维埃共和国的领土内，都发生效力。"

---

[1] 中共中央文献研究室、中央档案馆编：《建党以来重要文献选编》第 11 册，中央文献出版社 2011 年版，第 109 页。

[2] 中共中央文献研究室、中央档案馆编：《建党以来重要文献选编》第 11 册，中央文献出版社 2011 年版，第 110 页。

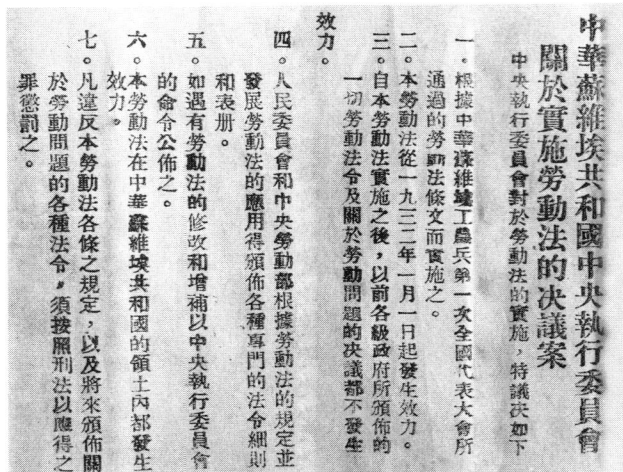

《中华苏维埃共和国中央执行委员会关于实施劳动法的决议案》

（2）劳动法的适用对象。《中华苏维埃共和国劳动法》第 1 条规定："凡在企业工厂、作坊及一切生产事业和各种机关（国家的、协作社的、私人的都包括在内）的雇佣劳动者，都应享受本劳动法的规定。"

（3）劳动法的时间效力。《中华苏维埃共和国中央执行委员会关于实施劳动法的决议案》第 2、3 条规定："劳动法从 1932 年 1 月 1 日起发生效力。""劳动法实施之后，以前各级政府颁布的一切劳动法令及关于劳动问题的决议，都不发生效力。"

2. 雇佣劳动者的手续。《中华苏维埃共和国劳动法》在第 2 章中规定："雇佣工人须经过工会和失业劳动介绍所，并得根据集体合同，严格禁止所谓工头、招工员、买办。所有失业劳动介绍所须由各级劳动部组织并管理之，严格禁止私人设立工作介绍所或雇佣代理处；严格禁止并严厉处罚要工人出钱买工做，或从工资中扣后作介绍报酬；凡欲寻找工作的人，须至劳动部所设立的失业劳动介绍所登记，列入失业劳动者的名册内。"

3. 集体合同与劳动合同。《中华苏维埃临时中央政府劳动部训令（第一号）》中指出："雇主请工人要订立集体合同和劳动合同"，"集体合同是一方面由职工会代表工人和职员与另一方面的雇主所订立的集体条约"，"劳动合同是一个工人或几个人与雇主订立的协定"。

4. 工作时间。所有雇佣劳动者，通常每日的工作时间，不得超过 8 小时。16 岁至 18 岁的青工，每日工作时间不得超过 6 小时。14 岁至 16 岁的童工，每日工作时间不得超过 4 小时。所有工人在危害身体健康的工业部门中工作

（如地下矿工、铅、汞以及其他带毒性的工作），每日的工作时间必须减至 6 小时以下。所有在夜间做工的工人，每日工作时间较通常工作时间少 1 小时。一般情况下，工人不得做比劳动法所规定的时间以上的额外工作。

5. 休息时间。每个工人每周经常须有继续不断的 42 小时的连续休息。在任何企业内的工人，连续工作 6 个月以上者，至少须有两个星期的例假。在危害工人身体健康的工业中工作的工人，每年至少须有 4 个星期的例假。例假期间工资照发。一年中的 1 月 1 日、1 月 21 日、2 月 7 日、3 月 18 日、5 月 1 日、5 月 30 日、11 月 7 日、12 月 11 日为纪念日节日，停止工作，进行休息，工资照发。

6. 工资。任何工人的工资不得少于由劳动部所规定的真实的最低工资额，各种企业内实际的工资额，由工人（由工会代表工人）和企业主或企业管理人，用集体合同规定之。做一些由劳动检查机关和工会许可的额外工作和休假日工作的工人须得双薪，夜工的工资须高于通常的工资。所有工资须用现金支付给工人。

7. 女工、青工及童工保护。凡某些特别繁重或危险的工业部门，禁止雇用女工、青工及童工，禁止女工在任何举重过 40 斤的企业内工作。18 岁以下的男女及怀孕和哺乳小孩的女工，严禁做夜工。女工在产前产后实行休假制，休假期间工资照发，在产前 5 个月和产后 9 个月内，不许开除女工。哺乳的女工每隔 3 小时，休息半小时用来哺乳小孩，不得克扣工资。14 岁以下的男女，严禁雇用。14 岁至 16 岁的童工须经劳动检查机关许可才能雇用，设立工厂职业技术学校，以提高青工的熟练程度，并给他们以补充教育，严禁旧式的学徒和养成工制。

8. 劳动保护。所有机器须设防护器，须发给所有工人工作服或保护衣物（如护眼器、面具、呼吸器、消毒药品等）。须出资建筑工人居住宿舍给工人无偿居住。工人因公参加本企业的会议、社会工作等活动和因厂方过失停工期间，都不得克扣工资。工人参军服役时，企业应发给他 3 个月的平均工资。工人若自愿解除劳动合同，雇主须发给他半个月的中等工资，若雇主开除工人，须发给工人 3 个月的中等工资。工人若暂时丧失劳动能力，雇主须保留他的工籍和原先的中等工资。所有受雇后在工作过程中所得的职业病和职业遇险，应全部抚恤之。劳动检查员凡发现某一企业将有立即危害工人身体健康及生命者，有权封闭该企业。

9. 社会保险。社会保险对于一切雇佣劳动者都得施及之。社会保险的基金由雇主交纳，并由雇主在应付的工资之外，支付全部工资额的百分之六至百分之十五的数目。它绝对不得向被保险人征收保险费，也不得从工资中克扣。社会保险的优抚种类有免费的医药帮助、暂时失去工作能力的津贴、残废及老弱的抚恤金、婴儿的补助金、丧葬津贴费、工人贫困补助金等。社会保险机关的管理委员会管理社会保险基金的收集与用途。

10. 工会。中华全国总工会是联合全国各企业与机关的工人和职工群众的组织。职工会根据中华全国总工会章程成立。职工会主要的任务是代表个别的集体的工人，保护一切雇佣劳动者的利益，并努力设立改善工人的一切经济及文化的条件，用各种方法积极地帮助和加强发展，并保护苏维埃运动及苏维埃政府。苏维埃保证职工会的行动自由，有宣布并领导罢工之权，代表工人交涉并签订合同等权，参与企业的经营和管理，监督生产，监督劳动法及关于劳动法令的执行，有向苏维埃政府提出颁布各种劳动法令，提出并推荐劳动检查之权。雇主开除工人须得职工会的同意，苏维埃给职工会的组织以物质上的帮助。

11. 违反劳动法的处罚问题。凡违反劳动法的案件以及劳资的纠纷，或由劳资双方代表所组成的评判委员会以及设在劳动部的仲裁委员会以和平解决之。"凡违犯劳动法及一切关于劳动问题的法令、集体合同等，无论他对于刑法受何种惩罚，都归人民法院的劳动法庭审理之"。

（三）中央苏区劳动立法述评

毛泽东在"二苏大会"上的报告中指出，劳动法的制定和实施，使"工人的利益得到了完全的保护，它与在过去的国民党统治时代及现在的国民党区域比较起来，真有天堂地狱之别"[1]。"工人的生活得到了极大的改善，工人的革命积极性大大发扬起来，工人在革命战争中在苏维埃建设中是起了它的伟大的作用。"[2]

1.《劳动法》的制定和实施，使苏区各地的实际工资，比以前普遍增加了。例如汀洲市（福建长汀县）工人的工资比以前最少的增加了30%（木匠），最多的增加14.5倍（布业工人）。瑞金城市的泥水木匠工人，从革命前每日

---

[1] 中共中央文献研究室、中央档案馆编：《建党以来重要文献选编》第11册，中央文献出版社2011年版，第109页。

[2] 中共中央文献研究室、中央档案馆编：《建党以来重要文献选编》第11册，中央文献出版社2011年版，第114页。

2角5分,增加至每天4角5分。

2.《劳动法》的制定和实施,使苏区的法定工作8小时制、休息制、集体合同制一般地实行了,在苏区的一切城市普遍实现了。农村中的雇佣劳动者,每日的实际工作时间也少有超过8小时。16岁至18岁的雇佣劳动者的工作时间,一般比成年人少。

3. 对妇女及未成年人的保护也基本上实现了。如同工同酬、产前产后休息、14岁以下童工的禁止雇用等。

4. 基本上实现了对学徒的保护。在苏区各地,一般地缩短了学徒的年限,扫除了对学徒的封建压迫。学徒的生活和工资得到了相当的改善和增加。如在江西,学徒每年至少有15元的津贴,多的则有每月3元的。

5. 工人的伙食有了很大的改善。在城市中,每个工人的伙食普遍是每月6元以上,农村工人的伙食,与雇主同等。

6.《劳动法》的制定和实施,壮大和发展了工会组织,调动和发展了工会会员加入红军,增强了广大劳动群众参加革命战争和拥护中国共产党的积极性。

然而,中央苏区劳动立法也存在着一些问题和缺陷。在"一苏大会"劳动法中,由于受"左"倾错误的影响,许多规定的标准过高,制定了过高的劳动条件、过高的工资待遇、过高的物质福利。

1. 表现在过高劳动条件方面的是机械地实行8小时工作制。如,《劳动法》规定,所有雇佣劳动者,通常工作时间不得超过8小时(第14条),并规定16岁至18岁的青工每日工作时间不得超过6小时,14岁至16岁的童工每日工作时间不超过4小时(第15条)。同时,机械地规定休息时间。如,《劳动法》规定:工人每周经常须有继续不断的42小时的连续休息(第19条);在任何企业内的工人,凡继续工作到6个月以上,至少须有两个星期的例假,在危害健康的工业中工作的工人,每年至少须有4个星期的例假;例假工资照发(第20条)。此外还规定许多纪念节日。纪念日全天休息,纪念日和星期日的前一天工作时间,至多不得超过6点钟(第21条、第22条)。

2. 表现在过高物质福利方面的,是规定任何工人的工资,不得少于劳动部所规定的真实的最低工资额。各种部门的最低工资额,至少每3个月由劳动部审定一次(第25条)。所谓"真实的最低工资额",据项英在《关于劳动法的报告》中解释,即是根据社会生活情形和工人家庭必须费用作为标准,社会生活增高,最低工资也随着增高。这个标准由政府随时颁布。《劳动法》还规定:

劳动检查机关和工会所特许的额外工作，工人须得双薪；在休息日（星期日）或纪念日做工，工人须得双薪（第 27 条、第 28 条）。

3. 表现在过高物质福利方面的，是规定无论何种企业，必须发给工人工作专门衣服。工作专门衣服的种类及穿着的期间，由劳动部特别规定（第 46 条）。同时规定：工人或职员参加社会活动，无论时间之长短，都不得克扣工资。工人或职员，被征到红军中去服军役，因此而失去工作，须预先发给他 3 个月平均工资（第 50 条、第 51 条）。对工人实行免费的医药帮助，不论是普通病或因工致病，遇险受伤，职业病等，都支付医药费，其家属也同样享受免费的医药帮助（第 70 条）。此外还规定：由工厂出资建筑工人寄宿舍，无代价地分给工人及家庭。未建筑寄宿舍，每月由工厂津贴相当的房金（第 53 条）。

这些对于工业落后，而且正处于武装斗争中的革命根据地是不适宜的。在执行上遇到了许多困难，未能充分发挥应有的作用。"各级政府对于这一法令的执行，是表现许多怠工的地方"。"检查制度虽有建立，但工作不大实际和深入，现在在城市中相当的实现劳动法一部份——八小时，休息制度，集体合同等，但还有许多未能实现，特别是在乡村中对于劳动法还未具体的来实施"[①]。毛泽东在 1947 年《目前形势和我们的任务》一文中指出："对于上层小资产阶级和中等资产阶级经济成分采取过左的错误的政策，如像我们党在一九三一年至一九三四年期间所犯过的那样（过高的劳动条件，过高的所得税率，在土地改革中侵犯工商业者，不以发展生产、繁荣经济、公私兼顾、劳资两利为目标，而以近视的片面的所谓劳动者福利为目标），是绝对不许重复的。"[②]过左的劳动政策片面地强调工人的个人利益和眼前利益，而忽视了工人阶级的整体利益和长远利益；没有把长远的奋斗目标同当前的具体政策加以区别；没有把在国民党统治区大城市的工人斗争纲领，同农村革命根据地的现行劳动政策加以区别；也没有很好地区分国营企业和私人企业中劳动政策的原则界限；对于农村中的中农、贫农、手工业者雇用少数辅助劳动力，也没有灵活性的规定。结果在政治上、经济上造成严重后果，使私人企业倒闭，工人失业，引起师徒对立，增加工农矛盾，影响国营企业和合作事业的发展。这实质上是不顾客观情况机械地照搬别国经验的教条主义的反映。归根到底，是违背工人阶级的根本利益的。

---

① 江西省档案馆、中共江西省委党校党史教研室选编：《中央革命根据地史料选编》下册，江西人民出版社 1982 年版，第 223 页。

②《毛泽东选集》第 4 卷，人民出版社 1991 年版，第 1255 页。

1933年3月，临时中央政府提出修改劳动法，并于同年10月重新颁布了修改后的《中华苏维埃共和国劳动法》，同时宣布1931年12月颁布施行的原《劳动法》作废。新《劳动法》与原《劳动法》相比较，有了很大的进步，它考虑到了农村与城市、大企业与小企业以及国营经济、合作社经济、私人经济的不同条件，修改和废除了那些脱离苏区实际的过高的经济要求的条文，在一定程度上纠正了"左"倾劳动政策造成的错误，对于调动工人阶级的革命积极性和发展根据地经济是有促进作用的。可是，新劳动法颁布后，即开始第五次反"围剿"战争，因而对于私人经济的恢复，并没有发生实际效果。

第五节　中央苏区的经济立法

保障红军供给，改善人民生活，是中央苏区进行经济建设的首要目的。中华苏维埃共和国成立后，毛泽东任中华苏维埃临时中央政府主席，他确定经济政策的原则是进行一切可能的和必须的经济方面的建设，集中经济力量供给战争，同时极大改良民众的生活。投入极大的精力发展农业、工业、商业、金融业等。同时，针对中央苏区都是些经济比较落后的区域，又处在敌人的经济封锁之下，国家经营的经济事业，只限于可能的与必要的一些部分的现实，提出尽可能地发展国营经济、大规模地发展合作社经济、奖励私人经济的发展是苏维埃的经济政策。并制定了一系列财政经济政策和法律。财政经济方面的立法，对维护和推进苏区的经济发展起了重大作用。

一、中央苏区农业立法

苏区的经济主要是农业经济，发展农业生产是经济建设工作的第一位。而关于农业生产的必要条件方面，如劳动力、耕牛、农具、肥料、种子、水利等，当时困难很多。为了解决这些困难，苏维埃政府采取了一系列切实有效的措施。如：组织劳动互助社和耕田队，有组织地调剂劳动力和推动妇女参加生产；组织犁牛合作社，以解决农具和耕牛缺乏的困难；动员开垦荒地，兴修水利，植树造林；搜集和改良稻、麦、棉、茶、豆等各类种子，积极造肥；在抓粮食生产的同时，发展多种经营；等等。

在上述诸方面，中央苏区颁布了很多指示、训令，有代表性的是《劳动互助社组织纲要》《犁牛合作社组织大纲》《开荒规则和动员办法》等。这是当时重要的农业立法。

（一）《劳动互助社组织纲要》

劳动互助组织，最早的是闽西才溪乡贫苦农民办起来的耕田队。1930年6月，毛泽东到才溪乡作社会调查时，给予高度赞许，并指出"耕田队应提高一步叫互助组"。1931年夏收期间，才溪乡创办了中央苏区第一个劳动互助社，以后这种组织在各地有了迅速的发展。苏维埃中央政府及时总结了各地开展互助合作运动的经验，在1933年颁布了《劳动互助社组织纲要》。《纲要》共16条，主要内容为：

1. 劳动互助社的性质和作用。劳动互助社，主要是农民之间互相帮助耕种和收获的组织，不变更个体所有制。其作用，是在农村中农民互相帮助做工，有计划地去调剂农村中的劳动力。一方面，使劳动力有余的不致闲置；另一方面，劳动力不足的不致把农事废弃，并能养成群众的阶级互助精神。

2. 劳动互助社的组织管理。劳动互助社以村为单位组织，最大的只能以乡为范围。入社由各人自愿，不得用强迫命令方法。加入者以家为单位，凡是农民（贫农中农）、农业工人及其他有选举权的，均可入社。

劳动互助社以社员大会为最高权力机关。并由社员大会选三至五人组成委员会，再公推一人为主任。委员人选是要耕田有经验而不自私自利者，社员按照住处接近编成小组，公推一人为组长。

3. 调剂劳动力的办法和互助工资的结算。调剂劳动力的办法，是每个入社的社员须在事先将自己哪一天割禾或莳田（或别种工作），须要雇几多人工，要几天完毕，一个月内自己能几天帮别人做工等，向互助社委员会报告。互助社委员会根据各社员报告做好人工分配的计划，提交社员大会，让大家当场讨论磋商，不满意者可对调。注意各人住处相近、能力技术配合适当和过去的感情关系，使得帮助人做的，请人帮的，双方自愿。切不可用命令强迫分配。

互助工资，按照各地生活程度与往年习惯斟酌增减，由社员大会多数决定。不能过高，也不能过低，须兼顾到雇农、贫农、中农各方面的利益，并应按照各人的工作能力与技术的高低分别规定。工资的结算，由委员会在簿上登记起来，帮助别人做的工资记"来数"。请人帮的工资记"去数"，拿各人的"来数""去数"对除，计算收入与补出。如有乡与乡或村劳动互助社之间的帮助，则由双方互订帮助合同。劳动互助社除了社员互助，还优待红军家属、帮助孤老（帮助孤老做工的只要吃饭，不要工钱）。

劳动互助社，它是在个体经济的基础上，为调剂劳动力、恢复生产而创办的农民劳动互助组织，它在不变更个体所有制的前提下调整了生产关系，在一定程度上打破了以一家一户为生产单位的界限。这种组织对当时恢复和发展农业生产起了很大的作用，采取的办法又很合理，得到群众热烈的拥护。

（二）《犁牛合作社组织大纲》

1933 年 4 月，中央土地人民委员部发布的《犁牛合作社组织大纲》规定：凡没收地主富农的耕牛、农具，一律交由区乡苏维埃有计划地分配，组织犁牛合作社，为农民共同使用，禁止出卖和宰杀；并发动群众入股，大家出本钱添买耕牛农具入社（地主富农及一切阶级异己分子不准加入），发动那些自己有耕牛农具的群众加入合作社，给以相当的租金。各区乡组织犁牛合作社基本金不足时，准许在各区富农捐款中抽出十分之一，由区苏维埃政府分配借给犁牛合作社买牛，二年后还本。在犁牛合作社内，由社员大会选举产生管理委员会，并订立犁牛保护和使用规则以及使用金的计算。管理委员会负责耕牛调剂、计划使用，督促各养户按规定的畜养办法饲养保护耕牛，收集股金添置耕牛农具、修补农具等。

犁牛合作社是比劳动互助社更高一级的互助合作形式，耕牛、农具归集体所有。它为解决当时耕牛、农具缺乏的困难起了很大的作用。

（三）《开荒规则和动员办法》

为奖励开垦荒田荒地，1933 年 5 月 25 日，中央土地人民委员部训令第八号发布《开荒规则和动员办法》，其规定为：

1. 关于不曾分配的荒田荒地。凡是工人、苦力、雇农、贫农、中农及一切有选举权的群众，开发无主的荒田荒地，即属于开荒者所有。并准许三年免交土地税以资奖励。

凡一切有选举权的群众开发不完的无主荒田荒地，准许富农去开，富农有使用之权，并准免土地税一年。

工农群众及富农开发不完的荒田荒地，准许地主分子去开，允许他耕种五年，第一年免交土地税。五年之后该土地归还苏维埃政府管理。但如果无他人接收，仍可租给地主分子继续耕种。

2. 关于已分配了的荒田荒地。凡已分配的荒田荒地，应首先发动土地所有人限定时间（5天至15天）去开，如本人期满不开，即发动其他群众去开，荒田主人不得阻止。荒了一年的田，本人不开他人去开时，土地税免两年。若开的是富农，免税一年。租额不得超过所获农产物十分之一，即收实谷一担交租一斗给田主。免税期满后之土地税归开荒人出。开荒的人可连种三年，三年后田主得收回自耕。如田主依旧不耕时，仍归开荒人耕种，并不再分租给田主，至田主收回自耕时为止。

荒了二年或二年以上的田，本人不开他人开时，免土地税三年至五年。若开的是富农，免税一年至二年。开荒人可连种五年至十年，五年至十年后，田主得收回自耕。如果田主依旧不耕时，仍归开荒人耕，至田主收回自耕时为止，均不交租给田主。免税期满后之土地税归开荒人出。

二、中央苏区工业立法

苏区的工业，主要是建立在个体经济基础上的散漫的小手工业。在中小城镇有一些资本主义工业，但规模较小，多数处于手工操作状态。因为敌人封锁，货物流通困难，许多手工业生产衰落了。1931年11月，中华苏维埃第一次全国代表大会通过的《中华苏维埃共和国关于经济政策的决议案》，对工业政策作出如下规定：

一是为保障国家完全独立和民族解放，将操纵在帝国主义手中的一切经济命脉，实行国有（租界、银行、海关、铁路、航业、矿山、工厂等）。目前允许外国某些企业重新另定租借条约，继续生产，但必须遵守苏维埃一切法令，实行八小时工作制及其他各种条例。如这些企业主违反这些条例，实行怠工和关厂，或干涉苏维埃政府的行政及维护反革命，则必须立即没收其企业作为国有。二是对于中国资本家的企业及手工业，现尚保留在旧业主手中而并不实行国有，但由工人监督生产委员会及工厂委员会实行监督生产。若这些企业主怠工破坏苏维埃法律或参加反革命的活动，故意破坏或停止生产，则必须立即没收他的企业，按照具体条件，交给工人劳动合作社或苏维埃政府管理。三是竭力促进工业的发展，特别是注意保障供给红军的一切企业的发展（工厂、作坊、手工业、家庭企业等）。在这种背景下，中央苏区开展了一系列的工业立法活动，其中最有代表性的就是中央人民委员会于1934年4月10日颁布的《苏维埃国有工厂管理条例》，它是这个时期的一部重要的国营企业法，共有11条规定，主要内容为：

（一）实行厂长负责制

国有工厂的负责者为厂长。厂长由各该隶属的上级苏维埃机构委任，对于厂内一切事务，有最后决定之权。厂长须向苏维埃政府负绝对的责任。厂内其他人员或组织，如对厂长的决定有不同意见时，可向该管上级机关控告，但在上级机关未废除厂长的决定以前，绝对无权停止决定的执行。厂长不执行上级命令，或浪费金钱物料，或使工厂受到重大损害者，须受刑事处罚。

工厂内关于扩大或缩小生产，或非因临时事变而停工，或普遍增加工人工资，或签订足以影响其他工厂工人一般待遇的合同条件，或增加预算，等等，厂长必须得到上级经济机关的允许才能执行。

（二）建立主任及领班制

主任及领班执行厂长的命令和决定，对于各该属生产部门的工作，负有绝对的责任，并有解决该部门内一切问题之权。但因工人违反厂规而处分或开除工人时，必须呈报厂长才能执行。

（三）设工厂管理委员会和生产讨论会

在厂长之下，设工厂管理委员会。由厂长、党支部代表、工会代表、团支部代表、工厂其他负责人、工人代表等五人至七人组成。开会时以厂长为当然主席，以解决厂内的重大问题。管理委员会内组织"三人团"，由厂长、党支部代表及工会代表组成，以协同处理厂内的日常问题。

为激发工人创造性，工厂设生产讨论会，尽量吸收广大的工人积极分子参加，以研究生产技术，推动生产发展。

（四）确立经济核算制度

国有工厂必须确立经济核算制度，按月规定生产计划与财政预决算，按月将生产计划的实际情形，详细报告该管上级机关。此外，工厂必须详细规定三月、半年以至一年的生产计划。完成生产计划和减少成本费，是国有工厂管理的最大任务。

（五）劳动工资

国有工厂工人的工资由国家机关与工会双方规定。工资不得预支，但工人特别事故（如家有丧葬、结婚、生小孩、生病等），得厂长批准，可以预支工资。预支工资最多不得超过该工人一个月工资，并须在下两月的工资内扣还。国有工厂内不领工资的职员，得与政府工作人员享同等的待遇。

工人的劳动除一般的适用劳动法外，对于个别问题得按实际需要，由工会代表与工厂负责人另行订定解决的办法。

为贯彻落实《苏维埃国有工厂管理条例》，还组织突击队帮助各厂进行整顿。如1934年4月17日《红色中华》报道：弹药厂在过去曾发生严重的问题，经党团政府工会共同组织了突击队到工厂去突击，洗刷并处罚了少数破坏生产的害虫以后，工作便有了很大的转变。全体工人经常提早上工，迟些下工，并且在工作时间内，也能很努力提高生产速度，增加武器的生产。还创造了新的技术，发明了许多机件。特别是节省材料方面取得了很大的成绩，并且能够有计划地进行生产。

三、中央苏区商业立法

1931年11月《中华苏维埃共和国关于经济政策的决议案》，对于商业政策作出如下规定：一是保证商业自由，不应干涉经常的商品市场关系，但严禁商人投机和提高价格。应解散商会，禁止大小商人以商会名义垄断价格。如遇商人怠工或经济封锁而危及基本群众主要生活商品的供给，或因红军需要，应规定必需品之最高价格。但这种方法，须在必要时施行，有可能即须恢复商业自由。二是与非苏维埃区域的贸易，绝不能实行"对外贸易垄断"。同时，对这些贸易应实行监督，以保障苏维埃区域必需商品的供给。银币输出必须得到该地苏维埃允许。三是必须极力帮助合作社的组织与发展。苏维埃对于合作社，应该给以财政的协助与税的豁免，应将一部分没收的房屋与商店交给合作社使用。为保证劳苦群众的供给，必须提倡公共仓库、储蓄粮食，以便实行廉价供给与接济。

中华苏维埃第二次全国代表大会通过的《关于苏维埃经济建设的决议》指出："要使生产品的增加真能满足革命战争的需要与改善工农群众的生活，首先必须打破敌人的经济封锁与发展苏维埃的对外贸易……一切苏维埃的商业机关必须尽量利用私人资本与合作社资本，同他们发生多方面的关系。苏维埃政府除以关税政策来调剂各种商品的出入外，保证商业的自由，并鼓励各种群众的与私人的商业机关的自动性，去寻找新的商业关系与开辟通商道路。在目前苏区现金特别困难的情形之下，苏维埃政府对于苏区生产品的输出，维持进出口的平衡应该用更大的注意与努力。"

在这一时期的主要商业立法体现在三个方面：

（一）合作社企业法

1. 立法概况

为大规模地发展合作社经济，苏维埃中央政府十分重视合作社经济的立法，以保障和促进合作社企业的发展。1932 年 4 月 12 日，中央执行委员会颁布了《合作社暂行组织条例》；1933 年 6 月，中央国民经济人民委员部颁布了《发展合作社大纲》，中央财政人民委员部颁布了《合作社工作纲要》；1933 年 7 月和 9 月又以中央工农民主政府名义颁布了《粮食合作社简章》和《生产合作社标准章程》等。宣布合作社组织为发展苏维埃经济的一个主要方式，是抵制资本家的剥削和怠工、保障工农劳动群众利益的有力武器。苏维埃政府在各方面（如免税运输、经济、房屋等）来帮助合作社之发展，并规定合作社的性质和作用、合作社的种类及其经营方法、合作社的管理等。

2. 合作社的性质和作用

合作社系工农劳动群众集资的经济组织，富农资本家及剥削者均无权组织和参加。其作用为：（1）抵抗商人资本剥削，改善社员生活；（2）调节苏区内工业品和农业品价格相差的剪刀现象，冲破帝国主义、国民党经济封锁的困难；（3）发展苏区国民经济；（4）吸收广大劳苦群众参加革命战争，提高社员政治水平，巩固工农革命的联盟；（5）抵制私人资本，为将来社会主义的建设准备经济条件。

3. 合作社的种类及其经营方法

（1）消费合作社。它是工农劳动群众因要消用日常必需品而联合起来的组织。以乡村、工厂、学校、机关或城市街道为单位。入社的社员，一来买货便宜，二来买货更近更方便，三来可以赊货，四来可以分红。

（2）购买合作社。它是为生产或转卖之目的，而联合起来购买某种物品的组织。有两种：一种是个人合组的，则以乡为范围组织，如肥料购买合作社、石灰购买合作社、粮食购买合作社；另一种是各合作社合办的，则以同一货源为范围组织之，如各消费合作社联合的购买合作社，生产合作社联合的购买合作社等。

（3）贩卖合作社。它是为贩卖某种物品联合起来的组织。有两种：一种是个人合组的，则以乡村为范围组织，如茶油贩卖合作社、纸业贩卖合作社、粮食贩卖合作社、草鞋贩卖合作社；另一种是各个合作社合组的，则以同一个销路为范围组织之，如生产合作社联合的贩卖合作社等。贩卖合作社是为专业卖货而设的。它可以明了行情，不会吃廉价及秤头之亏。跌价时被合作社赚去的钱，社员又可以分回来。规定社中赚得之钱，按照社员买卖多少为比例分配。

（4）粮食合作社。它是工农劳动群众因要籴粜米谷而联合起来的组织。其业务：于收获时集中资本先向社员籴谷，不籴米，谷价要比当地市价高一点。在资本未充足以前，不能向社外籴谷，并规定向各社员籴谷的最高限度，使社员得到平等的权利。限度及谷价高多少由社员大会规定之；到旧历过年以后，准社员买回，但须自己吃，不准买回出粜，并规定各社员籴谷的最高限度。价钱比当地市价要低一些，限度及谷价低多少由社员大会规定之。储存谷子到旧历四月以后，估计本社社员自己消不完，始可在当地市场出售，价格也要比市价低一些，以抑本市场米价。如当地米价不甚高涨，则可运到米贵的地方去出售。

社员都要向本社籴粜米谷。在本社资本不够买时，才可以卖给社外。如遇粮食恐慌，拥护红军委员会无从采办军米或特别需要时，应将存储的粮食尽先卖给红军。倘军米有可买，则不能开仓，以免影响民众。红军家属对粮食合作社之买卖与社员一样有优先权。此外，在资本充足时，可附带向社员收买别的农产品，如豆、糖、茶油等，但须顾到不妨碍米谷之收买。

关于入社之股金，每股大洋一元，以一家为入股单位。一家愿入数股者听之，股金可交谷，折成银数。交足股金后，由本社发给股票及社员证。社员可以将股金转让给别人，但须得本社管理委员会批准。社员要求退社时，经管委会批准，退社社员股金须三个月后退还。

红利之分配：除出 50% 为公积金不分外，其余 50% 按照社员所粜给合作社之谷子多少为比例分配之。

（5）生产合作社。它是工农劳动群众生产某种工业日用品而联合起来的组织。以发展苏区生产、抵制资本家之剥削与怠工、救济失业之困苦与生产之改善为宗旨。社员以直接参加本社之生产者为限，无参加本社生产之人不得作为本社社员。社员有故意怠工或破坏本社行为者，得由社员大会通过而开除之。

关于入社之股金，每股大洋一元，以劳动力为单位。其一个参加生产的劳动力愿入数股者听便。交足股金后，由本社发给股票。社员如欲转让其股于继承人时，须该继承人仍愿参加本社生产者，方能许可。社员如有特殊原因长期不能参加生产者，得要求退还股金。但因病请假或其他原因短期不能参加生产者不在此例。

其红利之分配，三个月为一决算期，每期纯利酌提若干为本社管理委员会常务委员会及职员之奖励金外，以50%为公积金，20%为社员公共事业（如文化教育等），以30%照社员人数平均分配。社员因参加生产而致残废者，除由本社按照情形分别抚恤外，仍保留其股权及分红权利，其分红数量以参加生产社员平均数为标准。

（6）信用合作社（在"金融立法"中另述）。

4. 合作社的管理

凡工农劳动群众所组织之各类合作社，须先将章程、股本、社员人数、营业项目，向当地苏维埃政府报告，经审查登记后，领取合作社证书，才能开始营业。凡不遵照合作社组织条例所组织之合作社，苏维埃政府得禁止之。同时对于各种合作社认为有违反条例行为时，苏维埃政府有随时核查和制止之权。

合作社内以社员大会为最高机关，由全体社员组织之。社员有选举权和被选举权、表决权和罢免权。社员大会选举产生合作社的管理委员会和审查委员会。管理委员会负责管理本社一切事务，审查委员会负责监督和检查管理委员会的工作。规定任期，届期改选，但连选得连任。如粮食合作社各委员会任期为一年，生产合作社各委员会任期以三个月为限。

5. 各类合作社的发展

上述这些合作社组织，是具有社会主义因素的劳动群众集体所有制的经济组织，它不是单纯以追逐利润为目标，而是以保障战争的供给和改善人民的生活为目的，根据自愿入社原则，实行民主管理，兼顾集体利益和个人利益，深受群众的欢迎，而得到极迅速的发展。发展的最盛的是消费合作社和粮食合作社，其次是生产合作社，信用合作社也有发展。中华苏维埃第二次全国代表大会通过的《关于苏维埃经济建设的决议》中说：在组织广大群众于合作社的运动中，生产合作社、消费合作社、粮食合作社、信用合作社等即在中央苏区吸收的社员，已达50万以上。闽浙赣省加入合作社的人数达全省人口50%。在有些区乡则全体劳苦群众已经加入了合作社。为了加强对各种合作社的领导，在中央苏区，在各省都已经有了总社的党团组织。这些广大群众的组织同苏维埃政府的对外贸易局、粮食调剂局以及苏维埃商店等正在发生更加密切的关系，而且它们从苏维埃政府方面得到人力和财力方面有力的帮助。消费合作社的组织，在苏维埃贸易的发展上，具有特别重要的意义，经过消费合作社，工农群众可以更便宜地购买商品，更高价地出卖他们的生产品。经过消费合作社的网，国家对外贸易局、各种商业公司以及消费合作社总社可以最迅速地将他们的商品卖给农民，并从农民那里买得生产品。苏维埃政府通过这些组织，就可以同广大农民群众的经济生活发生直接的关系，在经济上团结他们在苏维埃政府的周围。

（二）私营企业法

1. 保护中小商人贸易。早在井冈山时期，毛泽东就提出了"保护中小商人利益"。其后红军和苏维埃的有关布告和土地法令也都宣布"保护商人贸易"。1931 年 2 月 28 日毛泽东在《给江西省苏维埃政府的信》中关于解决农民地权问题时说："分好了的田，归农民私有"，"还有红色区域准许自由做生意"，"是民权革命时代应该有的过程"。

2. 保护商店，不增加中小商人负担。如，1930 年 2 月 14 日《前委赣西南特委五六军军委联席会议通告（第一号）》中关于保护商店，不增加中小商人负担的规定有："各部队及工农群众到达的地方尤其是城市未得命令不得自由到民间及商店去搜索"；"红军军饷及政权机关的费用主要应向豪绅地主取得，而不应加增中小商人的负担"；"商店资本在二千元以下的不筹款"；"向豪绅地主筹款用罚款名义，向商人筹款用捐款名义"；"对于豪绅地主所开的商店于其商店资本部分仍按照比例向其捐款，于其豪绅地主部分则加以罚款"；反动分子所开的商店经过宣传取得中小商人的同情之后，可以没收，否则仍不要没收。对于反动店主在群众意义的必要时应该捉拿并罚款"；"河流交通在军事的必要上得施以检查，或有时期有范围的断绝船只来往，或扣留船只，不得没收船只上货物及其他财产"。[①]

3. 鼓励苏区商人去白区贸易。"一苏大会"提出：在目前经济封锁日益厉害的时候，财政部要经常注意鼓励合作社和当地商人设法贩运日用必需品，如，洋油、食盐、洋火、棉花、布匹、药材等之输入，内地农产品如纸、木、烟、茶油、钨砂、煤炭等之输出，以维持苏区的社会经济。

当时，一些根据地还为苏区商人去白区采购工业品和推销农产品提供方便条件，并使他们有利可图。如，苏维埃政府为了鼓励商人去白区购买根据地急

---

① 江西省档案馆、中共江西省委党校党史教研室选编：《中央革命根据地史料选编》中册，江西人民出版社 1982 年版，第 169—170 页。

需的食盐，给予武装护送，并用高价购买，用低价卖给他们棉籽油等根据地出产的产品，商人感到有利可图。与此同时，苏维埃政府还采取措施，鼓励白区商人来苏区贸易。

（三）其他商业法规

1.《工商业投资暂行条例》

1932 年 1 月，苏维埃中央政府根据"一苏大会"决定的经济政策，颁布了《工商业投资暂行条例》，鼓励私人资本投资经营工商业。这是当时一部重要的私营企业法。《工商业投资暂行条例》共 6 条，主要内容为：

（1）凡遵守苏维埃一切法令，实行劳动法，并依照苏维埃政府所颁布之税则完纳国税的条件下，允许私人资本在中华苏维埃共和国境内自由投资经营工商业。

（2）凡投资者须先将资本的数目、公司章程或店铺的名称、经营的事项、经理的姓名详细具报，向当地苏维埃政府登记，取得经营证，即可执照规定事业去经营。以后改营他业时，亦须向政府报告和登记。

（3）无论国家的企业、矿山、森林等和私人的产业，均可投资经营或承租、承办，但须由双方协商、订立租借合同，向当地苏维埃政府登记。但苏维埃政府对于所订合同，认为与政府所颁布的法令和条例相违反时，有修改和停止该合同之权。

（4）如有违反苏维埃政府的法令，或阴谋反动破坏苏维埃经济者，要受苏维埃政府法律的制裁。

为鼓励私人资本投资经营工商业，并在税法中另有减税或免税的规定，在税收上给予优惠。

2.《矿产开采权出租办法》

1932 年 8 月，临时中央政府还专门颁布了《矿产开采权出租办法》，其中说：根据土地法之规定，一切矿产的所有权与开采权都属于国家，但现为增加矿产生产及发展社会经济起见，国家准将各种矿产开采之权出租于私人资本投资开采。主要规定：（1）凡属地下埋藏之矿产，如金、银、铜、铁、锡、煤炭、钨砂、石灰等，都准许私人资本承租开采。（2）凡承租人必须向当地县政府订立租借合同，订明承租年限、应纳租金等。但特种矿产如钨砂矿、金矿等则须经省政府批准。（3）租金，由各县政府与承租人双方面定，或由县政府规定最低限度租金，招商投标以多为得，但投标人须先缴押金若干，如投得后反悔即将押金没收。投标规则由县政府规定。

此后还规定：为着发动商人输出苏区农产品，与运输食盐入口，银行可给予低利贷款；为开发盐业，欢迎国外华侨及国内资本家来投资；等等。这些新的规定，体现了争取和团结民族资产阶级大小资本家的经济和政治政策。

四、中央苏区金融立法

根据"一苏大会"通过的《关于经济政策的决议案》中金融政策的规定，苏维埃中央政府成立了国家银行，统一银行组织系统，统一币制，并颁布《中华苏维埃共和国国家银行暂行章程》《现金出口登记条例》等金融法规。主要内容如下：

（一）统一银行组织系统

1. 国家银行。"一苏大会"后，苏维埃中央政府决定成立中华苏维埃共和国国家银行，任命毛泽民为行长，在苏区各省设分行，县设支行。各地原已设立的银行即为隶属于国家银行的分行或支行，建立起统一的银行组织系统。如：1932 年 4 月，原闽西工农银行改为国家银行福建省分行；1932 年 1 月15 日，湘赣省工农银行成立，1933 年 1 月改为国家银行湘赣省分行；1932 年12 月，闽浙赣省苏维埃政府成立，原赣东北工农银行改为国家银行闽浙赣省分行；1933 年 2 月 10 日，国家银行江西省分行在博生县（今宁都县）成立；1933 年 12 月 4 日，川陕省苏维埃政府工农银行成立，后也称国家银行川陕省分行。

中华苏维埃共和国国家银行，是接收中央财政部的全部库存创办起来的。开始隶属于中央财政部。自 1933 年 9 月起，根据中央人民委员会第四十九次会议决定，实行独立，只受中央财政部的指导。发挥银行作为独立的经济组织的作用，并对政府财政支出实行监督。总行设行长，行长之上有管理委员会和审查委员会。国家银行的主要任务是：按照市场需要的原则，发行适当数目的纸币，吸收群众的存款，贷款给有利的生产事业，有计划地调剂整个苏区金融、领导群众的合作社与投机商人作斗争。

国家银行成立之后，制定和颁布了中华苏维埃共和国国家银行《往来存款暂行规则》《特别往来存款暂行规则》《往来透支暂行规则》《定期信用放款暂行规则》等，并开办了这方面的业务。

2. 地方性银行。在一些革命根据地的政权，为了活跃经济，加强贸易往来，实行积极经济政策，发展农村经济、帮助工农贫民，兴办公共生产及各种合作社，统一货币制度，防止金融外溢，冲破敌人经济封锁，促进革命的巩固与发展，也设立了一些地方性银行。如东固区委 1929 年 8 月成立的平民银行。这些银行采取政府拨款并群众集股的方式，在苏维埃政府领导下，实行民主管理，接受社员代表大会的监督。

3. 信用合作社。1930 年 3 月 25 日闽西第一次工农兵代表大会通过的《经济问题决议案》，提出要"普遍发展信用合作社组织，以吸收乡村存款"。信用合作社便在闽西根据地发展起来，其后在江西省、湘鄂西、川陕省等各苏区都有了一定的发展。信用合作社，是工农劳动群众为便利经济周转和借贷而联合的金融组织，以抵制私人的高利剥削。社员享有低借低利之特别权利，对于非社员之借贷利息，最高的限度不能超过社会一般规定之下。苏维埃政府颁布的《合作社暂行组织条例》《合作社工作大纲》《发展合作社大纲》等合作社企业法，阐明了信用合作社的性质和作用。政府还从经济上支持信用合作社的发展，如，1933 年 7 月中央政府在决定发行 300 万经济建设公债时，计划拿出"100 万帮助各县合作社"发展，其中准备分配信用合作社20 万。

信用合作社，是苏维埃国家银行的有力助手。1934 年 5 月 1 日，中央国民经济部和财政部颁发《为发展信用社彻底消灭高利贷而斗争》的布告指出："信用合作社是便利于工农群众的借款机关，它一方面吸收群众存款，并向国家银行取得款项帮助；另一方面借款给需要钱用的工人、农民，并借给他们发展工农生产与商业流通的资本，使工农群众不再受到无处借钱、资本缺乏及因无钱用而出卖产品的困难。"

（二）统一币制

苏区内原先市面上流通的货币极为复杂。有国民党反动政府的纸币，地方军阀的杂钞，各土著及大私人银行与钱庄的土钞，还有各种银元、银角和铜元。革命政权建立之后，各地工农民主政府也发行自己的纸币。各根据地银行各发各自的钞票，不仅省级工农银行而且县级工农银行都发行纸币，甚至信用合作社、消费合作社也发行流通券。临时中央政府和国家银行的成立，为统一币制创造了条件。"一苏大会"通过的《关于经济政策的决议案》规定：只有国家银行"有发行货币的特权"；禁止各土著及大私人银行与钱庄发行任何货币；外来的货币，须一律兑换苏维埃发行的纸币；苏维埃区域内的旧货币，在目前得在苏维埃区域内通行，但须消灭行市的差别，并加以清查监督。

1. 发行纸币。国家银行的纸币发行主要有两种渠道：一是以"中华苏维埃共和国国家银行"的名义发行的纸币，在中央苏区各省流通使用。二是以"中华苏维埃共和国国家银行××省分行"的名义发行的纸币。这是与中央苏区不相连的各个根据地发行的。县支行无权发行纸币。但仍有以"省苏维埃政府工农银行"的名义发行纸币的，如"川陕省苏维埃政府工农银行"纸币。

当时发行的纸币种类，一般是1元、5角、2角、1角、5分，共5种。在皖西北曾发行过5元的。在鄂东南发行过10串的纸币（按6串合银元1元计算，等于1.67元）。纸币实行钱本位制，它的价值与银元相等。发行的纸币，是代替银元来流通，是一种可以兑换银元的货币，可随时到银行去兑换。1932年6月中央政府人民委员会第十四号命令，关于兑换的规定：1元钞票1张，兑付光洋1元；光洋与杂洋价格不同的地方，杂洋应照补水；1角辅币券每10张兑付光洋1元。

2. 铸造银币。1932年，湘赣省继组织工农银行发行纸币之后，又开办了造币厂，制造银币，以增加财政收入，充裕军费开支。所造的1元银洋有大清银币、光绪元宝、大头小头、拐杖等，每天能造二三百花边。铸造银币是湘赣省财政收入的重要来源之一。除湘赣省外，闽西、湘鄂赣、湘鄂西等地也都设有造币厂铸造银币。

3. 兑换货币。1932年6月，中央人民委员会第十四号命令，令各地须一律兑换国家银行发行之货币。各地都设立"国家银行钞票兑换处"。如，1932年8月1日湘赣省苏维埃第二次代表大会通过的《经济政策执行条例》规定，苏区内无论何人都应将金银货币自动去工农银行兑换纸币，在苏区流通。而需出白区使用，则到工农银行兑取白区货币。白区现金照样通用，其纸币可到工农银行兑换工农银行货币使用，但须减低价格。在鄂豫皖规定："国民党'交通''中央'等纸钞在苏区一概九五折扣。"

（三）现金出口登记

1933年4月28日，中央政府人民委员部颁布《现金出口登记条例》。目的是保持苏区现金流通，便利市场买卖，防止豪绅地主、资本家私运现金出口而破坏苏区金融。主要规定：

1. 凡苏区群众往白区办货，或白区商人运货来苏区贩卖，须带现洋（大洋及毫子）出口，在 20 元以上者（未与中央苏区联系之苏区由当地省政府酌定数量）须向当地区政府或市政府登记。现洋出口在 1000 元以上者，须到县政府登记（汀州商人带 1000 元以上出口者，则须到省政府登记）。登记后取得现金出口证，才准通过出口检查机关。不满 20 元者不在此列。非为办货目的或货卖完回去输运现金出口者一律禁止，不得发给出口证。市区政府徇私发给者，严办市区政府负责人。其确系运往白区办货者，则不得借故留难，如有故意留难或贪污舞弊者，一经查出即行究办。

2. 凡商人或合作社运现洋出口向政府登记，须由该业店员支部或当地店员工会介绍证明，乡村无店员工会者由乡政府出证明书。凡运现洋往白区，须向银行及兑换所兑换大洋者，须带有现金出口为凭。如在苏区使用，无出口证为凭者，一律兑换国币及毫洋。

3. 各关税处、国家政治保卫队以及边区之区乡政府，须负责检查现金出口，检查后，须将该出口证收回，每 10 天汇集寄回原发给出口证机关，以便审查。凡满 20 元无出口证者，得向原住城市区政府申明，经考查属实后，准予从轻处分，照出口金额罚款 5% 至 10%，余款发还。

4. 商人输运现金往白区办货，须限期如数办货回来（除应有路费外）。并于货物回来后开具清单向原登记政府报告，如到期无货回来，或所办货价比运出现金较少者，即予以严厉处分。但有特殊原因，如货物被白军抢劫或因运输不便致延时日等，有确实证据，得免予追究。

五、中央苏区财政与税收立法

苏维埃财政的目的，在于保证革命战争的给养与供给，保证苏维埃一切革命费用的支出。当时革命战争费用与革命的工作费用的支出庞大，而苏维埃还是处在全国范围内的较小部分，又是一些经济比较落后的地方。因此，财政政策，建筑于阶级的与革命的原则之上。财政来源有三个渠道：（1）向一切封建剥削者进行没收或征发；（2）税收；（3）国民经济事业发展。财政的支出坚持节省的方针。节省每一个铜板为着战争和革命事业、为着经济建设是会计制度的原则。贪污和浪费是极大的犯罪。

1931 年 11 月"一苏大会"通过的《中华苏维埃共和国关于经济政策的决议案》，对财政税收规定如下：

一是消灭国民党军阀政府的一切捐税制度和一切横征暴敛，另定统一的累进所得税则，使之转由资产阶级负担。苏维埃政府应豁免红军战士、工人、乡村与城市贫苦群众家庭的纳税，如遇意外灾害，更应豁免或酌量减轻一切税额。二是苏维埃区域内的旧货币，在目前得在苏维埃区域内通行，并消灭行市的差别。但对这些货币加以清查监督。苏维埃应发行苏维埃货币，外来的货币须一律兑换苏维埃自己发行的货币。三是为着实行统一币制，苏维埃开办工农银行，并在苏维埃区域内设立分行。工农银行有发行货币的特权。工农银行对于各农民、家庭工业者、手工业者、合作社、小商人等实行借贷，以发展苏维埃经济。工农银行实行兑换货币，其分行并带征税收。四是对各土著及大私人银行与钱庄，苏维埃机关派代表监督其行动。严禁银行家利用本地银行，实行反革命活动的一切企图。为此，中央苏区政府进行了一系列的财政、税收和金融立法，为苏维埃政权积聚有限财力以争取革命斗争胜利，提供了有力的经费保障。

（一）财政法

苏维埃中央政府成立后，就迫切需要实现财政的适当统一，加强财政管理，严格财政纪律，使有限的财力量更好地为革命战争和根据地建设服务。苏维埃中央政府成立之日，即设立中央财政人民委员部，并任命邓子恢为财政人民委员。随后，颁布了《中华苏维埃共和国暂行财政条例》和统一财政的训令。1932年8月17日通过的《财政部暂行组织纲要》，确定各级财政部的机构设置、科学分工、职权范围和人员配备等。为了统一和加强财政的收、支、管，1932年10月22日颁布了《国库暂行条例》，12月16日中央财政人民委员部发布了《统一会计制度》的训令，随后又发布《财政机关交代规则》和《会计规则》，制定了会计科目表、预决算规则，印发了统一的簿记、表格、单据等，由中央把一切收支统管起来。它对合理节约地使用有限的财力，保证红军和政府的供给，克服各自为政和财力分散，防止贪污浪费等，起到了积极的作用。财政法主要体现在以下几个法规中：

1.《中华苏维埃共和国暂行财政条例》和统一财政的训令

1931年12月，中央执行委员会颁布《中华苏维埃共和国暂行财政条例》和统一财政的训令。训令主要规定各级财政部的组织系统，明确它们之间是垂直隶属关系。为统一财政和加强苏区财政管理提供了组织保证，是苏维埃中央政府第一个财政法规，是实现财政统一、加强财政管理的准则。主要规定可分为：

（1）统一收支。各级财政机关所收入之税款及政府经营事业收入款或罚金或没收的财产以及其他收入等款项，概应随时转送或直送中央财政部，或送中央财政部所指定之银行，各级财政机关在未得到上级财政机关的支付命令以前，不得自行支配、扣用或抵消，亦不得延期不缴；各级行政经费、各军伙食杂用等经费，统由各该部分的财政机关造具预算交它的直接上一级财政机关审查并报告中央财政部批准，统由中央财政部依据批准之预算付款。

（2）统一税收。一切税收，概由国家财政机关按照临时中央政府所颁布的税则征收，地方政府不得自行规定税则或征收；每处征收税款，必须接到中央财政部关于收税的时间与手续等规定的通令，才能征收。

（3）建立预决算制度。关于预算，各省政府财政部、中央军委总经理部，应于每月25日以前造报其下月预算，送交中央财政部审查批准；其他各级财政机关，应于每月20日以前造报其下月预算，送交其直接上级财政机关，以便审查总合造报。关于决算，凡中央财政部直接下一级的财政机关，须每月10日以前将它的上月决算表，送交中央财政部审查批准；各级财政机关，须于每月5日以前将它的上月决算表，送交它的直接上一级财政机关审查批准。

（4）统一账簿、单据格式或记账单位。所有各级财政机关，凡关系财政事项所使用的账簿、表册、单据等项一律遵用中央财政部所规定的统一的格式，不得沿用旧式账簿或另立新奇。各种账簿单据的银钱记账单位，应一律折合大洋计算，并须将折合的时价附记清楚。

同时，1931年11月中央执行委员会颁布的《地方苏维埃政府的暂行组织条例》中第7章，为"地方苏维埃政府的财政"专章。规定：各级地方苏维埃政府机关的一切收入，须完全缴到中央政府财政人民委员部的各级机关去，作为中华苏维埃共和国的国库存款额收入项；地方苏维埃政府的支出须做成预算案，需移作别项用途或超出预算案等情形须得上级苏维埃政府批准；预算案期满后，须同一形式制成决算案两份，一份送上级苏维埃政府去批准，另一份保存在该苏维埃政府内，以便检查时做参考，若违反本条例的财政支出手续，依照浪费公款论罪。

2.《国库暂行条例》

1932年10月22日中央政府人民委员会颁布《国库暂行条例》，主要规定是：

（1）国库的职能和组织。国库掌握国家所有现金项目的收入、保管及支出等项业务。国库之一切，均由财政人民委员部国库管理局来管理。其金库则委托国家银行来代理。总金库（中央金库）设于总行（国家银行），分金库设于分行，支金库设于支行。尚未设立分行支行的省、县，则由总金库所指定的专人组织国库的分金库、支金库，附设于省、县财政部内，但不受省、县财政部的支配。

（2）国库收入。国家的税收及其他所有的现金收入，都应当交纳给国库的支金库、分金库。无论如何，征收现金的机关都不得将征收来的现金隐瞒不交。如有违反者，按贪污、渎职来加以处罚。

（3）国库支出。各种经费的支出，应当按照各机关所编成的预算，先送交各级财政部会计检查处，经其审查后，再申请财政人民委员部批准，然后始可由国库管理局开出支票。各金库在收到支票后，应先行确定证明无误，然后才可以支出现金。银行不得任意自行挪用金库之在库金。如有剩余现金时，可由财政人民委员斟酌情况，将在库金存入银行，以生利息。

（4）国库监督。国库之金库，可随时进行监督。监督时由财政人民委员部和工农检察人民委员部共同派遣专人。

3.《统一会计制度》

1932年12月16日，中央财政人民委员部颁布第十二号训令《统一会计制度》，规定：

（1）要把收钱的、管钱的、领钱的、支配的四个机关分开，不再混在一起。收钱机关（税委与财政部）只准收钱，收到了款，分文解交管钱机关（各级国库），自由动用库款或埋伏短报者严办；领钱机关（即各级政府各部队各级司法教育机关）须按月作预算，按照系统送交本部（支配机关）批准，发给支票，才得向国库领款，否则不给支票；国库收到之款，只准送交上级国库或照上级支票付款，无支票乱付者严办。

（2）要把各级收入及开支，都分别划分，各成系统。如，租税归各税委收缴，打土豪罚款归财政部或裁判部经收缴库，行政费则为财政部领支，教育费归文化部，司法费归司法部经领。

（3）要确定会计科目，把各项收入及开支科目规定一定名称与一定范围。

（4）要规定预决算规划，实行预决算制度，无预决算者不给钱。自中央至县区乡政府，必须照规定时日严格执行。

（5）要统一簿记单据，确定记账方法，每条账目都要有凭证。训令指出：簿记单据没有一定格式，有些则更没有记账；有些则只凭口说记账，没有单据。这样不仅妨碍保藏与审查，而且容易舞弊。

（6）要规定交代章程。训令指出：在财政上交代无一定手续，交卸者无清单无报告，接收者也不去根究点查，此中舞弊情形不言不知。

4. 1932 年中央人民委员会第八号训令

1932 年 12 月 17 日，中央人民委员会第八号训令指出："自 1 月 1 日起要照财政人民委员部颁布的国库条例及会计规则办理。"并规定以下几项：

（1）各机关各部队一切开支一定要按照各个系统做预算向上级报告，未取得财政人民委员部支票，绝对不能向支库支款，或临时扯借，违者以破坏财政统一论处。

（2）各地方游击队独立团及一切地方武装经费要做到自给，但地方武装所筹之款亦归财政统一处理。

（3）如有些地方武装，因一时困难经费不能自给者，须做预算向军区报告支取，无论如何不能自由向支库支用。

（4）各级财政部要更有计划地指示和督促下级机关，加紧一切财政收入，开发财政来源，不能因为开支可向上级领取，便放松对财政款项之收入，违者以怠工论处。

（5）各级预算须按规定日期造报，一切开支须上级批准各项内的数目按数支用，若有特别理由另表报告上级批准，未经批准自由超过预算者，则由其自认。

（二）税法

土地革命初期，有些根据地已逐步建立起土地税制度。1927 年 8 月，中共中央曾指出："土地没收后由革命政府宣布简单的田税税率法（累进的田税，至多不超过收入的百分之三十）。"1928 年 3 月，中共中央对土地税率作了改变，提出"土地使用人须向县苏维埃缴纳农产品 10%—15% 国税"。各革命根据地实际采用的税率并不相同。中华苏维埃共和国成立后，为统一和整顿税收，规定：苏维埃的税收，实行统一的累进税，对于任何方面都只是征收一种税；税收的基本原则，依阶级的原则，纳税的重担放在剥削阶级身上。1931 年 11 月 28 日，中央执行委员会颁布了《中华苏维埃共和国暂行税则》。1932 年 7 月 7 日，中央执行委员会训令第十四号《关于战争动员与后方工作》提出："为充分筹措战争经费，使得红军用其全力于决战方面，特决定一方面提高营业所得税的累进税率，重新确定土地税率，征收城镇的房租……"7 月13 日颁布《修正暂行税则》，同时颁布的还有《土地税收细则》，并附中央政府批准的江西省农业税税率供各地参考。同年 12 月，中央财政人民委员部发布第十一号训令《关税征收细则》。1933 年 9 月 17 日，中央政府又制定颁布新的《农业税暂行税则》和《农业税率》。这些规定总体上构成了中央苏区的税则体系。归结起来，税收的种类分为商业税、农业税、工业税、关税以及城市、圩场店租等。

1. 商业税

（1）《修正暂行税则》中关于商业税的规定：

商业税税率。商业税，依据商店向政府财政机关所领取的营业证，按其资本多少来规定税率，然后按税率征收所得营业税（即征收其营业收入，非征收资本）。按累进税率，资本大盈余多的税重，资本小盈余少的税轻。征收时期：每月征收一次，季节生意也须按次征收。

商业税免税办法。一是凡遵照政府所颁布之合作社的条例组织之消费合作社，复经县政府批准登记的，得由县政府报告各该省政府，许可免税；二是肩挑小贩资本在 100 元以下及农民直接出卖其剩余生产品者一律免收商业税；三是商业资本 100 元以下的一律免税；四是商人遇险或遭意外损害，报告政府，经查验证实者，得许免税；五是对于某种必需品的日用商品和军用品，得随时由政府命令公布免税。

《修正暂行税则》与原《暂行税则》关于商业税之相比较：一是降低了起征点。原税则最低一级税率为 2%（资本 200 元至 300 元），修正税则最低一级税率为 6%（资本 101 元至 200 元）；原税则最高一级税率为 18.5%（资本 8 万零 1 元至 10 万元），修正税则对资本 8 万零 1 元至 10 万元的税率为 23%，而最高税率为 25%（资本 10 万零 1 元至 50 万元）。二是税率提高，并呈现一种资本小提高的幅度大、资本大提高的幅度小的现象。如：资本 200 元至 300 元，原税则税率为 2%，修正税则税率为 7%，提高幅度为 250%；而资本 8 万零 1 元至 10 万元，原税则税率为 18.5%，修正税则税率为 23%，提高幅度为 24.3%。三是原税则规定肩挑小贩免交商业税，修正税则规定肩挑小贩资本在 100 元以下者才免征商业税。四是原税则规定征收商业税每年两次，修正税则规定每月征收一次。

从上述的修正来看，资本百余元的小商小贩，过去免交商业税，现在要交了。税率的提高，相对加重了小商人的税负。

（2）商业税与店租征收方法：

1932 年 12 月 5 日，中央财政人民委员部颁布了《关于商业税与店租之征收事宜》，对征收商业税与店租的方法及手续作了指示。其中规定：凡查出商店资本有以多报少者，即须将该店东逮捕禁闭，并照该店应出税款加 5 倍或 10 倍处罚；乡村中以营利为目的纸槽、木排、樟脑厂、铁厂及各项工厂等资本在 100 元以上者，亦应照商业税税率征收营业税；在各城市、圩场征收店租，依据各码头地位及店屋大小好坏为增减店租之标准，对停业在家及生意不抵开销者，可以免租或减租。

2. 农业税

《修正暂行税则》对农业税的征收原则、税率、减免都作了规定。

农业税征收的主要原则。对于农民的农业税征收，在农民分得土地后，按照全家每年主要生产的收获，以全家人口平均定出每人每年的收获数与生活必需的支出，根据此标准，再定出每人开始征收的最低数额及累进税；对于富农的农业税征收，则按劳动力来平均（而不以人口平均），计算收获与纳税标准。按此原则，贫农中农税轻，富农税重。只征收主要生产（谷麦）的税，副产暂不征税；茶山、棉麻、果园，当作稻田分配，成为主要生产的，亦应征税。

农业税的税率。农业税的税率，由各省根据当地情况决定，但须报中央批准施行。

农业税的减免。红军家属（限本身父母妻子及无劳动力的弟妹）按照红军优待条例免税；雇农及分得田地的雇佣工人苦力本身和妻子一律免税；贫农收入已达开始征收的税额，但仍不能维持其一家生活的，得由乡苏维埃决定个别减税或免税；遇有水旱等灾或遭受白匪摧残的区域，按照灾情轻重免税或减缴；因改良种子、改良耕种所增加的农业收入免税；开垦荒地所收获之农产品，免税三年，富农则依照收获情形，减税或免税一年。

《修正暂行税则》与原《暂行税则》关于农业税之相比较：一是降低了起征点。一般农民的起征点，原税则为 4 担（每人平均收获量），改为 3 担；富农的起征点，原税则为 2 担，改为 1 担。二是提高了税率。原税则一般农民及富农最低一级税率为 1%，修正税则提高为 4%。原税则一般农民最高一级税率为 16.5%，修正税则改为 18%；原税则富农最高一级税率为 20.5%，修正税则改为 22%。三是税率的提高，呈现收获量少的提高的幅度大、收获量多的提高的幅度少的现象。如上述一般农民原税则最低一级税率 1%，改为 4%，增加了 3 倍；原税则最高一级税率 16.5%，改为 18%，只提高 9%。这样，相比之下加重了收获量少的比较贫苦农民的税收。四是富农的税负加重。修正税则对富农按劳动力平均计算收获量,而不以人口平均,这显然就加重了富农的税负。五是征收两季税。修正税则新规定,"每年收获谷麦二次者,应征税二次"。六是征收现款。修正税则规定,"农业税征收现款,以中华苏维埃共和国的国币为限,其余的杂洋币不收"。而原税则规定,"农业税征收现款或农产品,依据农民的愿意而定"。

1933 年 9 月 17 日,临时中央政府制定《农业税暂行税则》和《农业税税率》,对农业税再次进行调整。主要内容为:一是改变计算农业税的标准。由以前按人口平均收获量(一般农民)或按劳动力平均收获量(富农)计算,增加全家人口多少这个标准,同样的收获量,人口多的税率高。二是又降低了起征点,并提高了税率。

商业税、农业税税率之提高,是"为充分筹措战争经费"。1932 年 6 月,主力红军筹款的任务解除,"使得红军用其全力于决战方面",由苏维埃政府来承担红军的全部给养和供给。

3. 工业税

工业税之征收,亦按资本大小规定税率,征收其工业所得税(利润)。征收原则须较商业税为轻。生产合作社,经县政府批准备案的,得由县政府报告省政府许可免税。当时为促进苏区的工业发展,暂时免收工业品的出厂税。

4. 关税

关税,以苏区的需要程度统制货物的进出口为目的。有完全免征的,有税率高至 100% 的。规定:

各种货物过关,无论大商小贩、合作社,无论陆路、行船,运货人须将所运货物之名称、数量、价值、由何处来、往何处去、运货商号等项,报告关税处,请求派员检验。除免税品外,均须按照税率过税。税款由运货人交清,未交税或交税未清者,将货扣留,不准其进口出口或通过。如私行过关或弯路避免过税者,查出将货全部没收。没收的货物,由关税处拍卖变价归公。运货人运货报关以多报少者,照原税额加一倍至五倍处罚,罚款归公。没收货品拍卖款及罚款,得取出五分之一至二分之一赏给报告人,以资鼓励。货物如因水湿致价格减低者,得按价酌量减税。

货物税率,按中央税率表,税率表中未规定的,各关税处得斟酌各货比例征收之。各征收人员,除照税率征收外,不得额外勒索、借故留难。关税只征收一次,凡持有进口出口或通过凭单者,经过其他税关,不再征税。

第六节 中央苏区的行政立法

行政法是中央苏区法律体系中的一个部门法。具有代表性的主要是苏维埃教育法和拥军优属法规。

一、中央苏区教育立法

教育的法制建设，是教育随着社会发展到一定历史阶段的必然要求。中央苏区教育虽是在特殊环境和条件下发展起来的教育，却是中国史无前例的完全新型的教育，且为适应革命斗争需要得到很快发展。为保证这一全新的教育健康发展，教育作用得到充分发挥，苏维埃政权注重加强教育的法制建设，制定了一系列教育法规、法则、条例、方案、章程、办法等，开创了新民主主义文化教育的先河。

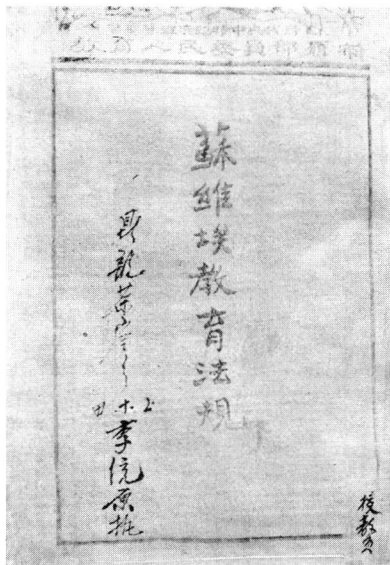

《苏维埃教育法规》

（一）中央苏区教育法制建设概况

在中华苏维埃共和国临时中央政府成立之前，各革命根据地就已开始重视根据地教育工作，并通过一些有关教育的法令、决议，使教育工作有章可循。1931 年 11 月 7 日，"一苏大会"发表了大会宣言，通过了《中华苏维埃共和国宪法大纲》《关于中国境内少数民族问题的决议案》《中华苏维埃共和国劳动法》《中国工农红军优待条例》等法律法规。在中央执行委员会第一次全体会议上，又通过了《地方苏维埃政府的暂行组织条例》。在这些重要法规中，第一次以中央政府的名义，对有关教育问题进行立法。而且，在新成立的临时中央政府之下设立教育人民委员部，作为专司教育管理的领导机构。在临时中央政府的重视下，中央苏区教育法制建设发展很快，到 1934 年 4 月，教育的各种法规、条例、章程、制度、法则、办法等，相继制定出来。为便于学习、贯彻实施，中央教育人民委员部把制定颁布或批准的 24 个教育规章，以及《兴国乡村的教育》经验材料汇编成册，定名《苏维埃教育法规》予以颁布。这是中国共产党领导下颁布的第一部教育法规，它标志着中央苏区教育法制建设进入了一个新的阶段，形成了相对完整的中央苏区教育法律体系。这一法律体系的主要内容如下表所示：

中央苏区包含教育条款的部分重要法规、决议	《中国共产党红军第四军第九次代表大会决议案》《中华苏维埃第一次全国工农兵代表大会宣言》《中华苏维埃共和国宪法大纲》《关于中国境内少数民族问题的决议案》《中华苏维埃共和国劳动法》《中央教育人民委员部第一号训令》
地方苏维埃政府包含教育条款的部分重要决议	《江西省苏维埃第一次工农兵代表大会文化教育工作决议》《江西省第一次教育会议的决议案》《湘赣省苏维埃政府训令第六号》《湘赣省苏维埃政府训令文字第一号》《第二次闽浙赣省苏维埃大会工作决议》《闽西苏维埃政府文化委员会决议案》《闽西苏维埃政府文化教育委员会第二次会议决议案》
教师队伍法规	《红色教员联合会暂行章程》《小学教员训练班简章》《小学教员优待条例》
教育行政法规	《教育行政纲要》《省、县、区、市教育部及各级教育委员会的暂行组织纲要》
学生组织法	《学校公社组织大纲》《列宁小学校学生组织大纲》
学前教育法	《托儿所组织条例》
学校教育法规	《小学管理法大纲》《小学课程教则大纲》《劳动小学校制度》《列宁初级小学校组织大纲》《列宁高级小学校组织大纲》《短期职业中学试办章程》《女子职业学校暂行简章》《中央农业学校简章》《高尔基戏剧学校简章》《短期师范学校简章》《初级师范学校简章》《高级师范学校简章》《苏维埃大学简章》《中华苏维埃共和国小学校制度暂行条例》《学校规则》《办学指南》
社会教育法规	《消灭文盲协会章程》《俱乐部纲要》《红军中俱乐部列宁室的组织与工作》《夜学校及半日学校办法》

（二）中央苏区教育法的主要内容

1. 学校教育法规。各级各类学校的法规很多，有小学、职业学校、大学、专业学校、师范学校等的法规，主要的有：《中华苏维埃共和国小学校制度暂行条例》《小学管理法大纲》《小学课程教则大纲》《短期师范学校简章》《初级师范学校简章》《高级师范学校简章》《短期职业中学试办章程》《中央农业学校简章》《苏维埃大学简章》。这些法规对教育经费的筹措，各学校的组织机构、日常管理规则、培养目标、学校制度、招生办法、教员配备以及教学内容、教学方法改革的原则等都作了明确、详细的规定。

这些文件规定：小学教育 8—12 岁为学龄，学制 5 年，前期 3 年，后期 2 年。职业中学，招收 13—16 岁的少年入学，学制 4 年，先办 1—2 年的短期职业中学。16 岁以上的工农、干部、教师和其他人员可以分别进农业学校、戏剧学校、师范学校、苏维埃大学深造或进夜校等各种业余学校学习 ①。

2. 教师队伍法规。教育法对教师工资待遇、生活费、减纳土地税、医治疾病等方面作了规定，与苏维埃工作人员同等甚至更好。对教师工作的奖励作出具体规定，受到奖励的要登报宣扬，发动群众团体对受过奖励的教师再奖励，以形成社会对教师的尊重。对教师的业务培训，提出利用寒暑假举办小学教员训练班，对训练班的对象、内容、要求、组织作了具体规定，并特别强调注意小学教育的实习批评会的工作和讨论社会教育问题及政治问题。

3. 教育行政法规。对各级教育行政机构的设置、人员编制、工作职责、任务要求等，教育行政法规都作了规定。《教育行政纲要》强调要充分依靠群众，积极工作，反对形式主义，反对官僚主义，要把教育与政治斗争、革命战争，教育与生产和工作紧密联系起来，要坚持党和苏维埃政府对教育的领导。同时，《教育行政纲要》还对会议制度和要求作了明确规定。

4. 学生组织法规。列宁小学的学生组织为学生会，其任务一是配合学校更好地完成教育任务，二是组织学生自己的生活、学习和参加社会工作。学生会必须在校长领导和教师指导下工作。学生会的工作机构为主席团，由主席、检察委员、文化委员、劳动委员、协助消盲委员组成。主席团及各成员的工作职责，组织大纲都有具体要求。

《学校公社组织大纲》，是对一般学校的学生组织进行规范。大纲对公社的意义、公社的组织、各部的职务、公社选举、公社纪律五个方面作出了具体规定。关于公社纪律，《学校公社组织大纲》提出了严格要求，对违犯纪律者严肃处理，如发现有反革命或危害苏维埃行动时，可交学校转送政治保卫局处理。

5. 社会教育法规。除学校教育法规外，社会教育法规也较多，有扫盲、俱乐部和列宁室、夜校和半日学校及补习学校、识字班、教育团体等方面的法

---

① 曾维东、曾维才主编:《中华苏维埃共和国审判史》，人民法院出版社 2004 年版，第 246 页。

规。关于消灭文盲，中央苏区政府特别重视，在各级组织中成立了消灭文盲协会，并制定了协会章程，共4章10条，另加3条附注。协会的宗旨是在广大群众的迫切要求及教育人民委员部的领导之下，为实行消灭文盲的任务而成立的。协会会员的任务是负责教育或学习文化，宣传消灭文盲运动，认定协会的某种工作。

有关俱乐部和列宁室的法规也较多。俱乐部和列宁室是广泛开展社会教育的一种很有效的形式，在总结这一形式经验的基础上，制定了一系列法规，以使这一形式得到更好的发展。《俱乐部纲要》对俱乐部的性质、任务、设置，执行机关的工作要求，俱乐部与成员的关系，组织形式，内容和方法等，都有具体规定。同时，制定了供参考的俱乐部组织系统表。针对儿童特点，制定了儿童俱乐部的组织与工作。儿童俱乐部是儿童社会工作与娱乐的练习所，内设管理委员会，由主任和墙报组、讲演组、运动组、游艺组的组长组成，管委会和各组工作都有明确、具体的要求。根据红军的要求，还专门制定了《红军中俱乐部列宁室的组织与工作》的法规，强调了红军中文化教育工作的重要意义，规定红军以师为单位设俱乐部，以连为单位设列宁室，明确了俱乐部和列宁室的性质、任务、组织系统、工作要求等基本问题。

对业余学校也制定了具体法规，在《夜学校及半日学校办法》中，要求政府机关、群众团体、俱乐部、工厂等都要捐资支持创办夜学校及半日学校，同时对学校校址、组织、内容、教员、经费、毕业标准等基本问题都作出了规定。对业余补习学校，又制定了专门的工人补习学校简章，对目的、编制、学生、教员、教材、时间、经费、校址、组织系统等问题进行了规范，在简章最后，特别强调学校中必须有党团的组织，以便在学校中起领导作用。识字班是中央苏区一种广泛运用而又简单的社会教育形式，对此也制定了专门的法规，提出了办识字班的要求，对识字班的编制、教法、检查作了规定。

6. 学前教育法规。中央苏区不仅重视干部教育、红军教育、基础教育、社会教育，还关注到学前教育，制定了《托儿所组织条例》，共13条。组织托儿所的目的是改善家庭生活，解放劳动妇女，更好地教育与照顾小孩，使孩子从小养成集体生活习惯。《条例》对小孩入托条件、托儿所的设置、管理人员、房子、工作要求等作了规定，同时要求当地政府与妇女代表经常检查托儿所的工作，责成卫生部门经常派人检查托儿所的卫生和小孩的身体。

（三）中央苏区教育法律法规的主要特点

1. 坚定的政治性。在临时中央政府和地方政府通过的重要决议中关于教育的条款，对教育的性质、方向、方针、任务和政策等的规定，阶级性和政治性最为突出。《中华苏维埃共和国宪法大纲》规定：中华苏维埃政权以保证工农劳苦民众有受教育的权利为目的，在进行阶级战争许可的范围内，应开始施行完全免费的普及教育，首先应在青年劳动群众中施行。1933 年 4 月，中央教育人民委员部发出的《目前的教育任务》训令规定，苏区当前文化教育任务是要用教育与学习的方法，启发群众的阶级觉悟，提高群众的文化水平和政治水平，打破旧社会思想习惯的传统，以深入思想斗争，使其更有力地动员起来，加入战争，深入阶级斗争和参加苏维埃各方面的建设。"二苏大会"通过的苏维埃文化教育的总方针，更体现了苏维埃教育是全新的工农劳苦民众自己的教育这一根本性质。在具体的教育法规中，政治性也十分坚定。随便翻开一个教育法规，都能清楚地看到苏维埃教育法规的政治性。《小学课程教则大纲》共有五章，其中一章是关于小学教育与政治斗争的联系，明确苏维埃小学教育与一切剥削阶段的儿童教育绝对不同，公开承认我们的教育与工人、农民的政治斗争联系着，要成为阶级斗争的一种武器，为革命战争服务，养成儿童的共产主义道德。所以，苏维埃教育法规首先一个特点，就是具有坚定的政治性。

2. 严密的科学性。教育法规的科学性体现在两个方面，一是作出的规定符合实际情况，二是作出的规定符合教育规律。中央苏区在制定各种教育法规时，都充分考虑实际环境和条件，同时很好地研究教育规律，认真听取专家的意见。

《苏维埃大学简章》就注重从实际出发，对修业期限，以环境需要和可能来决定，本科不得少于半年，预科部随学生入学时的文化程度来决定。设立预科的目的，是对文化程度不足的学生给以补习的教育。关于课程中的工作理论、实际问题和实习三项的比例安排，照修业时间长短和环境需要来决定。《消灭文盲协会新章程》的制定，是为着最大多数工农群众的学习识字和取得最低限度的常识起见，为着发展成年劳动者有系统的补习教育起见。其规定会员的任务也很实在，完全符合实际情况。

在制定各种教育法规时，还认真研究教育的规律，使教育法规符合教育规律。在《小学管理法大纲》引言部分就指出，苏维埃的列宁小学绝对不准采取惩办制度，要发展群众的自我批评的精神。劳作实习及社会工作成绩应与功课考试成绩结合来决定学生的等级。校舍要合于卫生，位置须在学区中心。小学要与学生家长及各群众团体建立密切联系。所有这些要求和规定，都是很科学的，体现了教育规律。在中央教育人民委员部征集对于小学教育制度草案意见的公函中，要求各级教育部和教育委员会接到草案后，开会讨论，并吸收有经验的专家来参加，逐条提出意见。这就充分体现了中央教育人民委员部在组织制定教育法规过程中的严谨的科学态度。

3. 很强的实用性。中央苏区教育完全是为着革命斗争的实际需要而发展起来的，是服务于工农劳苦群众、服务于革命战争的。制定教育法规，就是确保苏区教育更好更快地发展，以实现苏维埃教育的任务。因此，各种教育法规都重视从实际出发，实实在在、便于实行。

师范学校简章针对当时实际，分高级、初级、短期三级师范学校制度。高级师范学校培养初级及短期师范、中小学教员和从事社会教育与普通教育的高级干部，修业时间半年到一年，主要学习教育文化的专门知识。初级师范学校培养从事儿童教育和社会教育的干部，修业时间三个月至半年，主要学习小学五年课程教育法、小学组织与设备、社会教育问题、教授方法总论、教育行政概论、政治常识和自然常识等。短期师范学校以迅速培养教育干部和小学教员为任务，修业时间两个月至三个月，主要学习小学管理法、社会教育问题、政治常识和自然常识等。三级师范的设置是根据对教育干部的需要来考虑的，符合当时的实际情况。每级师范的任务、教育内容、修业年限等，也很实用，而且能在教育实践中得到落实。

《工人补习学校简章》规定办学的目的是提高工人的文化政治水平，扫除文盲，加强工业技术进步。工人、学徒、工作人员、家属及附近群众都可入校学习，按文化程度、职业分批教授。设文化政治课和工业技术课，文化政治课教材需与各工业生产情形及技术有密切联系。这些规定都体现了很强的实用性。

4. 适当的灵活性。中央苏区在制定各种教育法规时，充分、全面地考虑各种实际情况，也体现了它的适当的灵活性。这种灵活性与原则性、严肃性、严格性并不矛盾，而且有助于加强法规的原则性、严肃性、严格性。因为各种情况都考虑到，就能使法规得到更彻底的执行。这种灵活性，实质也是原则性。

《中华苏维埃共和国小学校制度暂行条例》关于学校的设置，规定小学校要划分学区设立，一学区内的学生，距学校至多不超过3里，但偏僻（乡村）地方可以为3里到5里。一学区设立小学一所，学校规模的大小，以能容纳该学区内全体学龄儿童为度，人口稀少、交通不便的乡村有学生 20 人左右，即可设立一校。在城市和大村庄便于集中教育的学区，尽可能开办大规模的学校一所。对学龄和修业年限的规定，修业年限以五年为标准，以 8 岁至 12 岁为学龄，但失学儿童在 15 岁以内的，仍需施以学龄儿童的教育。其中有家庭教育基础或其他教育条件，能早完成规定的课程的儿童，修业年限可以少于五年，如不能完成时得增加年限。在教学组织形式方面，规定能集中上课的圩场、城市、大村庄，概用单式编制，每个学年的学生编一个班。人口不集中的乡村，如果各学年的学生都不满一班时，用复式编制，几个学年的学生合为一班。这些规定，全面考虑到不同地区的具体情况，有很大的灵活性。对教科书问题则规定，凡经教育人民委员部审查过的，教员可以自由选用，并应随时采用带地方性的具体教材以及儿童劳动所需要的教材，来补充书中的内容，但不得违反教育人民委员部所颁布的课程和教则的内容和程度。这就把原则性和灵活性很好地结合起来了。

5. 相对的完整性。中央苏区教育法规的完整性，一方面反映在每项法规的完整性上，内容全面、丰富，适应性强，既符合一般性、普遍性要求，也适应个别性、特殊性的需要。在制定教育法规的过程中，对地域条件、教育对象实际、各地方的教育基础、所具备的物质条件等各方面的情况，都进行研究分析，因而所形成的章程、条例、方案、办法，能相对的完整无缺。完整性的另一方面，就是基本形成了一定的法规体系。中央苏区教育法规近 40 项，再加上关于教育性质、方针、任务、政策等教育宏观上的一些规定，形成了相对完整的体系。就具体法规来说，既有学校教育的法规，又有社会教育的法规；既有教育管理的法规，又有学制、课程的法规；既有有关教师的法规，又有学生组织的法规。可以说各级各类教育的法规基本上都有，对教育中的一些主要问题都进行了规范。

（四）中央苏区教育法制建设的基本经验

中央苏区教育法制建设时间虽短，却积累了许多宝贵经验。概而言之，主要有三：

1. 以苏区教育方针、政策为指导。中央苏区在领导创建工农劳苦民众自己的教育过程中，重视制定符合革命斗争需要的正确的教育方针和相应的教育政策，保证苏区教育沿着正确的方向健康发展。

早在 1929 年 12 月，毛泽东起草并经大会通过的《中国共产党红军第四军第九次代表大会决议案》，就是红军教育的指导方针，也是整个苏区教育的指导方针。1931 年 11 月召开的"一苏大会"，通过了大会宣言、《中华苏维埃共和国宪法大纲》和其他重要决议案，为苏区教育的发展，提出了更加明确的指导思想，并制定了苏维埃教育的基本政策。1934 年 1 月召开的"二苏大会"，正式提出了完整的苏维埃文化教育的总方针，同时提出了苏维埃文化教育建设的总任务。苏区教育虽然经历了与各种错误思想倾向的斗争，但始终沿着正确方向发展。教育方针、教育政策的制定和贯彻，就为中央苏区教育法制建设确定了方向，提出了明确的指导思想。

2. 总结群众办教育的实践经验。任何教育法规的产生，都不是某些人的主观意志的产物，而是以教育实践为基础，是对实践经验的概括，使之成为今后普遍的教育行为的一种规范。中央苏区的各种教育法规，就是在认真总结广大工农群众办教育的实践经验的基础上制定出来的，是工农群众办教育的智慧结晶。1934 年 4 月，教育人民委员部重新审定的《识字班办法》，就是毛泽东 1933 年 12 月在《长冈乡调查》中记录的识字班（组）情况的概括：依住所接近，少的三人，多的十人为一组。《识字班办法》中的"编制"与此基本一样。调查中了解的教法为"随时，随地，随人数，乘凉时，喝茶时，一个人，三个人，五个人。起初，画地为字，随后各立一簿，学习起来……各人簿子，大约十天由组长收齐，送'夜学老师'看改"。

3. 继承教育的优良传统。中央苏区的教育是工农劳苦民众自己的教育，与一切剥削阶级的教育性质是根本不同的。然而，教育自身一些规律也适合中央苏区的教育。同时，中华民族是一个具有悠久历史的文明古国，在长期教育实践中形成了一些优良的教育传统，在创建中央苏区教育中值得继承和发扬。基于这样的认识，中央苏区在教育法制建设中，重视继承教育的优良传统，不断认识和揭示教育规律。如，重视和加强德育，注重教育的政治功能并着力体现尊师重教的精神。对于循序渐进、因材施教、学思结合等一些具体的教育规律，在制定中央苏区的教育法规时，都注意吸取，并结合苏区的具体实际，作出明确的规定。

二、中央苏区拥军优属立法

红军是坚决实行土地革命，反对帝国主义、反对国民党军阀的重要的力量，是苏维埃政权的保卫者。红军指战员以最大的牺牲精神来为工农及一切劳苦民众利益和解放而奋斗。因此，红军指战员及其家属理应受到苏维埃政府和工农群众的优待，使他们无后顾之忧，全心全意地投入革命斗争中。中央苏区政府对拥军优属方面的立法极为重视。如：1931 年 11 月"一苏大会"通过的《中国工农红军优待条例》，1932 年 2 月临时中央政府发布的第九号训令《执行红军优待条例的各种办法》，1932 年 9 月中央政府人民委员会通过的《对于赤卫军及政府工作人员勇敢参战而受伤残废及死亡的抚恤问题的决议案》，1933 年 10 月 16 日中央内务人民委员部通过的《关于城市红军家属优待办法》，1934 年 1 月 8 日和 10 日中国共产党中央委员会、中华苏维埃共和国人民委员会颁布的《关于优待红军家属的决议》和《优待红军家属礼拜六条例》。这些拥军优属立法的主要内容如下：

（一）红军及其家属的优待

1. 分配土地，并帮助耕种和收获。（1）凡红军战士，家在苏维埃区域内的，其本人及家属与当地贫苦农民一样的平分土地、房屋、山林、水池等。对缺乏劳动力或劳动力不足的红军家属，组织广大群众的义务劳动去帮助其耕种和收获。（2）凡红军战士，家在白色区域的，以及新由白军中过来的，则在苏区内分得公田。对于外籍之红军战士留公田的办法，按照各地每人分田多少，规定留出公田的数额。公田以区为单位统计报告县政府，由县政府统计起来报告省政府，再将全省公田统计起来报告中央政府，再由红军总政治部根据各军外籍人数与各县公田数目给以分配，一方面报告中央政府发交地方政府向各地群众公布，同时向各

红军家属优待证

军战士公布所分田多少，在何地点，由各军战士推举代表到所分田地点查看。各地之公田，由区政府订立特别标志，上书某军战士公田。其种子肥料等项，以动员群众供给为主体，在可能时得由政府补助。由乡政府负责组织群众，按照规定的义务劳动法帮助红军耕种和收获，并使红军的田地耕种和收获时间，较一般的耕种收获要早一些。每年收获后，由区政府负责将公田出产变成货币，依次解送县政府、省政府转送红军分配享受公田之人。

2. 享受免税、免费入学和通信等，并在购物、乘车等方面优待。红军在服役期间，本人及家属免纳一切捐税；其家属所居住之国家房屋免纳租金；其子弟读书，免纳一切费用；红军与家属通信，由直属机关盖章，不贴邮票，可寄回家；红军家属寄信到红军中，由当地政府盖章，亦不贴邮票。还有红军在服役期间，本人及其家属得享受国家商店5%减价的优待，当必需品缺乏时，有优先购买之权。凡红军战士乘坐轮船火车，其费用概由公家发给。一切戏场，每月须有一次免费，欢迎红军看戏，平时票价减半。

3. 确定专门的优待红军家属工作日。在《红军优待条例》中规定：凡未在红军中服务者，应实行无代价的"优待红军工作日"，每人每月帮助红军家属工作两天，时间与工作种类，依红军家属之要求而定。1934年1月10日中华苏维埃中央人民委员会颁布《优待红军家属礼拜六条例》规定：党、苏维埃、后方军事机关、青年团、工会，以及一切群众团体的各级机关——从中央直到乡支部、乡政府，每个党员、每个团员及每个工作人员，凡是脱离生产，都应参加执行优待红军家属"礼拜六"的工作。即在每星期六，为实行优待红军家属工作的一日，工作时间必须算足4小时。工作包括替红军家属做一切关于土地、山林以及砍柴、挑水日常家事等。各级机关的工作人员，可以组织成"礼拜六"队，各队工作的分配，由当地乡苏负责，每个工作人员的工作表现，由各机关的主要负责人员负责考察。为着不妨碍本机关工作，每机关工作人员，可分成两部在星期六或星期日轮流实行"礼拜六"。各级机关工作人员到别区别乡巡视工作，如逢当地机关实行"礼拜六"时，必须同样参加所到地的"礼拜六"工作。优待红军家属"礼拜六"，是每个机关工作人员的职责。如不完成"礼拜六"的工作，当作不完成他在机关中的经常任务一样看待。并责成党的各级监察委员会和工农检察委员会经常检查"礼拜六"工作的执行状况，严厉打击对"礼拜六"工作敷衍怠工的行为。

4. 保护军婚。红军在服役期间，其妻要离婚，必先征得本人同意，如未同意，政府得禁止之。

（二）红军伤残和死亡抚恤

1. 伤病医治和休养。红军在服务期间，因伤病须休养时，应送到最适宜之休养所休养。在休养期间，一切费用，由国家供给。赤卫军及政府工作人员，因参战而受伤的，由政府负担医药费用。

2. 残废抚恤。国家设立残废院，凡因战争或在红军服务中而残废者，入院休养，一切生活费用，由国家供给，不愿居残废院者，按年给终身抚恤费，由各县苏维埃政府按当地生活情形而定，但每年至少 50 元大洋。

赤卫军及政府工作人员，因作战受伤而成残废不能服务的，可送残废院，由政府维持其生活。其愿意归家者，则须给予终身抚恤金，其数目以当地生活程度而定，但全残废每年不得少至 30 元以下，半残废每年不得少至 15 元以下。

红军因公残废的，其家属优待办法如下：（1）子女弟妹幼小的，由国家设立革命纪念学校专门教育他们，并由国家维持其生活，直到年满 18 岁，由国家介绍职业为止。（2）父母、妻子由国家维持以相当津贴。（3）对红军及其家属的优待，如：分配土地，并帮助耕种和收获；免纳捐税、房租；享受国家商店百分之五减价的优待，当必须品缺乏时，有优先购买之权；优待红军工作日等不变。

赤卫军及政府工作人员，因作战而残废不能劳动的，如其家属无生活能力，应设法帮助，对其子女弟妹之幼小者，由国家负责送入学校读书，并帮助费用，以满 16 岁为止。

3. 死亡抚恤。红军战士，在战争中牺牲或在服务中因劳病故的，其抚恤办法为：（1）应将其死亡时间、地点、战役功绩，由红军机关和政府汇集公布。（2）应将其遗物，由红军机关或政府收集，在革命历史博物馆陈列，以表纪念。（3）应由当地政府帮助红军机关收殓并立纪念碑。

赤卫军及政府工作人员，因作战而死亡的，由政府出资葬埋，有特别意义者，并须立碑纪念。其遗金遗物，除在遗嘱中有特别支付外，应付与其家属，但有革命意义的物品，应保存于革命陈列馆。

红军、赤卫军及政府工作人员，因作战死亡者，其家属优待办法，与因作战而残废者的家属优待办法相同。

（三）红军退伍和退职安置

红军中退伍士兵不能服役准给长假的，准由红军公田内分配他耕种，如有在苏区安家的，其家属仍分得土地。

在红军中服役 5 年以上年龄满 45 岁的，可退职休养，由国家补助其终身生活。如本人不愿退伍而继续服役者，应得特别优待。

（四）优抚工作的组织管理

1932 年 2 月，中央政府第九号训令规定：在各县政府军事部之下，设立优待红军委员会，负责管理优待红军事宜。省政府之下设立省优待红军委员会，负指导督察各县优待红军委员会之责。并由各级政府工农检察部负责，随时派遣专人考察，如发现各级政府不执行优待条例，或经红军战士本人及其家属之控告者，由工农检察部核举出来迅速纠正，并得向法庭提出控告按罪处罚。

1934 年 1 月，中央人民委员会《关于优待红军家属的决定》进一步规定：在各级苏维埃下设立专门的管理机关，中央内务部下设优待红军家属局，省、县、区设优待红军家属科；县、区、乡并设委员会，党和政府的县区军事部、市区乡支部须有代表参加县区乡委员会，委员会中还必须最大限度吸收红军家属中的积极分子参加工作。红军总政治部、军区政治部及县区党的军事部必须经常去检查和指导各级优待红军家属局、科和委员会的工作。为保障优待红军家属的各种条例的绝对执行，各级党的监察委员会和政府工农检察委员会必须经常去考察，如发现对优待条例不执行的消极怠工的以及官僚主义分子，必须给以严厉的处罚。如有破坏条例决定的，须当作反革命论罪。红军家属有随时到当地工农检察委员会和党的监察委员会控告之权。

第四章
中央苏区的司法机关

　　"徒法不足以自行。"任何国家的法律要得到有效地贯彻执行，都离不开司法机关这一实施主体。马克思主义国家学说认为，国家是统治阶级的暴力机器，而国家机器是由军队、警察、法庭和监狱等机关组成的。这些机关是"构成国家实质的东西"，是作为国家政权的重要组成部分而存在的，因而每个国家都非常重视司法机关。1931 年 11 月 7 日成立的中华苏维埃共和国同样如此，从一开始就重视并加强了司法机关的建设，以执行苏维埃法律，巩固苏维埃政权。

　　中央苏区司法机关，是在工农民主政权建立之后，彻底摧毁反动司法机关的基础上，总结和吸收大革命时期和当时苏联建立司法机关的经验，逐步建立和完善起来的。它是在中国共产党的领导下，掌握在广大工农手中，镇压帝国主义、封建势力和国民党反动派的有力工具。梁柏台在《司法人民委员部一年来的工作》中指出："司法机关过去在苏区是没有的，是中央政府成立之后的创举。在司法上，每种工作都是新的创造和建设。"[①]

　　1931 年 12 月 13 日，中华苏维埃共和国中央执行委员会第六号训令《处理反革命案件和建立司法机关的暂行程序》中，对苏区时期司法机关的中心任务作了明确的规定：各级苏维埃政府要坚决迅速地建立革命秩序，使革命群众的生命权利和一切法律上应得的权利，得到完全的保障；同时，对于反革命的组织和活动，要给予坚决的惩罚和镇压，以保卫红色政权和革命战争的胜利。各级司法机关除依法处置反革命案件外，还须受理和审判一切刑事案件和民事案件。

---

① 瑞金县人民法院编：《中华苏维埃共和国审判资料选编》，人民法院出版社 1991 年版，第 248 页。

第一节　中央苏区司法机关的设置与职权

中央苏区时期，各级苏维埃政权根据形势发展需要，在中央、地方及军队中设立了各类司法机关。

一、中央苏区审判机关

（一）临时最高法庭

临时最高法庭是刚建立的中华苏维埃共和国为保障国家法律法规有效实施，建立革命新秩序，组织和领导苏维埃共和国的审判工作，在最高法院成立前成立的履行最高审判职能的临时最高审判机关。临时最高法庭于1932年2月成立，何叔衡为第一任临时最高法庭主席。1934年2月3日第二届中央执行委员会第一次会议任命董必武为第二任临时最高法庭主席。

临时最高法庭的组织机构为：设正、副主席，由中央执行委员会委任；另设检察长、检察员若干人。临时最高法庭组成以主席为首的委员会，讨论和决定法庭职权范围内一切重大问题和案件。临时最高法庭下设刑事、民事、军事法庭，以审理不同性质的案件。

临时最高法庭旧址（沙洲坝东坑村）

何叔衡在临时最高法庭的办公处

临时最高法庭的职能：（1）临时最高法庭是苏维埃共和国最高法院成立前的国家审判机关，代行最高法院职权，对中央执行委员会及其主席团负责并报告工作。（2）对国家的一般法律作法定的解释。（3）审查中央直属县裁判部、中央直属市裁判部、各省裁判部及高级军事裁判所判决书及决议，并指导这些司法机关的审判工作。（4）审查中央执行委员会以外的高级机关职员在执行职务期间的犯法案件（中央执行委员会委员的犯法案件则由中央执行委员会或中央执行委员会主席团另行处理）。（5）审判不服中央直属县裁判部、中央直属市裁判部、各省裁判部或高级军事裁判所的判决而上诉的案件，或检察员不同意中央直属县裁判部、中央直属市裁判部、各省裁判部或高级军事裁判所的判决而提起抗诉的案件。（6）临时最高法庭是国家的最高及最后的判决机关，经其判决的案件为终审判决，被告人无上诉权。（7）检察长、检察员管理案件预审事宜，一切案件均需检察员作为国家原告人代表国家出庭告发，案件判决后须立即制作判决书。

苏维埃临时最高法庭的部分法律文书（判决书、批示）

（二）最高法院

最高法院是中华苏维埃共和国的最高审判机关。"二苏大会"以后，中央执行委员会决定成立最高法院。中央执行委员会于 1934 年 2 月颁布了《中华苏维埃共和国中央苏维埃组织法》，规定在中央执行委员会下设立最高法院。最高法院成立以后，原作为苏维埃共和国临时最高审判机关的临时最高法庭便停止了一切工作。

中华苏维埃共和国最高法院旧址（沙洲坝）

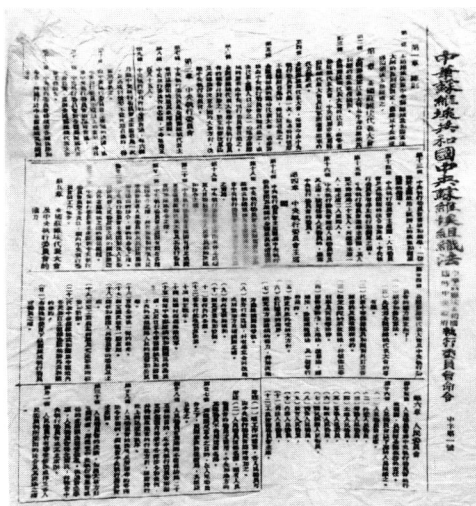

《中华苏维埃共和国中央苏维埃组织法》

最高法院组织机构：最高法院设院长 1 人、副院长 2 人，正、副院长由中央执行委员会主席团任命；设检察长 1 人、副检察长 1 人、检察员若干人，检察长、副检察长由中央执行委员会主席团任命。在最高法院内组织委员会，委员会人数由中央执行委员会主席团根据需要规定，委员会主席由最高法院院长担任；委员会负责讨论与决定最高法院

最高法院检察长办公室（瑞金沙洲坝）

职权范围内各项重要问题和案件。在最高法院之下设刑事法庭、民事法庭及军事法庭，各设庭长 1 人。

最高法院的职能：（1）最高法院是苏维埃共和国最高审判机关，对中央执行委员会及其主席团负责并报告工作。（2）对国家的一般法律作法定的解释。（3）审查中央直属县裁判部、中央直属市裁判部、各省裁判部及高级军事裁判所判决书及决议，并指导与检查各级地方及军队司法机关的审判工作。（4）审查中央执行委员会以外的高级机关职员在执行职务期间的犯法案件（中央执行委员会委员的犯法案件则由中央执行委员会或中央执行委员会主席团授权给最高法院组成临时最高特别法庭审理）。（5）审判不服中央直属县裁判部、中央直属市裁判部、各省裁判部或高级军事裁判所的判决而上诉的案件，审理检察员不同意中央直属县裁判部、中央直属市裁判部、各省裁判部或高级军事裁判所的判决而提起抗诉的案件。（6）最高法院的检察长、检察员管理案件预审事宜，凡送到最高法院的案件一律经过检察员检查方能开庭审判。开庭审判时检察长或检察员是作为国家原告人，代表国家出庭告发。（7）最高法院在审判程序上为最后的审判机关，经其判决的案件，犯人无权上诉。（8）案件判决后，须立即制作判决书。

中华苏维埃共和国临时最高法庭印、
最高法院印

中华苏维埃共和国最高法院法警袖章
（第 26 号）

（三）最高特别法庭

最高特别法庭是为审判中央执行委员犯法的特殊案件的需要，由中央执行委员会及中央执行委员会主席团授权最高法院组织起来的临时性最高特别审判机构。它不是隶属于最高法院的常设审判机关，它直接对中央执行委员会及其主席团负责，并对其报告工作，案件一经审理完毕即自然解散。

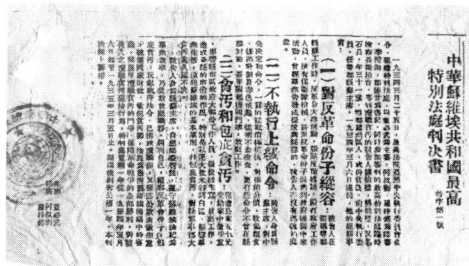

中华苏维埃共和国最高特别法庭判决书

最高特别法庭的组织机构：一般设主审 1 人、陪审 2 人、书记 2 人、检察长 1 人。最高特别法庭的职权：专门审判中央执行委员犯法的特殊案件；作为国家最高特别审判机关，凡经其审判的案件，犯人无上诉权。检察长负责检查案件，一切案件需经检察长检查方能开庭审判。开庭审判时，检察长是作为国家原告人，代表国家出庭告发；案件判决后，须立即制作判决书。

最高法院成立以后，于 1934 年 3 月 25 日遵照中央执行委员会命令，组织了最高特别法庭，以最高法院院长董必武为主审，何叔衡、罗梓铭为陪审，李澄湘、邹沛甘为书记，以梁柏台为最高特别法庭临时检察长，依法定程序开庭审判了原中央执行委员、于都县苏维埃政府主席熊仙璧的贪污渎职犯罪案件，判处其有期徒刑一年，期满后剥夺其公民权一年[1]。同日，最高特别法庭还开庭审判了原中央执行委员、工农剧社社长兼中央教育部艺术局副局长洪水贪污案，判处其强迫劳动三个月。

（四）地方各级审判机关的设置与职权

中华苏维埃共和国中央执行委员会第六号训令《处理反革命案件和建立司法机关的暂行程序》的第 9 条规定："各级地方司法机关在未设立法院之前，得在省县区三级政府设立裁判部，为临时司法机关……处置反革命案件外，并解决一切刑事和民事案件。"中央司法人民委员部根据第六号训令的规定，于 1932 年 1 月通令各级政府成立临时司法机关——裁判部。但是因为缺乏干部、懂得裁判工作的人很少，直至 1932 年 3 月才实际开始裁判部的建立工作，到 1932 年 6 月县一级裁判部才完全成立，区一级裁判部的建立则更迟些。各级裁判部的工作，是在 1932 年 6 月闽、赣两省及瑞金直属县裁判部长联席会之后才全面走上正轨。

根据中华苏维埃共和国中央执行委员会颁布的《地方苏维埃暂行组织法（草案）》和《裁判部的暂行组织及裁判条例》的有关规定，苏维埃共和国地方审判机关有省裁判部、县裁判部、区裁判部以及城市裁判部（科），行使审判机关的一切职权，审理刑事、民事等案件。

1. 省裁判部

省裁判部是设于省苏维埃政府执行委员会之下的省级临时审判机关，在省级法院成立之前代行省级法院职权，受省苏维埃政府执行委员会主席团指导。省裁判部在司法行政上隶属于中央司法人民委员部，在检察与审判方面受临时

---

① 《红色中华》1934 年 3 月 29 日。

最高法庭或最高法院的节制，并对其报告工作。

省裁判部的组织机构：（1）设部长 1 人，副部长 1—2 人，裁判员 1—3 人，巡视员 2—5 人，检察员 5—6 人，秘书 1 人，文书 1—3 人。（2）在省裁判部之下设立省裁判委员会，为讨论和决议关于省裁判部的司法行政、案件的检察与审判等各种问题的机关。省裁判委员会由 9—13 人组成，委员由省裁判部部长、裁判员、检察员、国家政治保卫分局局长、民警分局局长、工农监察委员会的代表、劳动部的代表、职工代表以及所在地下级裁判部部长、其他能任此职的工作人员组成，以省裁判部部长为省裁判委员会主任。省裁判委员会名单经省执行委员会主席团审查通过之后送交临时最高法庭或最高法院批准。（3）省裁判部下设刑事法庭、民事法庭、巡回法庭，分别审理刑事、民事案件。各法庭由 3 人组成，裁判部部长或裁判员为主审，其余 2 人为陪审员。陪审员由职工会、雇农工会、贫农团及其他群众团体选举产生，每审判一次须调换 2 人。（4）在省裁判部之下设立看守所与劳动感化院，为监禁及教育犯人的机关。看守所一般监禁未审判的犯人，或监禁判决短期监禁的犯人；劳动感化院监禁判决长期监禁的犯人。

江西省苏维埃政府及裁判部旧址（兴国县）

省裁判部的职权：（1）为省级法院成立之前的省级临时审判机关。（2）裁判委员会负责讨论和建议省裁判部内关于司法行政、案件的检查与审判等各种问题。（3）省裁判部部长管理全部工作，副部长协助部长工作，部长因故离职时副部长代理部长的职权。（4）检察员负责管理调查案件、预审案件及助理法庭告发事宜，检察员是代表国家的原告人，开庭审案时，可以代表国家出庭告发，凡需预先逮捕然后才能检察的案件，检察员有先逮捕犯法的人之权。（5）裁判员管理审问及判决案件。（6）在司法范围内省裁判部有随时调动赤卫队、民警所、政治保卫队之权。（7）省裁判部为县裁判部所作判决的终审机关，同时又是审判有全省意义的案件的初审机关；省裁判部有判决死刑之权，但需送临时最高法庭或最高法院批准后执行，有捉拿、审讯、判决与执行判决（包括死刑）之权。（8）有委任和撤销县裁判部、省属市裁判部部长以及工作人员之权，有检查指导县裁判部及省属市裁判部工作之权。

2. 县裁判部

县裁判部是设于县苏维埃政府执行委员会之下的县级临时性审判机关，在县法院成立之前代行县级法院职权，受县苏维埃政府执行委员会主席团指导。县裁判部部长及其工作人员由省裁判部委任或撤销。

县裁判部的组织机构：（1）县裁判部设部长、副部长各1人，裁判员1—2人，巡视员2—3人，检察员2—3人，秘书1人，文书1—2人。（2）在县裁判部之下设立裁判委员会，为讨论和决议县裁判部内关于司法行政、案件的检察与审判等各种问题的机关。县裁判委员会由县裁判部正副部长、工农检察委员会代表、劳动部的代表、职工会的代表、所在地下级裁判部部长以及其他工作人员中能任此职者等9—11人组成，县裁判部部长为县裁判委员会主任。县裁判委员会的委员经县执行委员会主席团审查通过之后送省裁判部批准。

（3）县裁判部之下设立刑事法庭、民事法庭和巡回法庭，审理刑事与民事案件。各法庭由3人组成，裁判部部长或裁判员为主审，其余2人为陪审。陪审员由职工会、雇农工会、贫农团以及其他群众团体选举产生，每审判一次均需调换2人。（4）县裁判部之下还设看守所及劳动感化院，为监禁和教育犯人机关。看守所监禁未审判或者判决短期监禁的犯人，劳动感化院监禁判决长期监禁的犯人。

县裁判部的职权：（1）县裁判部隶属于省裁判部，为县级法院成立之前的县

瑞金县苏维埃政府及裁判部旧址

级审判机关。（2）部长管理县裁判部的全部工作，副部长协助部长工作，部长因故离职时副部长代理部长的职权。（3）检察员管理调查案件、预审案件及开庭审判时代表国家出庭告发，凡需预先逮捕然后才能进行检察的案件，检察员有先逮捕犯法的人之权。（4）裁判员管理审问及判决案件。（5）县裁判部有随时调用赤卫队、警卫排等担任司法范围内各种工作之权。（6）县裁判部是区裁判部所判决案件的终审机关，同时又是审判有全县意义的案件的初审机关；县裁判部有判决死刑之权，没有执行死刑之权，其作出的死刑判决，须上报省裁判部批准后才能执行。1934年4月8日中央执行委员会颁布的《中华苏维埃共和国司法程序》，废止了上级批准制度，实行上诉制度，犯人不服判决有权提起上诉；但在新区边区以及敌人进攻地区，或者其他紧急情况下，对反革命案件以及豪绅地主犯罪者，并不享有上诉权，除非检察员提起抗诉可对终审案件再行审判一次，否则均为终审判决。县裁判部有捉拿、审讯、判决与执行判决（包括死刑）一切犯人之权。（7）县裁判部有委任区裁判部部长、县属市裁判部部长及其他工作人员之权，有检查与指导区裁判部及县属市裁判部工作之权。（8）县裁判部须向省裁判部报告工作，接受省裁判部的指导与检查。（9）案件判决后须立即制作判决书。（10）有权使用传票、拘票和搜查票。

3. 区裁判部

区裁判部是设于区苏维埃政府执行委员会之下的区级临时审判机关，在区级法院成立之前代行区法院职权，隶属于县裁判部，受区苏维埃政府执行委员会主席团指导。区裁判部部长及工作人员由县裁判部委任或撤销。

区裁判部的组织机构：（1）区裁判部设部长、副部长各1人，文书1人。（2）在区裁判部之下设裁判委员会，为讨论和决议关于区裁判部的司法行政、案件的检查与审判等各种问题的机关。区裁判委员会由区裁判部正副部长、国家政治保卫局特派员、工农检察委员会的代表、劳动部的代表、职工会的代表等7—9人组成，区裁判部部长为区裁判委员会主任。区裁判委员会委员经区执行委员会主席团审查通过之后送县裁判部批准。（3）区裁判部之下设刑事法庭、民事法庭和巡回法庭，审理刑事、民事案件。各法庭由3人组成，裁判部部长为主审，其余2人为陪审。陪审员由职工会、雇农工会、贫农团及其他群众团体选举产生，每审判一次须调换2人。（4）区裁判部下设看守所，为监禁未审判或判决短期监禁的犯人的机关。

区裁判部的职权：（1）为区级法院成立之前的区级审判机关。（2）部长管理区裁判部的全部工作，副部长协助部长工作，部长因故离职时副部长代理部长的职权。（3）区裁判部有随时调用赤卫队、警卫排等担任司法范围内各种工作之权。（4）区裁判部为初审机关，审理一般刑事、民事案件，其判决处罚强迫劳动或判决监禁的期限不得超过半年。（5）《司法程序》的颁布，赋予了区裁判部有捉拿反革命及其他应该捉拿的犯人之权，赋予了区裁判部有审理和判决当地一切犯人之权。在新区边区以及敌人进攻地区，在反革命特别活跃的地方，在某种工作的紧急动员时期（如查田运动、扩大红军、突击运动等），区裁判部只要得到当地革命群众的拥护，对于反革命及豪绅地主之犯罪者，有一级审判之后直接执行死刑之权，但执行之后须报上级备案。（6）案件判决后须立即制作判决书。（7）有权使用传票、拘票和搜查票。

4. 各级市裁判部

各级市裁判部是设于各级市苏维埃政府执行委员会之下的市级临时审判机关，在市级法院成立之前代行市级法院职权。区属市裁判科隶属于区裁判部，县属市裁判部隶属于县裁判部，省属市裁判部隶属于省裁判部，中央直属市裁判部隶属于临时最高法庭或最高法院。各级市裁判部接受同级市苏维埃政府执行委员会主席团指导。各级市裁判部部长及其工作人员由各自的上级裁判机关委任或撤销。小的城市不设裁判科，由县裁判部直接审理该市的一切案件。

市裁判部的组织机构：（1）市裁判部设部长、副部长各1人，裁判员1至3人，检察员1至3人，文书1至2人。（2）在各级市裁判部之下设裁判委员会，讨论和决议各该级市裁判部关于司法行政、案件的检察与审判等各种问题。各级市裁判委员会由各级市裁判部正副部长、裁判员、检察员、国家政治保卫分局局长或特派员、民警厅厅长或民警所所长、工农检察委员会的代表、劳动部的代表、职工会的代表、所在地下级裁判部部长及其他工作人员中能任此职者7—13人组成。各级市裁判部裁判委员会主任由各该级市裁判部部长担任。各级裁判委员会委员经各自同级苏维埃执行委员会主席团审查通过后送其上一级裁判机关批准。（3）各级市裁判部之下设刑事法庭、民事法庭、巡回法庭及劳动法庭，以分别审理刑事案件、民事案件及违反劳动法令的案件。各法庭由3人组成，裁判部部长或裁判员为主审，其余2人为陪审员。陪审员由职工会、雇农工会、贫农团及其他群众团体选举产生，每审判一次须调换2人。（4）在中央直属市、省直属市裁判部之下设看守所和劳动感化院，在区属市设看守所。看守所监禁未审判或判决短期监禁的犯人，劳动感化院监禁判决长期监禁的犯人。

各级市裁判部的职权:(1)各级市裁判部是各该级市法院成立之前的审判机构。(2)各级市裁判部部长管理其裁判部的全部工作,副部长协助部长工作,部长因故离职时由副部长代理部长的职权。(3)检察员管理调查、预审案件,在开庭审判时检察员代表国家出庭告发。凡是须预先逮捕然后才能进行检察的案件,检察员有先逮捕犯法的人之权。(4)裁判员管理审问及判决案件。(5)各级市裁判部有随时调用赤卫队、警卫队、民警、政治保卫队担任司法范围内各种司法

最高法院看守所旧址(瑞金沙洲坝)

工作之权。(6)各级市裁判部是其下级市裁判部所判决的案件的终审机关,是审判有全市意义的案件的初审机关。凡是经过两级审判之后的终审案件,犯人不能再上诉,但对检察员的抗诉案件须再行审判一次。(7)省属市裁判部、县属市裁判部均有捉拿、审讯、判决与执行判决(包括死刑)一切犯人之权。(8)有权使用传票、拘票和搜查票。(9)案件判决后,须立即制作判决书。

(五)军事裁判所

军事审判机关在中央苏区的设立,更多的是受当时苏联将军事审判机构从普通审判机构中划分出来的立法体例的影响。苏联法规定在国内战争的特殊条件下,军事司法必须从普通司法中划分出来,并在革命军事法庭和革命军事委员会之间建立组织上的紧密联系。基于此,为保障红军指战员及军事工作人员的权利,维护红军铁的纪律,中华苏维埃共和国中央执行委员会于1932年2月颁布了《中华苏维埃共和国军事裁判所暂行组织条例》。翌年,又颁布了《地方苏维埃暂行组织法(草案)》,规定在红军内建立各级军事审判机关,即军事裁判所。军事裁判机关分为四种:初级军事裁判所、阵地初级军事裁判所、高级军事裁判所、最高军事裁判会议。在最高法院未成立之前,凡属最高军事裁判会议所应当解决的案件,一律由临时最高法庭解决。未与中央苏区连成片的苏区,在该苏区的最高军事委员会内设立高级军事裁判所,审理有关案件,并有最后决定案件之权。

1. 初级军事裁判所

初级军事裁判所设在红军的军部、师部及军区指挥部或独立师师部内，隶属于高级军事裁判所。

初级军事裁判所的组织机构：（1）初级军事裁判所设正、副所长各1人，裁判员1至2人，检察员1至2人，文书1至2人，法警若干人。所长和裁判员由士兵代表大会推举经高级军事裁判所核准产生。（2）在初级军事裁判所内设裁判委员会，为讨论和决议初级军事裁判所的有关司法行政、案件的检察与审判等各种问题的机关。初级军事裁判所的裁判委员会由5至7人组成，成员有正副所长、裁判员、检察员、国家政治保卫分局局长或特派员、军队的政治机关代表及其他工作人员中能任此职的人，以所长为主任。（3）初级军事裁判所组织军事法庭、民事法庭，必要时组织巡回法庭，专门审判刑事、民事等有关案件。各法庭由3人组成，以裁判员为主审，其余2人为陪审员。陪审员由士兵选举产生，每星期改换一次，他们是临时司法工作人员，当法庭审判终了时归原部队工作。（4）当案件不多时，初级军事裁判所的工作人员可以减少，可仅设所长1人。

江西军区暨初级裁判所旧址（兴国县）

初级军事裁判所职能：（1）所长管理所内全部工作，副所长协助所长进行工作，当所长因故离职时副所长代理所长职权。（2）裁判员负责审问及判决案件。（3）作为军队审判机关的初审机关，负责审理军长（不含）以下指战员的犯罪和在军队里服务的一切工作人员的犯法案件，负责审理红军作战地带居民的违法案件以及审判敌军的侦探、内奸等案件。（4）军区指挥部的初级裁判所负责审理全省地方武装的军事案件。（5）初级裁判所对发生在其辖区内案件的一切犯人有捉拿、审讯、判决与执行判决（包括死刑）之权。初级军事裁判所判决的死刑案件，须报高级军事裁判所核准后方能执行；但在新区边区、在敌人进攻的地方、在反革命特别活动的地方、在某种工作的紧急动员时期，初级军事裁判所对于反革命及豪绅地主之犯罪者的审判，有在一级审判之后直接执行死刑之权，但执行后须抄录全部案卷送高级军事裁判所处置。在一般情况下，初级裁判所遵守苏维埃两级审判制度，经其审判的案件，凡是犯人不服判决的上诉案件及初级军事检查所的抗诉案件，一律送交高级军事裁判所进行终审判决。（6）文书负责庭审记录。（7）初级裁判所有权使用传票、拘票。（8）初级军事裁判所判决后须立即制作判决书。

2. 阵地初级军事裁判所

阵地初级军事裁判所设在作战阵地最高级的指挥部内，隶属于高级军事裁判所。

阵地初级军事裁判所的组织机构：（1）设正、副所长各1人，裁判员1至2人，文书1至2人，法警若干人。所长和裁判员由士兵代表大会推举产生，经高级军事裁判所核准。（2）阵地初级军事裁判所下设裁判委员会，为讨论和决议阵地初级军事裁判所内有关司法行政、案件的检察与审判等各种问题的机关。裁判委员会由5—7人组成，成员有正副所长、裁判员、国家政治保卫分局特派员、军队的政治机关代表及其他工作人员中能任此职的人，所长为主任。（3）阵地初级军事裁判所组织军事法庭、民事法庭、巡回法庭，审判刑事、民事等有关案件。各法庭由3人组成，以裁判员为法庭主审，其余2人为陪审员。陪审员由士兵选举产生，每星期更换一次，他们是临时司法工作人员，当陪审案件审判终了时归原部队工作。（4）案件不多时，阵地初级军事裁判所的工作人员可以减少，可仅设所长1人。

阵地初级军事裁判所职能：（1）阵地初级军事裁判所所长管理所内全部工作，副所长协助所长进行工作，当所长因故离职时副所长代理所长职权。（2）裁判员负责审问及判决案件。（3）作为作战地军队审判的初审机关，负责审理作战地带指战员的犯罪和在军队里服务的一切工作人员的犯法案件；审理作战地带居民的违法案件以及审判敌军的侦探、内奸等案件。（4）对发生在其辖区内案件的一切犯人有捉拿、审讯、判决与执行判决（包括死刑）之权。其所判决的死刑案件执行后，须抄录全部案卷送高级军事裁判所备案。在一般情况下，作为初审机关的阵地初级军事裁判所所审判的案件，凡是犯人不服判决的上诉案件及初级军事检查所的抗诉案件，依照苏维埃两级审判制度，须送交高级军事裁判所进行终审判决。（5）文书负责庭审记录。（6）有权使用传票、拘票。（7）在案件判决后须立即制作判决书。

阵地初级军事裁判所的人员编制、遴选、产生程序以及职权等方面与初级军事裁判所大体上相似，所不同的是，初级军事裁判所设有1至2名检察员，而阵地初级军事裁判所没有，初级军事裁判所除特殊情况外，其判处的死刑案件必须经过高级军事裁判所核准后才能执行，而阵地初级军事裁判所判决的死刑案件可以执行后报高级军事裁判所备案，充分表现了阵地初级军事裁判所工作开展的机动性和灵活性特点。

3. 高级军事裁判所

高级军事裁判所设在中央革命军事委员会内及未与中央苏区连成一片的苏区最高军事委员会内，司法行政隶属于中央司法人民委员部，检察与审判方面受临时最高法庭或最高法院节制。

高级军事裁判所旧址——瑞金沙洲坝白屋子（红军总政治部内）

高级军事裁判所的组织机构：（1）在高级军事裁判所内设所长1人，副所长1至2人，检察员2至3人，裁判员1至3人，巡视员2至5人，秘书1人，文书1至3人，法警若干人。其他工作人员可按需要增减。其中所长和裁判员由中央革命军事委员会提名，经最高法院（最高法院未成立前由临时最高法庭代理，以下同）批准。其他工作人员根据需要由高级军事裁判所提出名单经中央司法人民委员部审核同意后以命令的形式增减。（2）所长管理本所工作，副所长协助所长工作，所长因故离职时副所长代理所长职务。（3）检察员负责管理案件的调查与预审，并助理法庭告发事宜。（4）裁判员负责管理审问及判决案件。（5）文书负责庭审记录。（6）在高级军事裁判所内组织裁判委员会，以高级军事裁判所所长为主任，裁判委员会委员由正副所长、裁判员、检察员、国家政治保卫局局长、军队的政治机关代表及其他工作人员中能任此职者7至9人组成。裁判委员会是讨论和决议高级军事裁判所内有关司法行政、案件的检察与审判等各种问题的机关,指导一切裁判工作。(7)高级军事裁判所下设刑事法庭、民事法庭及巡回法庭,审理相关案件。各法庭由3人组成。各法庭在审判初审案件时须用陪审员,陪审员由士兵选举产生,每星期调换一次,当陪审案件审判终了后仍回归原部队工作;而在审判终审案件时不用陪审员,由裁判所所长和裁判员组成法庭。

高级军事裁判所的职能:(1)审判经过初级军事裁判所、阵地初级军事裁判所初审而上诉或抗议的案件,是审理这些案件的终审机关。(2)审理军长(含)以上犯法的指挥员、革命军事委员会的直属部队及该部队内其他工作人员的犯罪案件,是审理这些案件的初审机关,经其初审的案件,凡是抗诉、上诉案件须送交最高军事裁判会议进行终审。(3)判决死刑的案件全部案卷须送交最高法院核准后再执行,但在紧急情况下可先执行后抄录全部案卷送最高法院追认。(4)高级军事裁判所有权使用传票、拘票。(5)案件判决后应即制作判决书予以公布。

4. 最高军事裁判会议

最高军事裁判会议设在最高法院内,是最高军事审判机关。最高法院未成立前,对于最高军事裁判会议应审理的案卷,由临时最高法庭审理。

最高军事裁判会议的组织机构:(1)由最高法院指定若干人组成。(2)最高军事裁判会议必须有中央革命军事委员会的代表参加。

最高军事裁判会议的职能:(1)是中华苏维埃共和国审判军事案件的最高司法机关。(2)审理经高级军事裁判所初审的上诉或抗议的案件,是审理这些案件的终审机关。(3)审判军团指挥员以上的重要军事工作人员的犯法案件,是审理这些案件的初审机关,也是终审机关,被告人没有上诉权。

(六)专门法庭

1. 劳动法庭

此前各级裁判部对于工人利益保障的忽视,使工人不能真正享受劳动法上所规定的一切权利。为了纠正错误,1933年4月12日,中央司法人民委员部发布《为组织劳动法庭的问题》的命令,决定组织劳动法庭。命令规定:为保障工人利益,及时解决资本家违犯劳动法及已颁布或未颁布的各种关于劳动问题的法令与集体合同和劳动合同等案件,使工人得到劳动法的实际利益,决定组织劳动法庭。即是说，劳动法庭专门审理违反劳动法的案件①。

劳动法庭设在各区苏的裁判部和各城市市苏的裁判科。县以上的裁判部不组织劳动法庭。区苏裁判部劳动法庭不设专人负责，由区苏裁判部原有工作人员兼任。市苏裁判科劳动法庭由专人组织。担任劳动法庭工作的裁判员，由职工会选举出来，经过各级裁判部加以委任。倘若有的城市市苏没有设立裁判科，裁判科的工作由县苏裁判部兼办的，则由县苏裁判部指定专人担负劳动法庭的工作。劳动法庭的职能：专门解决资本家、工头、老板破坏劳动法及集体合同和劳动合同等案件，接案后，裁判机关于接收之日起，在72小时内必须开庭审判。

2. 革命法庭

关于革命法庭的组织法，有中华苏维埃共和国成立前的《鄂豫皖区苏维埃政府革命法庭的组织与政治保卫局的关系及其区别》和中华苏维埃共和国成立后的《川陕省革命法庭条例草案》及《革命法庭的工作大纲》。上述三个革命法庭组织法都规定，革命法庭设在省和县。《革命法庭的工作大纲》，从其总则的规定来看，发布的时间在土地革命的中后期。总则规定：革命法庭是苏维埃人民共和国的司法机关，在目前民族革命高潮中，为了要巩固抗日的土地革命的根据地，必须以一切力量来保证对付日本帝国主义及卖国贼汉奸反革命的活动，同时要在民族统一战线中用司法的权力来保障工人、雇工、贫农、中农和一切劳动群众的切身利益。

革命法庭的职权：（1）公审或判决一切违反民族革命利益、投降帝国主义的汉奸卖国者。（2）接受国家原告人（政治保卫局）起诉的一切政治上、经济上、军事上反革命案件之公审与判决。（3）处理一切苏区境内关于劳动法令、土地法令、商业条例之各种纠纷，保护工农群众利益。（4）处置苏区境内一切民刑诉讼案件。

省革命法庭，成立省革命法庭委员会，由3至5人组成。根据《川陕省革命法庭条例草案》规定，省革命法庭委员会委员，由省苏维埃大会选举。在委员中推选一人为主席，主席即法庭庭长。其下设：登记申诉处、待审处、秘书、法警队、预审处、检察处、感化院。检察处中心工作，是保障苏维埃各种

① 赣州市中级人民法院编，彭光华主编：《人民司法摇篮——中央苏区人民司法资料选编》，2006年版，第52页。

法令的执行和工农群众利益，代表苏维埃政府实行检察和对一切刑事案件的侦查，以及代表国家向法庭提起公诉，提出对刑事犯的控词。

县革命法庭，成立县革命法庭委员会，由 3 人组成。县革命法庭委员会由县苏维埃大会选举。在委员中推选一人为主席，主席即法庭庭长。其下设：申诉登记员、待审室、文书、预审科、法警。根据《川陕省革命法庭条例草案》的规定，县革命法庭直属于省革命法庭，县革命法庭的裁判须得到省革命法庭的批准，才能成立定案，县苏或群众团体不同意县革命法庭的判决，不能随意更改，应一方面执行，另一方面向省革命法庭提出控告。省革命法庭的判决要得到中央最高法庭和省苏的批准，如判决有不正确时，可要求复审。在区设裁判委员会，区裁判委员会由区苏维埃大会选出 3 至 5 人组成。区裁判委员会直属县革命法庭指挥。早期的《鄂豫皖区苏维埃政府革命法庭的组织与政治保卫局的关系及其区别》还规定，建立乡裁判委员会，乡裁判委员会受区裁判委员会指挥。区、乡裁判委员会没有用刑之权。区裁判委员会之权只能判决 3 日苦工或警告之案件，其他案件应送县革命法庭。

3. 巡回法庭

《裁判部的暂行组织及裁判条例》第 12 条规定：各级裁判部可以组织巡回法庭，到出事地点去审判比较有重要意义的案件，以吸收广大的群众来参加旁听。可见，巡回法庭是指由各级裁判部组织的，到出事地点去审判比较有重要意义的案件，以吸收广大群众来参加旁听，借某种案件在群众面前揭破反革命的各种阴谋，从而教育群众，被认为是司法工作教育群众的重要审判法庭。军事裁判所审判的时候，也不一定在军事裁判所的所在地审判，可到军队所在地及犯法者的工作地点去审判。

巡回法庭可以审理刑事案件，也可以审理民事案件，其特点是不在一个固定的地方审理案件，是流动的到各地去审判案件。巡回法庭的权限与同级的刑事法庭、民事法庭相同，同属一级裁判部中的审判法庭之一。1932 年 4 月，中央临时最高法庭主席何叔衡就曾亲自到瑞金县，会同县裁判部组织巡回法庭，处理白露、合龙两乡的水利纠纷，使案件得到及时合理的处理[1]。

中央苏区巡回法庭的设立，为法院巡回审判制度的建立打下了实践基础，为新中国司法制度中建立巡回审判制度提供了宝贵的实践经验。

---

[1] 肖永清:《中国法制史教程》，法律出版社 1989 年版，第 600 页。

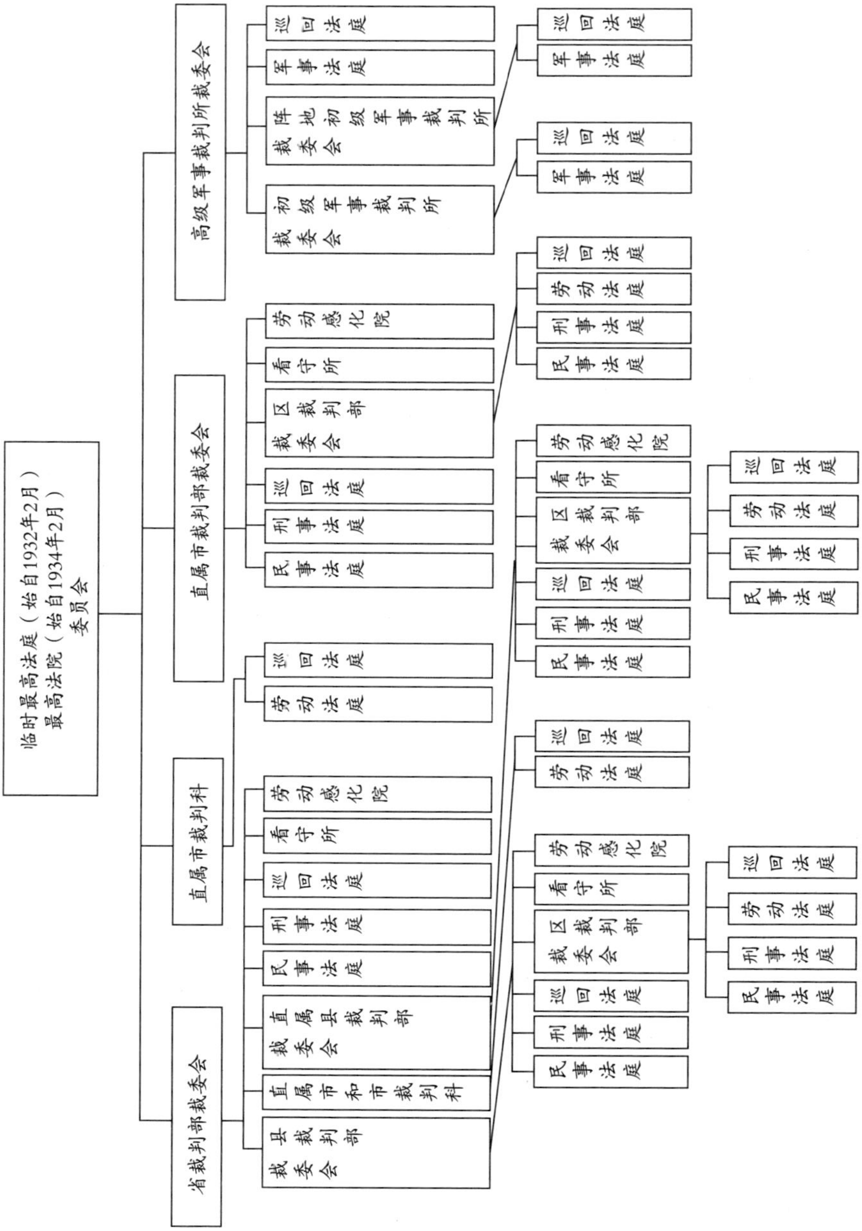
临时最高法庭（始自1932年2月）
最高法院（始自1934年2月）
委员会
高级军事裁判所裁委会
巡回法庭
军事法庭
阵地初级军事裁判所裁委会
初级军事裁判所裁委会
直属市裁判部裁委会
劳动感化院
看守所
区裁判部裁委会
刑事法庭
民事法庭
劳动法庭
直属市裁判科
省裁判部裁委会
直属县裁判部裁委会
直属市和市裁判科
县裁判部裁委会

二、中央苏区检察机关

（一）工农检察部

中华苏维埃共和国中央政府成立以后，在中央政府及省县区市各级地方苏维埃政府执行委员会之下成立了工农检察部，建立了从中央到地方的各级国家法律监督机构，即各级工农检察机构。依据"一苏大会"通过的《工农检察部的组织条例》规定，各级工农检察部的任务是监督国家企业和机关及有国家资本在内的企业和合作社企业等，要求那些企业和机关坚决执行苏维埃的劳动法令、土地法令和其他一切革命法令及各种政策，有权向同级苏维埃执行委员会或主席团建议处罚或撤换某些国家机关和国家企业、有国家资本的企业、合作社企业中违法乱纪的工作人员。苏维埃共和国的中央司法机构与中央工农检察机构不是平行的关系。中央司法机构设立在中央执行委员会之下，隶属于国家最高权力机关中央执行委员会；中央工农检察机构设在国家最高行政机关人民委员会之下，隶属于人民委员会。而省县区市的地方各级司法机构与工农检察机构则共同设在该级地方执行委员会之下，是同级平行关系。

但是，中央苏区时期的各级检察机关并不负责检察司法机关审判过程中的具体事宜，对各级裁判部（所）的检察工作，主要由各级司法机关中设立的检察人员行使。

中央工农检察部总务处印章

工农检察部控告局设置的控告箱

（二）设在各级审判机关的检察长（员）

中央苏区时期并未设专门负责普通司法案件控诉工作的检察机关，而是采用"控审合一制"，在审判机关内设专职的检察人员。根据《裁判部暂行组织及裁判条例》和《中华苏维埃共和国军事裁判所暂行组织条例》规定，在地方除区裁判部不设检察员外，县裁判部设检察员2至3人；省裁判部设正、副检察长各1人，检察员5至6人；最高法院设正、副检察长各1人，检察员若干人。其中正、副检察长由中央执行委员会主席团委任之。在红军初级检查所设所长1人，副所长1人，检查员若干人。高级军事检查所设所长1人，副所长2人，检查员若干人。

检察员工作任务和职权是：检察管理案件预审事宜，凡送到裁判部的案件，除简单明了、无须预审的案件外，一切案件必须经过检察员预审。检察员对一切犯罪行为有检察之权。有的犯罪人如必须预先逮捕，然后才能进行检察的案件，检察员具有预先逮捕犯罪人之权。当检察案件时，凡与该案件有关系的人，检察员有随时传来审问之权。检察员在检察案件时，无论被告人还是见证人，必须写成预审记录，由被审问者及检察员签字盖章，作为该案的证据。检察员是代表国家的原告人，对案件经过预审之后，认为有犯罪的事实和证据，作出结论后，再转交法庭去审判。开庭审判时，检察员以国家公诉人的资格，代表国家出庭告发。如对裁判部判决不同意时，可以向上级裁判部提起抗诉，要求再审。但关于反革命案件，则可以由国家政治保卫局派代表，代表国家为原告人。

检察员胸佩布质证件

（三）军事检查所的机构及其职权

中央苏区的军事审判工作实行控审分立制，按照《中华苏维埃共和国军事裁判所暂行组织条例》第24条的规定，在初级军事裁判所所在地与阵地初级裁判所的所在地设立初级军事检查所，在高级军事裁判所所在地设立高级军事检查所，以检查军队中以及与军事有关的一切犯法案件。

1. 初级军事检查所

初级军事检查所是设立在初级军事裁判所、阵地初级军事裁判所所在地的专门检查军事犯法案件的检察机关。

初级军事检查所的组织机构：（1）设所长、副所长各1人，检查员若干人。（2）其他工作人员视情况可随时增减。（3）还可以用书记、文书等技术性工作人员若干。

初级军事检查所的职权：（1）有权检查和预审一切需要经过初级军事裁判所或阵地初级军事裁判所审判的案件。初级军事裁判所和阵地初级军事裁判所所审理的案件，除已经明白无须再经过检查的简单案件外，都须先交初级军事检查所去检查。初级军事检查所将案件检查完了并作出结论之后，再将案件移交初级军事裁判所或阵地初级军事裁判所审判。（2）有权接受初级军事裁判所所在地、阵地初级军事裁判所所在地的红军各级指战员、政治委员等依法逮捕的军队中犯法的犯人，对犯人的犯罪事实进行检查预审后，移交初级军事裁判所或阵地初级军事裁判所审理。（3）初级军事检查所是代表国家对于军事犯的原告机关，有权检查红军的军及军以下各部队、作战阵地各军中及与军事有关系的一切犯法案件，并向法庭提出公诉，在法庭开庭审判时可以代表国家出庭告发。（4）当检查案件时，凡与案件有关的任何人，检查员均有传来询问之权。（5）初级军事检查所在传审的时候有权使用传票、拘票和检查票。（6）有权调用初级军事裁判所所在地或阵地初级军事裁判所所在地的军部或师部及其他军事机关所指定的部队。

2. 高级军事检查所

高级军事检查所是设在高级军事裁判所所在地的专门检查军事犯法案件的检察机关。

高级军事检查所的组织机构：（1）设所长1人、副所长2人，检查员若干人。（2）设书记、文书等技术工作人员若干。（3）其他工作人员可视情况增减。

高级军事检查所的职能：（1）是代表国家对于军事犯的原告机关，可以检查军队中及与军事有关系的一切犯法案件，并向军事法庭提起公诉，开庭审判时代表国家出庭告发。（2）是军事司法机关的检察机关。除已明白无须再检查的简单案件外，一切军事犯罪案件都先交军事检查所检查，作出结论后，再将案件送交军事裁判所去审判。（3）检查所的组织原则是下级绝对服从上级指挥，对于所内检查的重要案件可开会讨论，但所长有最后决定权，检查员有不同意见时，可向上级机关提出。（4）高级军事检查所在办案时，依法有权调用军事裁判所所在地的军部或师部及其他军事机关所指定的部队。

三、中央苏区侦查、预审机关

（一）国家政治保卫局

国家政治保卫局旧址（瑞金叶坪）

苏维埃国家政治保卫局的设立，从法律渊源看，受苏联法的影响还是有的。苏联的国家政治保卫局是由肃反委员会改组的，国家政治保卫局的建立标志着肃反委员会的消失。在中央苏区，起初国家政治保卫局与肃反委员会同时存在，共同承担着镇压反革命等任务，直至 1933 年 4 月《中华苏维埃共和国中央执行委员会关于肃反委员会决议》颁布后，在已经建立正式政权的县、区，由裁判部和国家政治保卫局执行肃反工作并处理一般民刑案件，肃反委员会即行取消。

国家政治保卫局是专门负责镇压反革命任务的机关，是新中国成立后各级公安机关和国家安全部门的前身。为了镇压反革命，按照中央执行委员会颁布的《中央苏维埃组织法》和《地方苏维埃暂行组织法（草案）》的相关规定，在中央人民委员会之下设立国家政治保卫局，在地方各级苏维埃政府执行委员会之下设立各级政治保卫机构，在红军内设立各级政治保卫机构。各类各级政治保卫机关是苏区的治安机关，在维护国家社会治安的执法过程中兼有部分审判职能，对一切反革命案件均有侦查、逮捕和预审之权，是当时特定历史环境下的准司法机关。同时，各类各级政治保卫机关是苏维埃国家政权的重要组成部分。中央人民委员会之下设国家政治保卫局，在省和中央直属市、直属县以及省直属市苏维埃政府执行委员会之下设国家政治保卫局省分局、市分局、县分局，在红军的方面军、军团下设立国家政治保卫分局，在区及县直属市苏维埃政府执行委员会之下设立政治保卫局特派员，在红军师、团、独立营内设立政治保卫局特派员及干事。必要时，在某些机关中可直接设立政治保卫局特派员。

1. 国家政治保卫局的组织机构

国家政治保卫局是一个集权组织，实行下级服从上级，采取委任制，形成了相对独立的体系，包括国家政治保卫局，国家政治保卫局省、县、市分局，国家政治保卫局特派员。

国家政治保卫局的组织机构：国家政治保卫局内设局长、副局长，设国家政治保卫委员会及执行、侦查、总务等专门机构。局长由中央执行委员会委任，局长是国家政治保卫局委员会主席。委员会委员由中央人民委员会批准委任，在委员会的委员中有同级共产党代表及最高法院的检察员参加，最高法院未成立前由临时最高法庭的检察员参加。

国家政治保卫局各分局的组织机构：（1）内设正、副局长各1人，设分局委员会。分局局长及分局委员会委员由国家政治保卫局委任，分局长为分局委员会主席。分局委员会有同级共产党代表及同级裁判部检察员参加。（2）在省分局、中央直属市分局及红军方面军分局、红军军团分局内各设执行部、侦查部及总务处。执行部、侦查部各设部长1人，总务处设处长1人。在侦查部之下设侦查科、检察科，各科设科长1人。在县及省直属市各分局设执行科、侦查科、总务科，各科设科长1人。

依工作需要，国家政治保卫局还向区及县直属市苏维埃政府执行委员会及红军师、团、独立营派出国家政治保卫局特派员以执行政治保卫局任务。

2. 各类各级政治保卫局的职权

（1）国家政治保卫局各类各级机关的任务，是维护苏维埃社会治安、社会秩序和镇压反革命，在刑事诉讼活动中有侦查、逮捕和预审之权。《司法程序》明确规定，一切反革命案件，各类各级国家政治保卫局均有逮捕、预审之权，预审后交法庭处置。国家政治保卫局以原告人身份向审判机关提起诉讼，由国家审判机关审讯和判决。

（2）在边区的地方政治保卫分局、在战区的红军政治保卫分局，对敌人的侦探、法西斯、刀匪、团匪及反革命的豪绅地主，有权采取直接处置措施，不必经过裁判部。在严重的紧急的反革命案件上，国家政治保卫局及其地方分局、红军分局、军区分局，有权采取紧急处置。

（3）国家政治保卫局各级机关的行动，须受法律约束，在法律规定范围内，国家政治保卫局各级机关办理案件，须接受各该级法院检察员的检察，法院未成立前须接受临时最高法庭及各该级裁判部检察员的检察。

（4）国家政治保卫局的各级机关，对于某机关或某团体内暗藏的反革命分子执行逮捕以前，必须通知该机关或该团体的主要负责人。如果该机关或该团体的主要负责人没有资格接受预告时，须在执行前通知其上级机关的主要负责人。

（5）国家政治保卫局的各级机关及特派员，与地方苏维埃机关及红军的指挥机关和政治机关须发生密切的联系，分局长及特派员有权出席这些机关的会议。

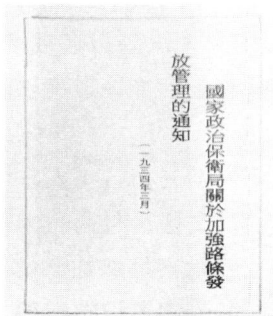
《国家政治保卫局关于加强
路条发放管理的通知》

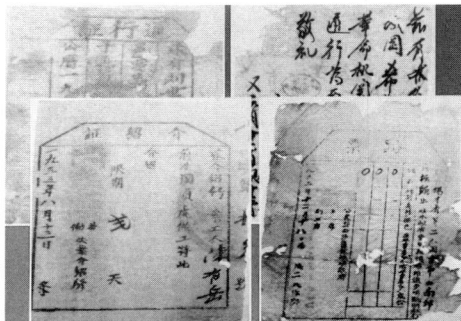
苏区时期由检查哨所盖印的路条、通行证

（6）国家政治保卫局各级局长和各部、各科以及特派员的职权。各级局长、副局长的职权：局长管理全局工作，指导下级分局或特派员的工作，局长有权出席本级苏维埃政府或同级红军指挥机关、政治机关的会议。副局长协助局长进行工作，局长因故离职时副局长代理局长职权。执行部或执行科的职权：负责管理拘捕、审问、处理犯人，领导保卫队监督护照、通行证、路条的发放。侦查部或侦查科的职权：负责组织工作网，指导侦查工作，检查邮件与从白区来的书报。总务处或总务科的职权：管理局内的事务性工作。特派员的职权：有权在上级给予他的任务的范围内进行工作，非得到上级许可不得擅自捕人，但遇特殊情形时（如反革命分子逃跑或反革命已决定暴动等）不在此列；特派员有权出席当地苏维埃政府及同级军事机关的会议。

（二）肃反委员会

肃反委员会是镇压反革命、具有审判职能的重要政权机关。肃反委员会的设立，具有非常明显的苏联法的痕迹，是年轻的中华苏维埃共和国在司法机关设置上借鉴苏联法的重要成果。在苏联，肃反委员会是根据苏俄人民委员会

1917 年 12 月 20 日的决议成立的。肃反委员会的任务是"制止并肃清一切反革命罪行和怠工行为，将一切怠工分子和反革命分子交付革命法庭审判，制定同这些犯罪分子作斗争的方法"[①]。直属人民委员会的全俄肃反委员会在同反革命及怠工行为作斗争方面，最初只限于侦查活动。然而，在国内战争时期，为了加强同间谍、破坏分子和苏维埃国家的其他敌人进行斗争，肃反委员会的职权发生了变化。1920 年 5 月 28 日颁布的一项法令，授权全俄肃反委员会和它的全权机关对危害共和国军事安全的罪行可以适用法律所规定的任何一种刑罚，直到死刑。肃反委员会一方面对革命法庭所审理的案件有侦查权，另一方面，遇到有反革命分子向苏维埃政权进行武装进攻的场合，以及对于盗匪等活动，直接采取不经审判的镇压手段。1921 年 2 月 6 日第九次全俄苏维埃代表大会通过的决议，一方面肯定了肃反委员会的功绩，另一方面认为"目前由于苏维埃政权已臻巩固，从内外环境来说可以缩小全俄肃反委员会及其所属各机关的活动范围，而将同破坏苏维埃共和国法律的罪行作斗争的任务责成审判机关去担任"。代表大会委托全俄中央执行委员会主席团进行改组全俄肃反委员会，加强革命法制原则。据第九次全俄苏维埃代表大会的决议，全俄肃反委员会改组为国家政治保卫局。列宁指出，肃反委员会直接实现无产阶级专政，在这方面它的作用是不可估量的。除了采用暴力手段来镇压剥削者外，解放群众的其他办法是没有的。

中央苏区肃反委员会，类似于 20 世纪 30 年代苏联肃反委员会，是集司法机关和政治保卫局的职权于一身的苏维埃地方临时政权的专政机关，兼集侦查、逮捕、判决和执行等职能。1933 年中央执行委员会颁布的《中华苏维埃共和国地方苏维埃暂行组织法（草案）》规定：在苏维埃共和国的一切处于暴动时期的地方和红军新占领的地方的省、县、区、市、乡苏维埃临时政权革命委员会之下设立各级肃反委员会。各级组织，乡肃反委员会由 7 人至 9 人组成，区及市肃反委员会由 7 人至 11 人组成，县及省肃反委员会由 5 人至 7 人组成。肃反委员会分为省、县、区、市等各级组织。各级肃反委员会分别隶属于各级苏维埃政府执行委员会或各级革命委员会，接受同级苏维埃政府执行委员会的领导和节制，下级肃反委员会绝对服从上级肃反委员会的领导。

[①] 韩延龙、常兆儒编：《中国新民主主义革命时期根据地法制文献选编》第 3 卷，中国社会科学出版社 1981 年版，第 326 页。

肃反委员会的职能:(1)为公、检、法三者合一的苏维埃政权临时性专政机关,兼侦查、逮捕、审讯、判决、执行等职能,其主要任务是镇压反革命及与其他刑事犯罪分子作斗争,维护革命秩序,保障人民的合法权益。(2)省、县两级肃反委员会有判决死刑和处决之权。(3)区(市)肃反委员会执行罪犯的处决必须经县级肃反委员会的批准,但在紧急与特殊情况下,区肃反委员会亦有判决、执行死刑之权。依据 1931 年 12 月中央执行委员会发布的《处理反革命案件和建立司法机关的暂行程序》规定:在建立了苏维埃政权已有 6 个月,但未设立国家政治保卫局分局或特派员而只设立了肃反委员会的县和区,若发现了反革命材料,县、区肃反委员会必须得到国家政治保卫局省分局的同意后,方可逮捕犯罪分子;但在反革命派已在组织暴动,或该区域与省苏的中间被白区隔断,或在反革命分子易于逃跑的赤白交界的地方,或在敌人进攻的特别紧急的情况下,来不及报告或无法报告国家政治保卫局省分局,而且已经掌握了充分证据的县、区肃反委员会,有决定逮捕之权。同时规定,在新发展区域,即在苏维埃政权建立不满 6 个月的县、区肃反委员会,当地群众与地主豪绅的斗争处于十分紧张的时候,县肃反委员会和特别指定的区肃反委员会,在取得县或区苏维埃政府执行委员会的同意之后,有决定逮捕、审讯反革命分子之权。审讯后应将案件移交给同级苏维埃政府执行委员会的审判机关作最后审讯,审讯完毕拟具判决书,报告省审判机关作最后审判。但对于豪绅、地主、富农、资本家罪恶昭著的反革命案件,经当地工农群众要求处决者,当地政府有处决权,无须经省政府批准。

在中央苏区第五次反“围剿”战争时期,针对苏维埃共和国境内一些反革命分子活动猖狂的紧急情况,为了从速准确地镇压反革命,支持反“围剿”战争,国家在《司法程序》中调整了各级肃反委员会的权力。规定:在新的苏区革命委员会之下的区肃反委员会,老苏区的区政治保卫局特派员、区裁判部、区民警局、区劳动法庭,有捉拿反革命及其他应该捉拿的犯人之权,废止了原来区肃反委员会不得到上级同意不能捉拿反革命的规定。同时规定:当情况紧急的时候,乡苏维埃与市苏维埃、乡革命委员会与市区革命委员会,只要得到了当地革命群众的拥护,均有捉拿反革命分子及其他重要犯人之权,但须将捉拿到的犯人分别交区裁判部或区肃反委员会去审讯。《司法程序》规定在新区、边区,在敌人进攻的地方,在反革命特别活动的地方,某种工作紧急动员时期(如查田运动、扩大红军、突击运动),区肃反委员会与区裁判部一样,有审讯或判决当地一切反革命分子及其他犯罪分子之权,只要得到了当地革命群众的拥护，对于反革命及豪绅地主的犯罪者，区肃反委员会与该区裁判部一样，有一级审判之后，直接执行死刑之权，但执行后必须报告上级备案。《司法程序》还规定，省、县两级肃反委员会与同级裁判部和高级军事裁判所、初级军事裁判所一样，享有捉拿、审讯、判决和执行判决（包括死刑）一切犯人之权。

肃反委员会是苏维埃政权的临时专政机关，在镇压阶级敌人、打击各种刑事犯罪分子、巩固新生的工农民主专政、建立和维护根据地革命秩序等方面，起到了极大的作用。但是由于受"左"倾路线的影响，苏区的肃反工作也出现过扩大化的错误，造成了一些消极影响，留下了极其深刻的教训。

四、中央司法人民委员部

中央司法人民委员部是中华苏维埃共和国人民委员会下设的一个中国共产党最早的带全国性的司法行政机关，负责中华苏维埃共和国的司法行政管理。1931 年 11 月"一苏大会"时成立，机关驻瑞金叶坪，第一任司法人民委员为张国焘，因远在鄂豫皖苏区工作，未能到职。为此，中央执行委员会于1931 年 12 月 31 日任命梁柏台为司法委员会委员，随后又正式任命梁柏台为司法人民委员部副部长。梁柏台是司法人民委员部的实际负责人。1934 年 2 月，在"二苏大会"时，中央执行委员会任命梁柏台为中央司法人民委员。在当时的历史条件下，在中央，国家司法行政机关和国家审判机关采取"分立制"；在地方，国家司法行政机关和国家审判机关采取"合一制"，不专设司法行政机关，由各级裁判部兼理。中央司法人民委员部下设民事处、刑事处、劳动感化处、总务处，分别掌管民事诉讼、刑事诉讼的行政事宜和各地看守所、劳动感化院的事宜以及审判机构的设置、司法工作人员的任命和培训、法制宣传和制度建设等。

中央司法部劳动感化处办公处（瑞金沙洲坝）

中央司法人民委员部旧址——瑞金沙洲坝
（1934 年从叶坪迁驻沙洲坝）

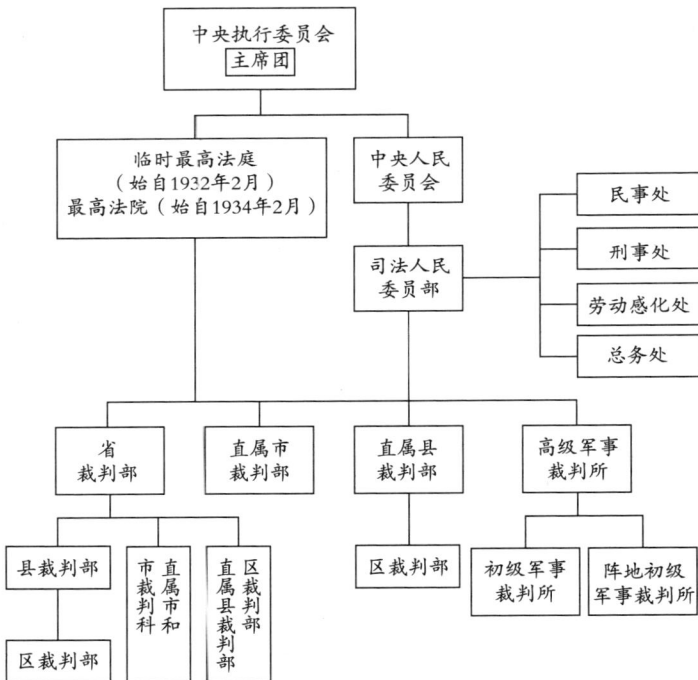

五、劳动感化院

　　劳动感化院是裁判部下的一个附属机关，其目的是看守、教育及感化违犯苏维埃法令的一切犯人，使这些犯人在监禁期满后，不再违犯苏维埃的法令。

　　县苏裁判部以上才设立劳动感化院，该机关仅隶属于各级的裁判部，没有上下级的系统组织。劳动感化院设院长 1 人，副院长 1 人，科长若干人。

中央第一劳动感化院旧址——瑞金县壬田乡洗心园村。1932 年后，中央司法人民委员部在中央苏区的江西、福建两省陆续开办了五个直属劳动感化院，其中中央第一劳动感化院创办于 1932 年 8 月。

1932 年 4 月，中央第二劳动感化院在兴国县城社门前成立。

1934 年 5 月，中央第二劳动感化院迁至兴国县高兴乡九厅十八井。

1933 年 3 月，中央第三劳动感化院在宁都县城西门成立。

1934 年 4 月，中央第四劳动感化院在福建省长汀县东陂江成立，设有农场和一个武装看守排，同年 9 月撤销。

1933 年 8 月，中央第五劳动感化院在于都县铁山垅开办，1934 年 10 月撤销。

由院长、副院长及各科科长组成管理委员会，以院长为该委员会的主任。管理委员会负劳动感化院的全责，随时要向裁判部作工作报告。劳动感化院设总务、劳动管理、文化（教育）等科，每科设科长1人。总务科负责管理劳动感化院的一切财产、器具、经费、生产品的出卖、原料的购置及编制劳动感化院的预算等事宜（预算先经过管理委员会通过后，须经各该级裁判部批准）。劳动管理科负责进行建设及管理各种工场、监督和指导犯人的工作等事宜。文化（教育）科负责组织和管理犯人的教育事宜，如识字班、政治课、俱乐部、列宁室、图书馆、墙报编辑、游艺晚会、交响乐、弈棋、编辑剧本等。各种文化工作，取材应以感化犯人为前提。劳动感化院可以开设店铺，出卖劳动感化院的一切生产品，并可兼卖别项商品，以增加劳动感化院的收入。应极力提高生产以达到经济充裕，不但不要政府津贴，而且要成为国家收入之一项。裁判部或临时最高法庭送犯人到劳动感化院时，必须把判决书抄录一份，随犯人送去，使劳动感化院可以根据该项判决书去执行。劳动感化院必须把这些判决书编成号码秩序，注意保存，以备司法机关检查。

1933年5月30日，中央司法人民委员部在《对裁判机关工作的指示》中指出：对于劳动感化院的工作，特别要注意生产与感化。生产和发行方面，与国民经济部共同组织劳动感化院企业管理委员会，来管理和监督生产与发行的事宜，有计划地进行生产和发行。应将工场与犯人居住的地方分开，以便于管理和教育。感化方面，充实文化工作人员，要有计划地来教育犯人，经常地上识字课、政治课等。将俱乐部、列宁室、图书馆健全起来，利用犯人工作以外的时间，经过这些文化机关来感化他们。感化犯人的工作，是劳动感化院的主要部分，应当要特别注意。[①]

第二节 中央苏区司法机关设置的特点

在极为残酷的战争条件下，受共产国际指导的影响，中央苏区司法机关的设置和其他国家机关的设置一样，在特定的历史环境中，形成了自己的鲜明特点。

---

① 瑞金县人民法院编：《中华苏维埃共和国审判资料选编》，人民法院出版社1991年版，第62页。

一、司法机关的多元性

政权初创阶段，国家机关的设置需要根据政权建设的任务、执政经验的积累不断调整完善。在不断探索的过程中，苏区司法机关的设置呈现出多元化的特征。例如，侦查预审机关有国家政治保卫局、民警局和肃反委员会，检察机关有工农检察部、设在法院的检察员、国家政治保卫局检察科和军事检查所，审判机关有法院、裁判部、革命法庭、军事裁判所。

除此之外，还有一些政府组织和群众性的组织，依法可以协助司法机关开展工作，例如协助肃反和维持治安的赤色戒严委员会，协助工农检察委员会调查、处理案件的轻骑队、突击队、工农通讯员、群众法庭，等等。

二、司法机关权能的交叉性

中央苏区的司法机关相互之间的权力、职责存在交叉重合的现象。例如，司法人民委员部不仅是指导地方裁判部的司法行政工作，对审判业务也有指导监督权 [1]。又如，肃反委员会在特定条件下，可以不通过裁判部直接审理、处决反革命罪犯 [2]。再如，裁判部不仅有审判权，也有捕拿反革命及其他罪犯的权力。

三、行政权与审判权，中央分立、地方合一

在苏维埃中央政府，中央执行委员会是苏维埃代表大会闭会期间的最高权力机构，中央执行委员会下设人民委员会和最高法院。其中，人民委员会是中央执行委员会的行政机关，行使行政权，指挥全国政务，领导包括司法人民委员部和工农检察人民委员部在内的各行政机关，由中央司法人民委员部具体负责司法行政工作；而最高法院行使审判权，维护苏维埃革命法律的效力，是与人民委员会互不隶属的两个平行机构。

在苏维埃地方政府，执行委员会同样是苏维埃代表大会闭会期间的最高权力机关，但是没有像中央执行委员会一样，设立专职行政的人民委员会，而是在省、县、区、市各级苏维埃政府执行委员会之下设立劳动、土地、军事、财

---

[1]《中央司法人民委员部命令第十四号——对裁判工作的指示》，《中华苏维埃共和国审判资料选编》，人民法院出版社 1991 年版，第 58—63 页。

[2]《中华苏维埃共和国中央执行委员会关于肃反委员会决议》，《中华苏维埃共和国审判资料选编》，人民法院出版社 1991 年版，第 74—75 页。

政、国民经济、粮食、教育、内务、裁判等部以及工农检察委员会和国家政治保卫分局。也就是说，在地方上，行政权与审判权统归执行委员会直接行使，地方各级裁判部兼理审判和司法行政工作。并且下级裁判部直隶于上级裁判部，"成为直的组织系统，下级绝对服从上级"[①]。显然是一种领导与被领导的关系，而不仅仅是业务指导监督关系。

四、控与审合署，检察职能分立

在研究中央苏区审判机关与检察机关的关系时，大多数学者的表述是：审与检合署，没有设立单独的检察机关。这种观点是值得商榷的，因为它没能准确地说明中央苏区检察机关设置的特殊性。

在中央苏区，不仅有检察机关，而且呈现典型的多元化特点：（1）各级苏维埃都设有工农检察委员会（部），其职责是对苏维埃党政机关及其工作人员以及国家企业工作人员贯彻执行苏维埃法律、法令、方针政策、履行职责及工作和生活作风进行检察、监督，若发现犯罪行为，有权报告法院，进而施行法律上的检查和制裁。类似于后来的纪检监察和检察院反贪局、渎职犯罪侦查局的工作职能。（2）在最高法院和地方各级裁判部都设有检察长（员），对案件进行预审后，代表国家提起公诉并出庭告发。（3）在国家政治保卫局设有检察科，在红军中设有军事检查所，它们的职责是对案件进行预审，在认为有犯罪的事实与证据并作出结论后，交法庭审判，并以国家公诉人资格，向法庭提起公诉。也就是说，在中央苏区，检察权中的法纪监督检察权和诉讼监督检察权分别由几个机关行使，与审判机关合署办公的，是其中提出控告、行使公诉职能的检察员，而不是所有的检察机关。因此，对于中央苏区审判机关与检察机关的关系以及检察机关的设置特点，更准确的表述应该是：控与审合署，检察职能分立。

五、司法机关体系的完整性

尽管前后只有短暂的三年时间，但是中央苏区的司法机关建设取得了令人瞩目的成绩。履行国家司法职能的各类机关都依法设立并卓有成效地开展工作，形成一个完整的司法机关体系。

1. 审判机关：由最高法院、最高特别法庭、地方各级裁判部、劳动法庭、

[①]《中华苏维埃共和国地方苏维埃暂行组织法（草案）》（1933 年 12 月 12 日）第 95 条。

军事裁判所组成，行使国家审判权。各级审判机关中都设立了审判委员会（裁判委员会）、刑事庭、民事庭、巡回法庭等审判组织和内设机构。

2. 检察机关：由各级工农检察委员会、设在各级法院（裁判部）的检察长（员）、国家政治保卫局检查科、军事检查所组成，行使国家检察权。

3. 侦查预审机关：由国家政治保卫局、民警局和肃反委员会组成，在后期，白区的特科和新建立根据地成立的肃反委员会都纳入到国家政治保卫局统一领导下，共同行使情报、保卫、侦查、预审权，在特定条件下还具有审讯、判决与处决权。

4. 司法行政机关：在中央苏维埃设立了司法人民委员部，行使司法行政权。

5. 刑罚执行机关：建立了劳动感化院，探索惩罚与改造相结合的刑罚执行方式。

六、司法机关设置的法定性

中央苏区各类各级司法机关，都是严格依照法律来设立并开展工作的。设立审判机关的主要法律依据有：《中华苏维埃共和国中央苏维埃组织法》《中华苏维埃共和国地方苏维埃暂行组织法（草案）》《处理反革命案件和建立司法机关的暂行程序》《中华苏维埃共和国军事裁判所暂行组织条例》《裁判部的暂行组织及裁判条例》等。设立检察机关的主要法律依据有：《中华苏维埃共和国中央苏维埃组织法》《工农检察部的组织条例》《中华苏维埃共和国军事裁判所暂行组织条例》《裁判部的暂行组织及裁判条例》等。设立侦查预审机关的主要法律依据有：《处理反革命案件和建立司法机关的暂行程序》《国家政治保卫局组织纲要》《中华苏维埃共和国中央执行委员会关于肃反委员会决议》等。设立司法行政机关的主要法律依据是《中华苏维埃共和国中央苏维埃组织法》。设立劳动感化院的主要法律依据是《劳动感化院暂行章程》。

司法机关设立的法定性，使司法机关的活动具有了权威性，有助于贯彻执行苏维埃的各项法律法令。更重要的是，依法设立司法机关，同时也是对司法机关的一种监督制约，通过法律确保司法权的正确行使。中央苏区时期，肃反扩大化问题得到很大程度上的纠正，这与依法设立并规范司法机关的活动有着密切的关系。

第三节　中央苏区司法机关工作开展情况

中央苏区根据形势发展，逐步建立起相对完备的司法机关和司法程序，开始了法制建设的探索和总结。各专门的司法机关按照司法程序审理案件，使苏维埃司法工作顺利地开展起来，在镇压反革命、维护革命秩序、保护革命群众的合法权益等方面发挥了重要作用，同时，为新中国成立后法制建设积累了大量的司法经验。

一、中央苏区司法行政工作开展情况

《处理反革命案件和建立司法机关的暂行程序》颁布后，中央司法人民委员部于 1932 年通令各级苏维埃政府建立裁判部。中央苏区各省根据通令，建立了省、县及部分区裁判部，中央直属县瑞金建立了县、区裁判部。同时，在苏维埃共和国的其他省、县、区以及新区、边区也先后建立了大量的裁判机关。

加强苏维埃共和国司法机关建设，推进审判工作开展，加强司法行政管理、规范司法程序、指导裁判机关依法办案便成为当务之急。为了使各级裁判机关工作有法可依、有规可循，依中央司法人民委员部的请求，中央执行委员会先后颁布了《军事裁判所暂行组织条例》《裁判部的暂行组织和裁判条例》等，各级裁判机关依此组织法和程序法开展组建裁判机构，开展审判工作。为使各级裁判机关公文规范统一，中央司法人民委员部先后制作和颁发了案卷、审判记录、判决书、传票、拘票、搜查票、预审记录、工作报告表、搜查记录等各种表式，以备各级裁判机构办理案件之用。至 1932 年 10 月，各级裁判部都一律使用上述公文形式，各级裁判部的公文案卷已有了很规范的次序。中央司法人民委员部还颁发了《劳动感化院暂行章程》，对劳动感化院的人员配备、内部机构的设置及其职能等作了详细的规范。至 1932 年 10 月，江西、福建省及瑞金县的裁判部都建立了规范的看守所和劳动感化院，初步建立了司法判决的执行机关。

为了推动与指导苏维埃的审判工作，中央司法人民委员部于 1932 年 6 月在瑞金召集江西省、福建省县以上的裁判部和瑞金县、区裁判部部长联席会议①。会议全面总结了裁判部的工作，指出在猛烈发展革命战争的时期，苏维

---

① 《裁判部长联席会议的经过》，《红色中华》1932 年 6 月 23 日。

埃的一切工作都应以发展革命战争为中心任务，司法机关也应如此，把适应战争、服务战争作为司法机关的中心任务。同时规定了裁判部的中心任务是：保障苏维埃政权及其各种法令的实施，保证革命的胜利。会后，中央司法人民委员部组织到会的各级裁判部部长旁听了瑞金县裁判部审判案件的全部过程，学习了瑞金县裁判部审判工作的经验。

从此，苏维埃的审判工作走上了正轨并全面展开。各级裁判机构以适应革命战争的需要为己任，把镇压反革命及其他刑事犯罪分子，保护人民群众合法权利，巩固工农民主专政，保卫苏维埃法律法令实施，作为自己的中心工作任务。在审判工作中，基本纠正了中央政府成立前肃反工作中存在的不分阶级、不分首要与附和、处置不分轻重，在审讯方法上偏重刑讯、轻信口供，没有侦查工作，不注意吸收证据和材料的错误倾向，坚决执行了苏维埃中央政府正确的肃反路线。在处置案件时，开始注重阶级成分，注重区别首要和附和，坚决废止肉刑，不轻信口供。预审机关注意立案侦查与收集证据材料，把握好预审环节。裁判部重视预审机关所搜集到的证据和材料，认真核对，经裁判部检察员预审后，由裁判部的裁判委员会讨论研究审判案件的原则等问题，然后组织法庭依法审判。

中央司法人民委员部经常派遣经过专门训练的司法人员，到苏区福建省以及江西省的瑞金、石城、会昌等地方指导工作。派工作团到新建立的省、县、区苏维埃政府帮助建立裁判部、培训裁判工作人员；到新开辟的苏维埃区域和边区帮助当地苏维埃政府建立审判机关；派工作团到红军中去帮助建立各级军事裁判所；派工作团帮助建立瑞金初级军事裁判所，以处理中央政府附近各部队的案件。中央司法人民委员部还经常组织工作团到老苏区各级地方裁判部检查工作，根据需要和可能，不断地为他们充实司法队伍。同时，各省裁判部也常常派专人到所辖各县裁判部指导工作，各县裁判部则常派人到所辖各区裁判部指导工作。

为了加强指导，发挥模范效应，中央司法人民委员部有意把瑞金县裁判部训练培养成为模范裁判部。指定专人出席瑞金县裁判部会议，指定专人去瑞金县各区裁判部指导工作，派得力干部担任瑞金市裁判科的工作，把瑞金市裁判科作为中央司法部工作人员实习的场所，把瑞金市裁判科法庭培养成为模范法庭。在中央司法部和临时最高法庭直接领导关怀下，瑞金县裁判部工作走在了前面。他们对于反革命案件及其他刑事案件立案及时，注重侦查收集证据，庭审准备充分，严格按审判程序审判。经他们审理的案件，极少有使用法律不当、量刑不准的情况。

中央司法人民委员部还采用实习工作方式和开办短期训练班方式培养造就了大批合格的司法干部，不断加强中央苏区司法队伍建设。

采取灵活的"跟班实习"工作方式，锻炼司法队伍。由区裁判部的工作人员调到县裁判部学习和工作，由县裁判部的工作人员调到省裁判部学习和工作，由省裁判部的工作人员调到中央司法部学习和工作。学习一段时间后，仍旧各自回到原裁判部工作。坚持经常性的实习工作方式，不断提高各级裁判部工作人员的水平，从总体上提升了各级裁判部的工作水平。

短期训练班主要有以下方式：一是中央司法人民委员部开办短训班，培养一批新的司法干部，到新区、落后地区、边区去帮助当地苏维埃政府组织与开展裁判部工作。此班学制为两个星期，训练班的学生由各区选派一人。二是指令与指导江西、福建两省的省裁判部开办县一级裁判部工作人员训练班、区一级裁判部工作人员训练班、各级裁判部书记员训练班，以提高各种司法人员的水平。每班培训期 10 天。三是指令与指导闽赣、粤赣两省裁判部举办县裁判部及中心区域裁判部工作人员训练班，每期 10 天，以提高这些司法人员的水平。四是在实际工作中有计划地训练中央司法人民委员部的工作人员。在机关工作的时候，每天给他们一定的时间用于学习；每次出去巡视工作回来，都给他们几天的时间用于训练。在这样的学习、训练中，造就司法干部。五是建立各级司法机关工作人员的委任制，不使他们随便调动，保持司法队伍的相对稳定，以此造就一批技术水平较高的专门司法工作人员。六是开办军事裁判所训练班，以充实初级军事裁判所的工作人员。

二、中央苏区审判工作开展情况

（一）临时最高法庭和最高法院的自身审判工作开展情况

临时最高法庭是中华苏维埃共和国法制建设的一个重要部分，为年轻的苏维埃政权提供了高效的司法服务，为苏维埃共和国的政通人和、安居乐业的社会环境提供了较好的司法保障，树立了苏维埃法制机关的权威。

临时最高法庭成立后不久，即于 1932 年 2 月 25 日、26 日第一次开庭审判一起重大反革命案，主审人是何叔衡，陪审人为梁柏台、万家林，书记为欧阳毅、何秉才。法庭设于中央政府大会场。2 月 25 日上午 9 时，开始审判反革命案曹××（女）、孔××、陈××三人。首先由国家原告楼梦侠向法庭控诉三位被告的犯罪事实，经过国家保卫局以各种事实证明（举证），结合被告口供，临时最高法庭根据中央执行委员会第六号训令，按照阶级成分、首要与附和，对本案作出判决。判处曹××监禁2年，监禁期满时再剥夺选举权5年；判处孔××监禁1年6个月，监禁期满时再剥夺选举权5年；判处陈××监禁3年，并永远剥夺选举权。判决为终审判决，被告人无上诉权[①]。

　　瑞金四区白露乡第一、第二两村，因开陂水问题，一直被毛姓少数土劣把持久未解决，导致仅第二村毛姓等千余担谷田灌溉有水，而白露乡第一村和合龙乡3000余担谷田无水灌溉。自苏维埃成立后曾经县苏解决，但第二村毛姓仍有少数分子，利用封建迷信，煽动落后群众恃强阻碍。同时，合龙乡群众因春耕需该陂水十分迫切，重向中央政府提出控告。中央政府即派人前往该乡调查，并于1932年3月8日协同县苏、区苏和白露、合龙两乡群众讨论，打破迷信恶俗，由双方决定仍然继续开陂水。但陂水开后至3月底，毛姓少数分子又违约将水圳捣毁，故意妨碍水利，违犯土地法令。白露、合龙两乡，向最高临时法庭控告，于是，同年4月，中央临时最高法庭主席何叔衡亲自到瑞金县，会同县裁判部组织巡回法庭，召集区负责人及两乡开会，争取毛姓大多数群众的支持，妥善处理白露、合龙两乡的水利纠纷，使案件得到及时合理的处理。[②]

　　1932年5月9日，临时最高法庭对于瑞金县裁判部裁决死刑的上诉案开庭复审。该案是1932年5月5日瑞金县裁判部开庭审判的谢步升一案：谢步升犯有贪污公款三千多毛，私吞打土豪的东西，为报私仇滥用村苏维埃主席职务杀害一名民众，盗窃中央政府管理科印章私开牛条进山卖牛，卖掉自己老婆等罪。另外，1927年南昌起义部队南下广东途经瑞金时，谢步升图财害命杀死叶挺、贺龙部的医官。谢步升犯有数罪，瑞金县裁判部将数罪并罚，判处死刑。谢步升犯不服判决上诉到临时最高法庭。临时最高法庭组织了由主审梁柏台，陪审员邹武、钟文芳，书记李柏钊、何秉才组成的刑事法庭，于1932年5月9日开庭复审。经由国家原告人陈子丰、张振芳的控告，主审审问被告人，法庭辩论，最后经合议庭评议作出驳回谢步升的上诉、维持原判的判决。[③]

　　据不完全统计，自1932年2月至1934年2月两年内，临时最高法庭审理

---

① 赣州市中级人民法院编，彭光华主编：《人民司法摇篮——中央苏区人民司法资料选编》，2006年版，第88页。
② 《瑞金白露乡陂水问题》，《红色中华》1932年4月6日。
③ 《临时最高法庭判决书第五号》，《红色中华》1932年6月2日。

和复核了有关刑事、民事、军事案件等 2000 多件 [①]。

1934 年 2 月 17 日《中华苏维埃共和国中央苏维埃组织法》颁布，规定在中央执行委员会下设最高法院，同月最高法院成立，临时最高法庭自行解散。原临时最高法庭主席董必武担任最高法院院长。

据不完全统计，最高法院在 1934 年 2 月至 10 月中央红军长征前止，前后审理和复核了有关刑事、民事、军事案件 1000 余件 [②]。其审理影响最大的案件，是遵照中央执行委员会命令，组织最高特别法庭，依法定程序开庭审判原中央执行委员、于都县苏维埃政府主席熊仙璧和原中央执行委员、工农剧社社长兼中央教育部艺术局副局长洪水的贪污渎职犯罪案件。

最高法院遵照中央执行委员会命令，以最高法院院长董必武为主审，何叔衡、罗梓铭为陪审，李澄湘、邹沛甘为书记，以梁柏台为最高特别法庭临时检察长，组织特别法庭，于 1934 年 3 月 25 日开庭审理渎职贪污的被告人熊仙璧。熊仙璧又名石长，年 31 岁，于都县罗坳乡人，成分贫农，原中央执行委员、于都县苏维埃政府主席，1934 年 3 月 6 日被逮捕。经法庭审理查明，被告人熊仙璧犯有三个方面的罪行：一是对反革命分子纵容。熊仙璧在领导于都县苏工作时，反革命大肆活动，张贴反革命标语，殴打政府工作人员，抢夺保卫队枪械，甚至反革命分子混到政府机关中活动，曾经群众告发或捉送到县苏的，被告人亦没有迅速地处置。二是不执行上级命令。对中央决定和命令一贯的采取消极抵抗态度；对推销公债，收集粮食，修路计划及赤色戒严，从来不去检查；更有些命令不曾在县苏讨论，甚至关起机关门来，放弃工作。三是贪污和包庇贪污。强借公家 50 元（银元）交给家中做生意，影响县市区大部分工作人员做投机生意，放弃工作，造成全县的市侩作风；私运大批米谷到白区，影响群众生活，违犯苏维埃的基本原则；包庇贪污，对县军事部大贪污案久延不决。

法庭认为，被告人身为县苏主席，自应竭尽智能，遵守苏维埃法纪为群众表率，却竟敢放弃职务，图利自己，纵容反革命分子，包庇贪污，玩忽政府法令，已构成渎职罪。又强挪公款去做生意，破坏国家财政，兼犯贪污罪。为肃清苏维埃机关中的害虫，开展反渎职贪污的斗争，保障革命战争的全部胜利，

---

① 赣州市中级人民法院编，彭光华主编：《人民司法摇篮——中央苏区人民司法资料选编》，2006 年版，第 254 页。

② 赣州市中级人民法院编，彭光华主编：《人民司法摇篮——中央苏区人民司法资料选编》，2006 年版，第 254 页。

对被告人之渎职贪污犯法行为，判处监禁 1 年，刑期从 1934 年 3 月 6 日起到 1935 年 3 月 5 日止。期满后剥夺公民权 1 年，判决无上诉权。①

临时最高法庭或最高法院依法开庭审判触犯中华苏维埃共和国刑律的中央执行委员，惩办党政机关的腐败分子，显示了苏维埃法律的尊严与效力，体现了国家专政机关的极大权威性和苏维埃公民在法律面前人人平等的原则性。虽然，最高特别法庭在今天的法院体系中已经消失，但是，法律面前人人平等的原则体现得更为明显。因为任何人，不论贫富贵贱都在同一法院体系中参加诉讼活动，无须针对职务高低而特设审判组织。

（二）临时最高法庭和最高法院对各级裁判机关的审判业务指导

临时最高法庭和最高法院成立后，一方面认真履行最高审判机关的职权，审理属于自己职权范围内的案件，主要是审理中央执行委员会以外的高级机关职员在执行职务期间的犯法案件。同时，根据需要对国家的法律作出法定的解释。审理了大量不服中央直属县裁判部、中央直属市裁判部、各省裁判部或高级军事裁判所的判决而上诉的案件，审理检察员不同意中央直属县裁判部、中央直属市裁判部、各省裁判部或高级军事裁判所的判决而提起抗诉的案件。以"批示""训令"等方式指导和节制各类各级审判机构的审判工作，促进了整个中央苏区司法水平的不断提高。临时最高法庭或最高法院对各省裁判部、中央苏区各县裁判部、中央直属县裁判部、高级军事裁判所等报送的判决案件及判决书一一给予审核批复。临时最高法庭主席何叔衡（后为最高法院院长董必武）对那些事实清楚、证据确凿、适用法律正确、量刑准确、处罚得当的判决案件，一律批准并令其执行；对那些事实不大清楚、证据不足，或适用法律不当、量刑不准确，或不分阶级成分、不区分轻重、不分主犯从犯的不当判决，一律发还原裁判部并令其依第一审的程序重审。对于那些上诉到临时最高法庭的案件，临时最高法庭一律复审。对于那些证据确凿、适用法律正确、量刑准确的判决维持原判，发回原审判单位执行；对于那些证据不充分、适用法律有误或量刑不准的上诉案件，一律依法改判，并通告原审判机关按临时最高法庭改判后的判决执行。

同时，对于每例审批、复判的案件，他们都写出具体的书面批复意见，特别是对那些有误的判决，还亲自一一附函给案件的原审判机关，详细具体地

① 《中华苏维埃共和国最高特别法庭判决书特字第一号》，《红色中华》1934 年 3 月 29 日。

指出案件的判决错在哪里、怎样改正等。如 1932 年 4 月 20 日临时最高法庭发布的第二号训令，是关于纠正江西省裁判部成立后于 1932 年第一次开庭审判的反革命案件的第一号、第二号判决书中的错误和缺点的训令。江西省裁判部的判决书中关于省裁判部的判决是"最后判决"及"经其审判的死刑犯无权上诉"的判决，违反了中央执行委员会于 1931 年 12 月 13 日颁布的《处理反革命案件和建立司法机关的暂行程序》中关于中央苏区附近的省司法机关作死刑判决后，被告人在 14 天内有权向中央司法机关上诉的规定；判决书中关于剥夺被判决监禁的被告人选举权的期限起始日期"从监禁之日起"，对被告人的判决使用含混不清的"着予处决"的判词都是不正确的。此外，把与犯罪事实没有密切联系的几个被告人统一放在一个判决书内的做法是不适当的。对于以上两份判决书中存在的错误，临时最高法庭主席何叔衡一一给予纠正。他在临时最高法庭第二号训令中指出：该两案的判决只在该本级裁判部是最后的，但该两案的被告人在 14 日内应有上诉权，中央执行委员会第六号训令第二项内已明白的规定。关于剥夺选举权一项，应从监禁期满之日起算，至于监禁期内，被告人自然无从行使选举权。判决书第二号中的"'着予处决'字样究竟是着予处决监禁？还是着予处决枪决？以后的判词应有极端明显性不能稍带含混性"。制作判决书时，"每一案件，除几个被告人在犯罪的事实上有密切的联系，可共作一个判决书外，其余均宜缮为单独的判决书"。①

临时最高法庭通过依法审核瑞金县裁判部 1932 年 5 月 24 日审判的朱多伸死刑案的判决，认为定性错误而不予批准，认为瑞金县裁判部错把一般刑事案作为反革命重案判处死刑。临时最高法庭主席何叔衡在 1932 年 5 月 26 日的批示中指出："瑞金县苏裁判部第二十号判决书关于朱多伸判处死刑一案不能批准。朱多伸由枪毙改为监禁两年。根据口供和判决书所列举的事实，不过是贪污怀私及冒称宁、石、瑞三县巡视员等，是普通刑事案件，并非反革命罪。且朱多伸曾组织游击队，参加过革命，又年已 72 岁，因此减死刑为监禁。"②

在临时最高法庭指导下，省、区、市裁判机关及各军事裁判所的审判工作水平有了很大提高，处置不当的案件逐步减少。司法经验逐渐丰富，案件质量逐步提高。

---

① 《临时最高法庭训令第二号》，《红色中华》1932 年 4 月 21 日。
② 《临时最高法庭批示法字第十七号》，《红色中华》1932 年 6 月 2 日。

（三）中央执行委员会对司法工作的指导

中央执行委员会对于一些法律、法规、条例等进行了解释，除复函给有疑问的干部外，还在中央政府机关报《红色中华》上公开发表，使更多的人了解有关法律的含义，推动了审判工作的开展。

1932 年 2 月 1 日，中央执行委员会颁布了《军事裁判所暂行组织条例》，同日发布了命令，命令中央革命军事委员会接到此命令之后，即转各级红军部队及地方武装指挥部，按照《军事裁判所暂行组织条例》的规定，组织军事裁判所，以审理红军及红军作战地带居民的犯法案件。

在红军中建立军事审判机关，对于军事指挥员来说，是一项开创性的工作。有些指挥员对于《军事裁判所暂行组织条例》中的一些原则如何理解，需要中央执行委员会给予解释。时任红十二军政治委员兼任福建军区政治委员的谭震林，于 1932 年 3 月 27 日上书中央人民委员会，就他在部队建立初级军事裁判所的实际情况，请求中央政府具体解答他对于《军事裁判所暂行组织条例》中的 18 个疑难问题。中央人民委员会立即把信转呈中央执行委员会。中央执行委员会于 1932 年 4 月 4 日复函谭震林，就他提出的有关问题，作了详细解答。中央执行委员会把复函与谭震林给中央人民委员会的信一并刊登在 1932 年 4 月 6 日出版的《红色中华》第 16 期上，以解决更多人的疑问。

关于政治犯的审判权问题，复函指出：对于政治犯应当包括在刑事犯中，应归初级军事裁判所审理。关于审判死刑权问题，复函指出：初级军事裁判所有判处死刑之权，但判决的执行，须报上级裁判所批准。关于军事指挥员与军事裁判所的关系及裁判所的所长、裁判员的任期问题，复函指出：军事裁判所、军事检查所各自有其组织系统，不隶属于军队，独立行使职权，军队各级政治机关与政治委员无权干涉，军事指挥员无权专任与兼任裁判所与检查所职务；军事裁判所的所长、裁判员无一定任期，其署名或撤换均属于上级军事裁判所。关于军事裁判所是否聘请法律顾问的问题，复函指出：目前一切裁判，是依照中央政府所颁布的法令训令等为根据，每个裁判员必须要了解中央各种法令训令，裁判所没有聘请法律顾问之规定。关于陪审员的选举及职权问题，复函指出：陪审员由士兵选举产生，每次选举时多选几个，以备法庭每星期更换一次。陪审员不担任主审，不主持法庭，主审由组成法庭的军事裁判所所长或裁判员担任。

经过中央执行委员会的解释，各级军事指挥员对于《军事裁判所暂行组织条例》有了深刻的理解，正确地处理了军队与军事裁判所、军事检查所的关系。在军队各级指挥员的支持下，各级军事裁判所、检查所先后建立了起来，行使了职权，及时审理了红军及红军作战地带居民的犯罪案件，从而保证了红军指战员及工作人员的合法权利，维护了红军铁的纪律，维护了红军作战地带居民的合法权利与革命秩序。

（四）地方各级司法机关的审判工作

1931 年 12 月 13 日，中华苏维埃共和国中央执行委员会第六号训令《处理反革命案件和建立司法机关的暂行程序》颁布后，各地开始着手设立各级裁判部，但由于缺乏干部，懂得裁判工作的人很少，所以直至 1932 年 3 月才实际开始建立裁判部的工作，6 月各级裁判部才完全建立。至此，在中央苏区各省建立了省、县及部分区裁判部，在中央直属县瑞金建立了县、区裁判部。同时，在苏维埃共和国的其他省、县、区以及新区、边区也先后建立了大量的裁判机关。至于各级军事裁判机关的建立，则要稍后一些。为保障红军指战员及军事工作人员的权利，维护红军纪律，中华苏维埃共和国中央执行委员会先后颁布《中华苏维埃共和国军事裁判所暂行组织条例》和《地方苏维埃暂行组织法（草案）》，先后在红军内建立各级军事审判机关：初级军事裁判所、阵地初级军事裁判所、高级军事裁判所和最高军事裁判会议。

各类各级裁判部（所），包含着两种性质：一方面管理司法行政的工作，另一方面负责审判工作。裁判部（所）的审判工作，是通过设于内部的刑事法庭、民事法庭和巡回法庭开庭审判刑事、民事或军事案件为履行职责的方式。对刑事案件组织刑事法庭审判或公审，对民事案件则组织民事法庭审判。各级裁判部（所）作为各级政府（或军队）的临时司法机关，产生于猛烈发展革命战争时期，一切工作都以发展革命战争为中心，以保障苏维埃政权及其各种法令的实施，镇压反革命及反苏维埃法令的反革命行动，肃清国内反动势力，巩固苏维埃政权为目标。

由于历史原因，当时地方各类各级裁判机关开展审判执行工作的材料保存较少，特别是有关总结性、统计性数据缺失，但从目前保存的有关资料也可推知一二。如，1932 年 10 月 24 日《中央司法人民委员部一年来工作》中记录，"全苏区各级裁判部 7、8、9 三个月所判决的犯人列举如下：一、枪决 ×××人；二、苦工的 399 人；三、监禁的 349 人；四、罚款的 141 人"。由此看出，仅仅三个月时间，各级裁判部就判决犯人近千人，效率是较高的。再如，1932 年 12 月 5 日的《福建省苏维埃裁判部报告》，对全省苏维埃裁判部当年工作情况进行了统计。福建省裁判部一年来案件审理情况：办理案件统计，土豪犯 33 件，政治犯 30 件，刑事犯 210 件，民事犯 74 件，总案件数 347 件；解决案件数分别为罚款 33 件、监禁的政治犯 19 件、刑事犯 82 件、释放劳苦工农 174 件，共结案 308 件，未结 39 件。各县裁判部办理案件情况：上杭县办理刑事案件 275 件、政治案件 2 件、民事案件 327 件、土豪案件 83 件；新泉县办理刑事案件 13 件、政治案件 2 件、民事案件 209 件；石城县办理刑事案件 42 件、政治案件 1 件、民事案件 58 件、土豪案件 40 件；永定县办理刑事案件 54 件、民事案件 53 件、土豪案件 41 件。①

由上述情况可以清楚地看出，地方各级审判机关建立以后，即依法行使了职权，遵照中央执行委员会发布的司法命令、法令、条例，在调查研究的基础上，进行了大量的审判实践工作，取得了很大成绩，有效地打击了各种反革命分子，惩处了其他刑事犯罪分子，调处了群众内部矛盾纠纷，有力地保障了苏维埃公民的合法权益，维护了苏维埃革命秩序，巩固了苏维埃政权。

总之，中央苏区时期，各级苏维埃司法机关，紧密配合，开拓创新，在探索依法治理苏维埃国家的实践中，在立法、执法、监督与法制教育等方面，都做了大量的奠基工作。初步建立了以《中华苏维埃共和国宪法大纲》为基础的苏维埃法律体系，初步建立了较为完善的司法机关组织体系与司法程序，查处和审判了大量的反革命案件和其他刑事犯罪案件，有力地支持了革命战争，巩固了工农民主专政政权，保障了广大民众的合法权利，为以后的革命根据地及新中国的司法工作提供了十分宝贵的经验。

---

① 《福建省苏维埃政府裁判部报告》,《红色中华》1932 年 12 月 5 日。

第五章
中央苏区的诉讼制度与程序

第一节　中央苏区诉讼制度的主要内容

随着革命根据地的扩大，刑事、民事案件的增多，中央苏区各级苏维埃司法机关面临着繁重的审判任务。为提高审判质量和审判效率，中央苏区各级苏维埃政权从完善诉讼制度着手，先后制定了《中华苏维埃共和国司法程序》《裁判部的暂行组织及裁判条例》《军事裁判所暂行组织条例》《中华苏维埃共和国中央执行委员会关于处理反革命案件和建立司法机关的暂行程序》《中华苏维埃共和国司法人民委员部关于没收犯人的财产和物件的手续的命令》等重要诉讼法律法规，发布了中央司法人民委员部《对裁判机关工作的指示》和《废止肉刑问题》等多部程序指导文件，全力构建公正、公开、效率、平等和保障人权的诉讼制度。

一、公开审判制度

中国共产党建立的苏维埃政权，在司法制度的建设和实践上，一开始就借鉴了人类法律文明的成果，冲破中国几千年来的封建人权束缚，顺应人民的要求，确定了"公开审判"制度，并得到了成功的实施。《中华苏维埃共和国裁判部的暂行组织及裁判条例》规定："审判案件必须公开，倘有秘密关系时，可用秘密审判的方式，但宣布判决之时，仍需作公开。"中央苏区的"公开审判"制度被赋予了深刻、真正法律意义的内涵。

1. 审判前预告。在开庭审判前，法庭广泛通告开庭信息，吸引广大人民群众来参加旁听。中央司法人民委员部的《对裁判机关工作的指示》规定：解决任何案件，要注意多数群众对于该案件的意见；在审判案件时，要吸引广大群众来参加旁听审判。《中华苏维埃共和国裁判部的暂行组织及裁判条例》第8条也规定：在开庭公审案件之前，应将公审案件挂牌通知群众，并通知各革命团体。从以上规定来看，中央苏区为使审判活动真正能够接受群众监督，在审判前的准备环节中，设立了开庭预告程序。开庭时间一旦确定后，必须向群众通告，并作为审判程序的重要内容。通告的内容主要包括开庭的时间、地点、被告人姓名及涉嫌触犯的罪名。预告程序的设立，确保群众能够掌握开庭信息，保障了人民群众对案件审判的知情权。

2. 审判中群众临场监督并依法参与。在庭审中，既允许人民群众旁听，也允许旁听群众发言。《中央司法人民委员部关于对〈裁判部的暂行组织及裁判条例〉的解释》规定：允许广大人民群众旁听我们审判案件，这是我们中央苏区政权的本分，能使群众支持我们审判案件，也有利于让群众掌握法律，并自觉遵守，从而维护中央苏区的秩序。同时，中央司法人民委员部的《对裁判机关工作的指示》还规定：案件审判时，旁听群众发言的，只要是揭发被告人犯罪的，或者道出一些有关帮助法庭审理案件情况的，都应当允许。可见，中央苏区司法制度明确确定了群众参与审判活动的思想，这也是司法工作走群众路线的具体体现，有利于法庭更准确地查明犯罪事实，也有利于人民群众监督审判活动，确保案件的公正审判。

3. 确保被告人对审判过程充分知情。中央苏区的诉讼制度充分保障当事人参与到审判活动之中，并保障被告人对审判活动的全过程充分知情。一是在开庭时间确定后，提前告知犯罪嫌疑人开庭的时间，并告诉其作好辩解、辩护准备；二是在审判过程中，对被告人的犯罪事实和犯罪证据，一一在法庭列举，使被告人入心入脑，心服口服；三是法庭的法律适用活动也让被告人明了，严加指出被告人的行为触犯了什么法律，构成何罪，有没有从宽处理的情节。中央司法人民委员部的《对裁判机关工作的指示》指出：解决各类案件，都应搞清全部事实，并一一严加指出，使犯人明白自己真正背叛了人民，犯了罪。同时，该《指示》还指出：审判前应预先向被告人告知开庭时间，要被告人作好准备，使他在开庭时能更好交待问题。

4. 宣判时充分公开。中央苏区的诉讼程序除充分体现了公开审的特点，还充分体现了公开宣判的特点。中央司法人民委员部的《对裁判机关工作的指示》指出：既审之后，应多贴布告，多作判决书。闽浙赣苏区要求把判决书发布在省苏机关报《工农报》上。《中华苏维埃共和国裁判部的暂行组织及裁判条例》规定：任何案件均需公开审判，即使是秘密案件，在宣告判决时，也要公开进行。可见，中央苏区司法制度将公开宣判置于十分突出的地位。同时其公开宣判的内涵也非常深刻：首先是先行预告，何案何时宣判，先向社会公告，使群众作好旁听准备；其次选择好宣判地点，宣判案件时不但必须使当事人到场，而且还要组织很多群众到场旁听。

5. 注重巡回审判。中央苏区基于查明案件事实和教育群众的需要，十分重视到案件的发生地去开展审判活动，把开展巡回审判作为一项重要的诉讼原则。中央司法人民委员部的《对裁判机关工作的指示》指出：要多组织巡回法庭到出事地点去审判，教育群众。《中华苏维埃共和国裁判部的暂行组织及裁判条例》也规定：应多组织巡回法庭到案件的发生地点审判，以吸收当地广大群众参加旁听。而且对旁听人员的数量也有具体的要求。该《条例》规定：除召集该地全乡或全村全体群众外，并应从同区的每乡或每村群众中推选代表2至3人来参加旁听。

中华苏维埃共和国重视公开审判，通过公开审理作出公正判决，充分发挥法律的功能作用，向当事人和人民群众昭示：犯罪行为或者其他违法行为，必定要受到法律的制裁，使广大人民群众通过参加旁听，了解中华苏维埃共和国的法律规定，了解中国共产党的政策，深刻体会到中国共产党领导的审判机关和国民党反动派把持的司法机关的不同本质，并使广大人民群众自觉遵守中华苏维埃共和国的法律，以实际行动支援战争，服务中央根据地经济建设和社会建设。

二、巡回审判制度

巡回审判制度是苏区人民群众在司法实践中创造的崭新的审判方式。1932年6月9日，中央执行委员会发布的《裁判部的暂行组织及裁判条例》第12条规定："各级裁判部可以组织巡回法庭，到出事地点去审判比较有重要意义的案件，以吸收广大的群众来参加旁听。"[1]1933年12月12日颁布的《中华苏维埃共和国地方苏维埃暂行组织法（草案）》第151条规定："各级裁判部之下，组织刑事法庭、民事法庭，有必要时可组织巡回法庭"，"至于巡回法庭，则到出事地点去审判比较重要的刑事与民事案件，以便吸收出事地点及其附近的广大群众来观审"[2]。中央司法人民委员部的《对裁判机关工作的指示》指出：要多组织巡回法庭到出事地点去审判，教育群众。从这些规定可以看出，巡回

---

① 瑞金县人民法院编:《中华苏维埃共和国审判资料选编》，人民法院出版社1991年版，第52页。

② 瑞金县人民法院编:《中华苏维埃共和国审判资料选编》，人民法院出版社1991年版，第4页。

审判的主体是巡回法庭（各级），方式是就地审判（案发地），审理的案件是比较有重要意义的刑事、民事案件。这种制度的推行，使苏区审判能够更加深入基层，深入群众，依靠群众查清案情，迅速及时地处理案件，扩大司法教育群众、威慑敌人的作用。苏区巡回审判制度得到了毛泽东的充分肯定，他在"二苏大会"的报告中指出："苏维埃法庭的群众化，即苏维埃法庭的制裁反革命，应该同广大群众的肃反斗争联系起来，现在更加进步了，巡回法庭的普遍使用就是证明。"后来陕甘宁边区法制建设中著名的"马锡五审判方式"就是对苏区巡回审判制度的继承和发展。

三、人民陪审员制度

中央苏区建立了适应根据地革命、建设需要，并符合人民愿望的人民陪审员制度。该制度比较完善，符合实际，具有很强的操作性。中央苏区的陪审员制度可分为两个不同的系列，一个是军事陪审员制度。《军事裁判所暂行组织条例》规定：军事法庭实行陪审员制。陪审员应由士兵选举出来，每周改换一次，可在陪审期间摆脱士兵义务，陪审终了，归原单位工作。《中央执行委员会关于对〈军事裁判所暂行组织条例〉的解答》又规定：陪审员不是主持法庭，但有权与裁判员共同商量，有提出处理意见的权利，而且是主要的一票。另一个是普通陪审员制度。《裁判部的暂行组织及裁判条例》规定："法庭由三人组织而成，裁判部长或裁判员为主审，其余二人为陪审员"，"陪审员由职工会、雇农会、贫农会或其他群众团体选举出来，每审判一次得换掉二人。无选举权（未满16周岁的人也包括在内）不得当选为陪审员。陪审员在陪审期间，得暂时解放他的本身工作，并需保留他原有的中等工资，陪审完了之后，仍回去做他原有工作。"该《条例》还规定：判决时以多数人的意见为准，如有争执时，按主审的意见判决，如陪审员坚持保留意见时，须将其意见报送上级裁判部作为该案的参考。中央苏区的军事陪审员制度与普通陪审员制度的不同点在于：一是陪审员产生的办法和范围不同。前者从士兵中产生，后者则从职工会、雇农会、贫农会及其他群众团体中选举出来。二是履行职务的时间长短不同。前者每周更换一次，在这一周内集中时间和裁判员一道共同组成合议庭审理各类案件；后者为一案一换和一审一换，每审判一次换掉二人。三是审理案件的范围不同。前者的陪审员只参加军队人员犯罪案件的审判，不能参加社会上犯罪案件和民事案件的审判；后者的陪审员只参加社会上发生的犯罪案件和民事案件的审判，不能参加军队官兵犯罪案件的审判。

四、辩护制度

中央苏区诉讼制度重视保障人权，建立了辩护制度。《裁判部的暂行组织及裁判条例》第 24 条规定：被告人有权获得辩护，在开庭审判时，被告人为了本身的利益可派代理出庭辩护，但须经法庭的许可。在《革命法庭的工作大纲》中还规定，"预审关于商业条例、劳动条例、土地法令的诉讼时，工农穷人可以请托检察处代为辩护"。《川陕省革命法庭条例草案》规定："工农劳动民众以自己的志愿，经过革命法庭的许可，可以委托一个或几个辩护人，为自己辩护，必须是劳动者有公民权的人才有资格当辩护人，一切剥削分子没有担负辩护人的资格"[①]。以上规定诠释了中央苏区辩护制度的基本法律精神，体现了诉讼程序民主化、科学化。其主要精神可以概括为以下三个方面：

1. 被告人有自行辩护的权利。在中央苏区，任何人从他被指控犯罪时起，就有自行辩护的权利。有权对控诉进行反驳、辩解，说明自己无罪或罪轻，应当减轻处罚或免除处罚。被告人的自行辩护权不受诉讼阶段的限制，即不论在侦查、预审阶段，还是在审判阶段，都享有自行辩护的权利。

辩护权是中央苏区刑事诉讼中被告人的基本权利，没有辩护权，被告人的其他权利就会失去其存在的价值。

2. 被告人有委托辩护人的权利。被告人有权委托他人出庭为自己辩护，这是中央苏区辩护制度重中之重的内容。这一制度的设立，体现了中央苏区刑事诉讼遵循控辩平衡理论。在国家提起公诉的刑事诉讼中，被告人处于弱势地位，在那个时候，被告人有可能因为对刑事法律一无所知，或者因为面对公诉机关的公诉和审判机关的审判而紧张和害怕，使自己无法正常发挥辩解，因此只有委托他人来帮助辩护，才能更好地围绕自己有罪还是无罪、罪重还是罪轻来与公诉人展开辩论，使法庭更准确地作出判断。如果没有委托辩护制度，控辩就会失去平衡，审判的公正性也更难以保证。

3. 司法机关有保障被告人获得辩护的义务。在刑事诉讼中，司法机关始终处于主导地位，诉讼参与人的诉讼权利能否有效而正确地行使，关键在于司法机关的保障和指导。从主体之间的权利与义务关系来讲，诉讼参与人享有权利，同时也就意味着司法机关要承担相应的义务。因此，中央苏区刑事诉讼制

---

① 韩延龙、常兆儒编：《中国新民主主义革命时期根据地法制文献选编》第 3 卷，中国社会科学出版社 1981 年版，第 248 页。

度在规定被告人享有辩护权的同时，也相应规定了司法机关有保证被告人获得辩护的义务。如《裁判部的暂行组织及裁判条例》第 26 条规定：对犯罪者审判前或者预审时，有必要告诉他可以委托合适的人帮助辩护。《中华苏维埃共和国司法人民委员部关于对裁判机关工作的指示》也规定：要允许犯罪者请他人来帮助其辩护。

中央苏区建立的辩护制度，一方面体现了苏维埃政权的反帝反封建性质，另一方面表明了中央苏区司法制度以追求司法公正为价值取向。因为设立这一制度，并不是为了宽纵罪犯或使犯罪分子得以逍遥法外、逃脱处罚，而是为了司法机关兼听各方的意见，做到客观全面地了解案情，正确适用苏区法律，以防止发生无罪的人受到刑事追究、轻罪的人受到重判等错误现象。

当然，中央苏区的辩护制度也存在一些不足，主要是设立辩护人的身份要件有违辩护的价值。如，规定被告人可以请检察处代为辩护。检察处作为公诉机关，履行的是指控犯罪的职能，若又委托检察处派员帮助被告人辩护，其作用显得自相矛盾，其结果也不能真正履行好辩护职能。又如，中央苏区的法律还规定："必须是劳动者有公民权的人才有资格当辩护人"。这一规定过于笼统，辩护人的条件过于宽泛，缺乏了辩护的专业性要求。

五、回避制度

中央苏区司法程序也设立了具有特别意义的回避制度。根据《裁判部的暂行组织及裁判条例》第 3 章第 19、39 条规定，与被告人有家属和亲属或私人关系的人（含陪审、主审）不得参加审判该被告人的案件，裁判员若代行检察员的职务，担任过预审工作，在法庭审判该案件时，不得为法庭的主审和陪审。可见，中央苏区司法程序的回避制度具有以下三方面内涵：1. 回避理由法定。主要包括四种法定理由：一是陪审员、主审与被告人有家属关系；二是陪审员、主审与被告人有亲属关系；三是陪审员、主审与被告人有私人关系；四是裁判员曾担任该案的预审工作，代为履行过该案的检察职务。2. 回避对象明确。回避适用于案件的主审，也适用于案件的陪审员，同时也适用于预审人员。关于书记员是否适用回避，中央苏区司法制度没有作出明确的规定，但在中央苏区的司法实践中，也参照上述的规定执行。3. 回避的提出权由裁判部及诉讼参与人三方行使。依据中央苏区司法实践的通常做法，启动回避的途径主要有：一是自行回避，即预审员、主审、陪审员在自己负责办理的案件中，发现自己有应当回避的法定情形，而主动提出回避的要求；二是申请回避，是指当事人认为案件中的预审员、主审、陪审员有依法应当回避的情形时，向法庭要求与该案件有利害关系的办案人员退出案件的审判或预审。申请回避是当事人的一项重要诉讼权利，在中央苏区的刑事诉讼中，较好地保障了当事人行使这项权利；三是指令回避，是指预审员、陪审员、主审在自己承办的案件中有依法应当回避的情形，但其本人未提出回避，当事人也未申请回避，司法机关的领导发现后，决定令其回避。

中央苏区设定的回避制度，满足了诉讼程序内外价值的要求，在中央苏区得到了成功实施。但是由于这项制度的设定，受司法实践不充分等因素的制约，因此还存在一些缺点和不足：一是回避对象规定不够全面，如对书记员的回避没有作出明确规定；二是对回避的程序没有作出明确规定，如，对主审、陪审员、预审员的回避决定，分别应由谁作出，回避申请应当在什么期限内提出，违反回避制度的法律后果是什么，等等，都没有作出明确的规定；三是回避的法定理由规定得不够全面，对主审、陪审员、书记员、预审员担任过本案证人、辩护人等情形的，也没有规定为回避的法定理由。

六、人民调解制度

人民调解制度是中国共产党领导人民在革命根据地创建的、依靠群众解决民间纠纷、实行群众自治的一种组织制度。它是人民司法工作的必要补充和得力助手，是在中国古代民间调解的优良传统基础上，加以改造而形成的一种具有中国特色的纠纷解决制度，得到了国际上的极力赞誉，被称为司法制度中的"东方经验"。

人民调解制度，最早发端于第一次大革命时期的工农运动中①。当时，在共产党领导下的反对封建土地制度的农会组织和在一些地区建立的局部政权组织中设立调解组织，调解农民之间的纠纷。1921年，浙江萧山县衙前村农民协会章程中，规定了会员间有私人是非的争执，双方得报告议事委员，由议事委员调处和解。1922年，在中国共产党领导下的广东海丰农民运动中成立了"赤山约"农会，农会下设仲裁部，负责调处婚姻家庭、钱财债务、业佃、产业等纠纷。1923年1月1日，海丰总农会设立仲裁部，专门调解农会会员之间的纠纷，成为人民调解组织的最早萌芽。之后，广东、广西、江西、陕西、湖南、

---

① 曾宪义主编：《中国法制史》，北京大学出版社2000年版，第379页。

湖北等地建立的 2 万多个农会中，都设有调解组织。

土地革命时期，各革命根据地在建立苏维埃政权后，将人民调解制度以法律形式规定在政府组织法规中，开始了人民调解制度的法律化进程。1931 年 11 月，中华苏维埃共和国中央执行委员会第一次会议通过的《地方苏维埃政府的暂行组织条例》第 17 条规定，"乡苏维埃有权解决未涉及犯罪行为的各种争执问题"，标志着人民调解制度的初步形成。根据规定，苏区人民调解制度的主要内容有：

1. 调解的组织形式主要有民间调解、群众团体调解、政府调解、司法调解等。其中政府调解是调解的主要形式，按规定，乡和区两级苏维埃政府各设有负责解决群众纠纷问题的裁判委员 1 人。有的苏区政府如川陕省在苏维埃组织法中明确指出：村苏维埃直接负责"解决群众的纠纷，如借贷关系，各种争执"①。2. 实行村、乡、区逐级调解制度。村苏维埃政府遇有不能解决的纠纷，可移交乡苏维埃调解，乡苏维埃遇有不能解决的纠纷，可移交区苏维埃调解。3. 调解的内容以不涉及犯罪的民间纠纷为限，在调解纠纷的过程中，如遇到重大问题，有权向审判机关提出控告。4. 调解的原则是自愿、合法，不是诉讼必经程序。

苏区人民调解制度虽然尚未形成一套比较完备、确定的原则和程序，各方面还不是很成熟，但人民调解制度的建立和推行，及时解决了群众之间的大量纠纷，加强了群众的团结，促进了社会的稳定与和谐，有利于生产的发展，也方便了群众，节省了大量的人力、物力、财力，并对群众进行了法律法令政策的宣传，是苏区群众民主管理国家的一种尝试，是对苏区审判工作的重要补充。同时，它也为抗日民主政权和新中国人民调解制度的发展提供了基础性条件。

第二节　中央苏区诉讼制度的主要特点

通过前文对中央苏区主要诉讼制度的分析，我们可以看出，基于工农民主法制的性质和特征，中央苏区诉讼制度具有以下几个方面的鲜明特点。

---

① 张希坡、韩延龙主编：《中国革命法制史》，中国社会科学出版社 2007 年版，第 442 页。

一、体现了工农民主理念

作为工农民主法制的重要组成部分，苏区各项诉讼制度也以其工农民主的本质属性表明了自己同以往一切剥削阶级诉讼制度的根本区别。诉讼制度民主是司法民主的重要组成部分，是指各项诉讼制度设计充分体现人民的意志和保护人民的利益，充分保障当事人的人权，确保审判活动始终置于人民群众的监督之下的程序状态。诉讼制度民主是人类文明的共同追求，它经历了漫长的发展过程。在18世纪以前，无论是欧洲国家的教会审判和世俗审判，还是东方国家官吏审判，都是统治阶级专横、奴役人民的工具，其诉讼制度是封闭且又保守的，诉讼程序中充斥着残酷和不平等的烙印，当事人始终处于被支配的地位。在司法活动中，公民谈不上有任何公民权利可言。资产阶级革命取得胜利后，由于政治民主的迈进，诉讼制度的民主开始宣扬，"公平、公正、平等"等司法理念开始体现到资产阶级国家的法律制度上。但是由于受到其阶级利益局限性的影响，诉讼制度的民主性也无法真正实现。无产阶级革命的根本任务就是实现人民当家作主，建立真正的民主政权。

中华苏维埃共和国是一个工人和农民当家作主的政权，其政治制度充分体现了工农民主。根据《中华苏维埃共和国宪法大纲》规定：中华苏维埃共和国是工人和农民的民主专政的国家，苏维埃政权属于工人、农民、红色兵士及一切劳苦民众。在这一宪法精神的指引下建立的中央苏区各项诉讼制度，与工人和农民当家作主的苏维埃政权性质相适应，充分体现了工农民主理念。

1. 人民陪审员制度充分体现了民主性。陪审作为社会分享审判权力的基础手段，它"可以把人民本身，或至少把一部分公民提到法官的地位。这实质上就是陪审制把领导社会的权力置于人民或者一部分公民之手"。实行陪审制度，从职工会、雇农会、贫农会及其他群众团体选举出陪审员作为群众代表参与作为国家的重要管理活动的审判活动，行使与审判法官同等的权力，集中地反映了苏区诉讼制度的工农民主本质。

2. 公开审判制度充分体现了民主性。中央苏区的公开审判制度，是积极实践国家政权的民主性要求的又一个重要表征。公开审判制度的基本内涵就是公开审和公开判，将诉讼活动置于群众的监督之下。根据有关规定，开庭前应广泛通告，视情到案件发生地去巡回审判，吸引或组织广大人民群众旁听，多印布告张贴。这一切都集中体现了审判的阳光操作和着力提高审判的透明度。同时法庭对当事人充分履行告知义务，充分保障当事人行使诉讼权利，也表明了苏维埃法庭尊重人权。

3. 回避制度充分体现了民主性。在苏区诉讼中，申请回避既是当事人的一项重要诉讼权利，也是裁判员和陪审员的一项重要义务。设立这项制度的根本目的是防止裁判员和陪审员审理与自己有关的案件，从而产生不公正的裁判结果，损害当事人和广大人民的利益。因此，设立这项制度体现了苏维埃诉讼法律制度以保护人民群众利益为最高宗旨。同时保障当事人行使申请回避权，满足当事人在程序中的正当要求，也体现了苏维埃法律制度开明、开放和以人为本的思想理念，这种理念其实质上就是民主性理念。

4. 辩护制度充分体现了民主性。苏区法律制度充分保障当事人行使辩护权和请他人帮助出庭辩护，以防止无罪的人受到追究、轻罪的人受到重判，维护控辩平衡。这一制度要求法庭保障当事人充分表达自己的请求和意见，并且要求裁判者认真听取，重事实，重证据，无疑展现了程序的民主性，是对公民民主权利保护的重要手段。

二、贯穿了诉讼便民原则

为了保证苏区司法机关诉讼便民重要原则的实现，确保工农民主政权保障工农大众的根本利益，苏区的各项诉讼制度在设计上始终贯穿诉讼便民原则，坚持诉讼制度的人民性、群众化。主要体现在：一是改变"坐堂问案"的衙门作风，组织巡回法庭到案发地开展就地审判，为工农群众提供了一个便捷、畅通、高效的诉讼模式，方便了群众参与诉讼，简化了诉讼程序，减轻了当事人"诉累"，真正体现了诉讼便民原则，深受群众欢迎。二是通过基层苏维埃政府、群众团体、人民法庭等组织大力开展人民调解工作，有效化解各类基层矛盾纠纷，不仅减轻了司法机关的工作压力，还有力地促进了社会和谐稳定。三是根据需要组织专门法庭，方便群众诉讼。比如，根据1933年4月12日中央司法人民委员部第九号命令，专门组织劳动法庭，解决资本家违反劳动法及法令的集体合同、劳动合同的案件，保护工人权益。

三、吸收了审判独立思想

审判独立是一项为现代法治国家普遍承认和确立的基本法律准则，其核心内涵就是审判机关、审判人员依法独立行使审判权，不受任何其他机关、社会团体和个人的干涉。苏维埃政权在设计诉讼制度时就注重保障审判机关独立行使审判权。主要表现在：一是中央审、政分立。最高法院与同属中央执行委员会下设的人民委员会（即中央政府）拥有平行的法律地位。在政权结构中处于同一层次，互不隶属，分别行使司法权和行政权，均对中央执行委员会负责并报告工作。临时最高法庭、最高法院只有审判权而无行政权，在审判时独立行使审判权，不受党政机关和任何人的干涉。二是裁判部和审判法庭独立。中央司法委员部颁布的《对裁判机关工作的指示》指出："不应在（再）发生裁判部成为预审机关的附属机关的不规则现象，不要忘了裁判部本身的独立作用。"①审判法庭虽由各级裁判部或裁判科主持成立，但一旦成立，其审理案件具有独立的权力，案件的处理意见由法庭组成人员表决，裁判部或裁判科不干预。《处理反革命案件和建立司法机关的暂行程序》规定：一切反革命案件及一切刑事、民事案件均由审判机关审判。而军事裁判所更具有独立性，《中华苏维埃共和国关于〈军事裁判所暂行组织条例〉的解答》规定，军事指挥员不兼任裁判职务，即无参加权。可见，在军队建立了军、审分立制度，军事指挥人员无权参与审判和干涉审判，确保了审判的独立。三是陪审员独立。陪审员在案件审理中拥有与裁判员同等的权力，合议判决时应以多数意见为准。倘若争执不决时，应当以主审的意见来决定判决书的内容，如陪审员之某一人有特别意见，而坚决保留自己意见时，可用信封封起，提到上级裁判部去，作为上级裁判部决断案件的参考。可见，苏维埃法庭陪审员在执行职务时，具有独立的权力资格，不是主审的附庸，无须受裁判员的指挥和影响，而是按照自己的内心标准参加办理案件。从这个意义来说，苏维埃法庭实现了陪审员相对于法官的独立。四是上下级审判组织的相互独立。各级裁判部受理的案件，判决意见由其组成的法庭自行决定，无须向上级裁判部请示汇报。如当事人不服，可通过上诉来解决。《中华苏维埃共和国司法程序》第5条规定：废止上级批准制度，实行上诉制度。《中华苏维埃共和国地方苏维埃暂行组织法》规定，刑事案件、民事案件由裁判部之下组织的法庭自行审判和决断。

当然，苏区诉讼制度中的司法独立并不否定党的领导，并不否定上级司法机关的依法节制和监督，不仅保证了司法机关独立行使职权，而且加强了党对司法机关的领导。这一体制完全适应了当时的革命斗争需要，对于迅速镇压反革命，解决社会纠纷，维护社会秩序，巩固苏维埃政权，保护人民的合法权

---

① 瑞金县人民法院编：《中华苏维埃共和国审判资料选编》，人民法院出版社1991年版，第61页。

益，都具有十分重要的意义。

四、创造了和谐诉讼方式

人民调解是苏区时期各级苏维埃政权处理群众民事纠纷的主要方式和重要原则之一，也是苏区诉讼制度的重要组成部分。这是苏维埃政权将纠纷的司法解决与古老的民间调解传统相结合创造的新型的和谐诉讼方式。一是人民调解符合我国"和为贵"的传统美德，符合群众的"息讼""厌讼""少讼"的心理特点，深受群众欢迎。二是人民调解具有诉讼外和解与审判优势相结合的特点，可以不拘泥于通常的诉讼程序，可以简化流程环节，降低诉讼成本，能够迅速、简便、低廉地解决纠纷。三是人民调解可以让当事人通情达理地对话和非对抗性地斡旋，从而缓解当事人之间的对立，既着眼于解决当事人之间的现实纠纷，又可放眼于其未来的合作或和睦相处。四是人民调解尊重双方当事人的意思，促使双方形成合意、实现双赢。处于战争年代的苏区，人民调解制度在化解各类矛盾纠纷，最大限度减少不和谐因素，平衡利益冲突，促进人民群众内部团结等方面发挥了重要作用，使得绝大部分民事案件通过调解获得圆满解决，有力地维护了社会稳定。

第三节　中央苏区诉讼程序的主要内容

基于苏区时期的特殊战争环境和革命斗争的现实需要，苏维埃政权的诉讼立法主要是进行刑事诉讼立法，因为在极为激烈、残酷的战争条件下，民事案件较少发生，即使发生，也经由基层苏维埃政府通过调解方式予以解决，很少进入司法程序，所以"有关民事诉讼程序的问题，在法律上没有得到确定的反映"①。鉴于此，本书中所论及的中央苏区诉讼程序主要是刑事诉讼程序。

一、侦查程序

犯罪及其侦查是相随产生的。社会有了犯罪，就必须预防和惩治，这种社会需要促成了侦查职能的出现。侦查的职能就是收集证据、查明犯罪事实，揭露、证实犯罪者及其罪行，最后实现惩治犯罪和预防犯罪之目的。侦查是一项

---

① 张希坡、韩延龙主编：《中国革命法制史》，中国社会科学出版社 2007 年版，第 402 页。

复杂而艰巨的社会系统工程。要做好侦查工作，就必须仰仗于构建科学完善的侦查制度。

中华苏维埃共和国人民政权建立后，面临着十分复杂的阶级斗争形势，各种犯罪不断发生，严重危害苏维埃政权及其人民。如何跟犯罪活动作斗争，遏制犯罪，巩固人民政权，是摆在中国共产党人面前的紧迫任务。中国共产党人充分发挥法律对巩固统治的工具性作用，建立了一套较为全面和可行的刑事诉讼制度，其中包括侦查程序。中华苏维埃共和国的侦查制度全面地反映了中央苏区对治理犯罪和保卫政权的要求，与中央苏区的犯罪状况、结构、动态、特点和规律相适应。具有以下特点：

1. 行使侦查权主体特定。中华苏维埃共和国诉讼制度对行使侦查权的主体作了明确的规定，中央苏区侦查权主要由三类机关来行使，并根据案件性质来划分。中央苏区将刑事案件划分为四大类：第一类为反革命案件；第二类为土豪劣绅案件；第三类为普通刑事案件；第四类为经济犯罪案件。根据规定，反革命案件、土豪劣绅案件和普通刑事案件的侦查权由各级政治保卫机关或政治保卫特派员来行使，没有建立政治保卫机关的根据地新区，则设立肃反委员会，由其履行上述案件的侦查职权。军队刑事案件由军队政治保卫机关行使侦查权。经济犯罪案件由工农检察机关行使侦查权。

2. 宽立快立。侦查机关对来自控告、检举和犯罪人自首以及其他有关犯罪线索的材料进行审查后，认为确有构成犯罪的事实，并需要追究行为人的刑事责任，依法作出把该材料列为刑事责任案件进行侦查的决定。这个审查、决定的过程，就是立案。立案是刑事诉讼的开始，是刑事诉讼活动一个独立的诉讼程序，是侦查的起点和法定根据。

中央苏区的诉讼法律规定，刑事立案权只能由各级政治保卫机关（特派员）以及工农检察机关根据犯罪事件的侦查管辖分工来分别行使。立案材料的来源主要有四个方面：受害人及人民群众的举报、揭发；有关单位和保卫机关及其工作人员在开展工作中的发现或获得的犯罪事实、线索；红军、游击队在开展军事活动中获得的情报；其他方面提供或要求侦查的材料。

中央苏区刑事案件侦查立案的原则是：宽立快立。中华苏维埃政权建立后，阶级敌人为推翻政权，积极策应国民党反动派的"围剿"，大肆实施反革命活动。面对遏制反革命犯罪的严峻形势，做好犯罪信息的收集、审查、立案工作十分重要。

3. 充分依靠群众。中央苏区强调司法工作必须走群众路线，无论是揭发反革命犯罪，还是其他犯罪，都要发动群众、依靠群众。1933 年 4 月《中华苏维埃中央执行委员会关于肃反工作的指示》指出，如果不号召群众揭发，就会有许多反革命分子隐藏起来，继续与我们为敌。中央苏区的侦查工作认为，反革命分子犯罪的痕迹，一定被群众掌握，向群众了解是最好的侦查方法。所以，中央苏区的侦查工作重视群众的言词证据，充分认定群众证词的效力，每一个案件都要做很多群众的笔录，侦查终结后提交到法庭去审查。

4. 强制措施力求规范。中央苏区司法工作重视克服司法程序包括侦查程序不规范的现象，对查封、扣押、搜查、逮捕等强制措施都有明确的严格要求，如中华苏维埃共和国司法人民委员部命令第十号《关于没收犯人的财产和物件的手续》规定，凡扣押犯人均须将犯人身上搜查清楚，倘若搜出金银或物件，应该在犯人当面用纸写成记录，逐一地写明，记录上由搜查人、参加人、犯人签字。中华苏维埃共和国司法人民委员部命令第十五号规定，查封犯人房屋要贴封条，做笔录，由犯人签名，向群众公示，不得随便处置。中央苏区在总结肃反工作的错误时指出，捉人要有一定的事实和证据才可进行。中央执行委员会颁发的第六号训令规定，严格废止肉刑，纠正苦打成招的错误。同时还规定肃反委员会、保卫机关逮捕犯人之后须报告上级备案。从以上规定来看，足见中央苏区重视强制措施制度建设，重视侦查权力行使的监督，尊重人权，保障人权。

5. 侦查终结自行预审。侦查机关通过侦查，在证据搜集齐备、人犯被逮捕等有关工作做好后，不是立即移送起诉，而是由同一机关做好预审工作。预审职能是对人犯是否构成犯罪、构成何罪、事实是否清楚、证据是否充分进行核实，如有必要，还需进行补充调查和取证。自行预审是对侦查程序的最后把关。预审程序实行侦查人员与预审人员分立的制度，侦查人员不参与预审，预审人员不参与侦查，以避免预审人员先入为主，预审走过场。中华苏维埃共和国中央执行委员会《关于处理反革命案件和建立司法机关的暂行程序》的训令规定，国家政治保卫机关和肃反委员会在将案件送裁判部之前应予预审。这项规定成为侦查机关先行预审的重要法律依据。通过预审后，认为犯罪事实清楚、证据充分，才移送裁判部检察员预审并提起诉讼。

二、审判程序

在中华苏维埃司法制度中，审判程序包括刑事审判程序和民事审判程序。本书所探讨的是刑事审判程序。广义的刑事审判程序是指司法机关包括最高法院（临时最高法庭）、国家政治保卫机关、肃反委员会、工农检察机关、军事检查所、各级裁判部（裁判科）及其检察员对案件立案、侦查、拘留和逮捕人犯、预审、初审、复审、执行等所有司法程序的总称。狭义的刑事审判程序仅指中华苏维埃裁判组织包括最高法院（临时最高法庭）、审判法庭、军事裁判所对移送起诉的初审、复审案件进行庭前准备、开庭审理、判决评议、宣告判决、执行等程序的总和。

1. 庭前重点：先行完成检察预审

为使开庭审理有的放矢，提高审判效率，实现审判目的，中央苏区的审判程序中设立了检察预审的前置程序，也就是案件在进入法庭审理前，先由裁判部的检察员进行预审，将预审情况作为法庭审理的参考。检察预审的职能是对侦查机关认定的案件事实及其证据做进一步的核实，并核实犯人是否构成犯罪、构成何罪，如有必要也可调查取证。《裁判部的暂行组织及裁判条例》（以下简称《条例》）第34条规定：检察员管理案件的预审事宜，凡送到裁判部的案件，除简单明了，无须经过预审的案件之外，一切案件，必须经过检察员预审，并且一切犯法行为，检察员都有权检查。该《条例》第35条规定：经过预审手续后，检察员认为有犯法的事实和证据，作出结论后，再转交法庭去审判。中央司法人民委员部的《对裁判机关工作的指示》也规定，对每个案件的材料，要尽量去搜集，不得再有事实还未明了，又不经过预审，就拿到法庭来马虎判决的情形。此外还规定，裁判部的检察预审员不得担任法庭的主审和陪审，以避免先入为主，确保裁判公正。上述规定是庭前检察员预审的主要法律依据。

2. 庭审组织：在合议庭和独任庭中选择

在审理工作中坚持一切从实际出发，合理配置审判资源，根据案件的繁简难易来确定审判的组织形式。根据《条例》的规定，简单而不重要的案件，可由裁判部部长或裁判员一人审理之。其余案件应由裁判员一人、陪审员两人组成的合议庭审理，其中裁判员为主审。同时这两种审判形式也可以转换，原认为简单的案件在一人审理中发现较为复杂，也可以第二次开庭，由三人合议庭来审判。原准备由三人合议庭来审理的案件，因审前发现事实清楚也可以取消组成合议庭审理，代之由裁判员一人审理。

3. 提起公诉：或为检察员（军事检查所）单一原告人，或以检察员与政治保卫机关、群众团体之代表为共同原告人

中华苏维埃共和国刑事审判制度，在军事审判以外设立了三种特定身份的

人可以代表国家提起公诉，为合格的原告人。一是裁判部的检察员，一般刑事案件由其代表国家作为原告人提起公诉。二是各级国家政治保卫机关和军事政治保卫机关的代表，它适用的是反革命案件，这类案件由其和检察员共同代表国家作为原告人，提起公诉。三是群众团体的代表，它适用于与群众团体有利害关系的案件，这类案件则由检察员和该群众团体的代表作为共同的原告人提起公诉。至于上述机关或团体在每个案件应派几个人作为原告人，中央苏区的诉讼制度没有明确规定，从其司法实践的具体做法来看，一般是一案一人。军事审判则由军事检查所作为公诉机关，由军事检查所派员提起公诉。

4. 庭审过程：侧重法庭调查

如前所述，中央苏区诉讼制度实行的是职权主义诉讼模式，所以开庭审理案件侧重于庭审调查，以查清案件事实。而庭审调查的主要手段是讯问犯人和核实证据。在讯问犯人上，实际是采用控、审合一的做法，由主审、陪审员在庭审中不断讯问被告人，检察员或其他公诉代表也不断讯问被告人，控、审双方讯问交叉进行，轮番讯问、盘诘。在核实证据上，主要由法庭出示证据，如有疑点，法庭还会休庭自行去庭外调查核实。中华苏维埃共和国人民委员部命令第十二号指出，开庭中搞不清的，要派人出去调查搞清楚。禁止逼供诱供，废止肉刑，禁止证人作假证。同时法庭很注重贯彻直接言词原则，对于反革命案件和土豪劣绅案件，一般要求证人到庭做证，直接揭发犯罪，促使犯人当庭认罪。

5. 法庭辩论：注重控辩平衡

在辩论程序中，主要围绕有罪与无罪、罪重与罪轻的问题展开辩护，允许被告人进行充分的辩解，允许被告人的辩护人为其作充分的辩护。《裁判部的暂行组织及裁判条例》规定，检察员在法庭中应实事求是地控告犯人，在法庭中犯人有说不清的地方，可以用书面事后呈给法庭。法庭辩论一般分为三个轮回，并保障犯人行使最后陈述的权利。在法庭辩论中，主审和陪审员则进入具有法律意义的居中裁判的地位，不压制控方，也不压制辩方，充分听取双方的意见，力使控辩平衡。

6. 评议判决：实行民主集中制

由合议庭审判的案件，在完成法庭调查、法庭辩论后，及时转入休庭评议程序。在评议中，主审及陪审员均平等地发表意见，不相互影响，不把自己的意见强加于别人，严格实行民主集中制。在确定判决时，"以多数的意见为标准，倘若争执不决时，应当以主审的意见来决定判决书的内容，如陪审员之某一人有特别意见，而坚决保留自己意见时，可用信封封起来，提到上级裁判部去，作为上级裁判部对于该案件的参考"。

7. 权利救济：实行复审和核准

中华苏维埃共和国为预防初审程序可能存在判断不准的情况，保障案件最终得到公正处理，设立了案件审理的复审程序，就是实行两审终审制。案件初审后，如果当事人认为初审认定的事实不清、适用法律错误，可以允许其上诉，将案件提起到上一级裁判机关去复审。复审程序，是为当事人的权利救济设立的第二道保障线。复审也采用开庭审理的方式。通过复审，"对事实清楚、证据确凿、适用法律正确、量刑准确、处罚得当的判决案件，一律批准并令其执行；对那些事实不大清楚、证据不足、或适用法律不当、或量刑不准确、或不分阶级成分、不区分轻重、不分主犯从犯的不当判决，一律发还原裁判部并令其依第一审程序重审"①。复审程序的设立是贯彻实事求是原则的具体体现。作为裁判员或陪审员，也并非圣人，在审判中也可能会出现失误而导致作出错误的裁判，这样就需要设立复审程序，进一步保障当事人的利益。

中央苏区刑事诉讼制度还设立了死刑核准程序，《裁判部的暂行组织及裁判条例》第 26 条规定：凡判决死刑的案件，虽被告人不提起上诉，审理该案件的裁判部也应把该案件的判决书及全部案卷递给上级裁判部去批准。可见，中华苏维埃政权重视人权保障，不错杀无辜。对提起上诉的死刑案件，上级裁判部门可以通过复审来把关，而对于没有提起上诉的死刑案件，则由上级裁判部门通过履行批准职权来对案件的事实、证据及适用法律进行严格把关。即使临时最高法庭判决的死刑犯，也应呈送中央执行委员会批准，通过批准程序来严格把关，纠正错误判决。如，中央执行委员会关于批准临时最高法庭对季、黄反革命案件判决书的决议案，就通过审查认为五被告人不能判处死刑，改判为 10 年至 8 年不等的监禁。

三、执行程序

在中华苏维埃共和国司法制度中，执行程序包括刑事执行程序和民事执行程序。本书所探讨的是中央苏区的刑事执行程序。刑事执行程序是指刑事执行活动所依据的规范性要求。而刑事执行活动则是指国家执行机关运用国家执行权，并依据执行程序的规定，强制罪犯实现法律文书确定的内容的行为总和。具有以下特征：它是国家执行机关专门实施的行为，它是以罪犯承受法律文书

① 曾维东、曾维才：《中华苏维埃共和国审判史》，人民法院出版社 2004 年版，第 269 页。

确定的刑事惩罚为执行内容；它是严格按照执行程序实施的活动。中华苏维埃共和国重视执行程序建设，建立了一套适合当时阶级斗争和政权建设需要的执行法律制度。

1. 执行权的行使主体：裁判部、民警局、内务局、国家政治保卫局（分局）、看守所、劳动感化院各司其职

根据中华苏维埃共和国的执行法律制度规定，行使刑事案件生效判决执行权的机关分别是：裁判部及其附属的劳动感化院、看守所、民警局、内务局、国家政治保卫局（分局）。但不同机关行使不同判决内容的执行权。以没收财产、罚款为刑罚内容的执行由裁判机关（含临时最高法庭）自行实施；死刑的执行由裁判机关（含临时最高法庭）和民警机关共同实施；驱逐出境的执行由各级国家政治保卫机关实施；短期监禁和强迫劳动的执行由看守所实施；长期监禁的执行由劳动感化院实施；对剥夺政治权利的执行由内务机关实施。

2. 监禁刑的执行手段：教育、感化和劳动改造相结合

对判处监禁的罪犯在判决生效后，由裁判机关及时移送执行机关执行，并履行严格的移送手续。《劳动感化院暂行章程》第12条规定："裁判部或临时最高法庭，送犯人到劳动感化院时必须把判决书抄录一份，随犯人送去，使劳动感化院可以根据该项判决书去执行，劳动感化院必须把这些判决书编成号码秩序，好好的保存起来，以备司法机关的检查。"对罪犯监禁的过程就是对其教育、感化和改造的过程。在监禁中以劳动改造为主，执行机关专门创立了工厂、商店、农场等劳动场所，安排罪犯参加劳动。对一些执行短期监禁的罪犯，还经常安排到作战前线从事红军伤员、军用物资的接送工作，接受战争的洗礼和考验。同时，监禁机关开展丰富多彩的教育活动，组织罪犯学习政治理论、法律道德、汉语文化、音乐体育等知识，使罪犯接受文化、艺术和法律道德的熏陶，提高改造效果，通过这些手段，使罪犯洗心革面，早日回到社会参加苏维埃政权的建设。毛泽东在1934年1月召开的"二苏大会"报告中指出："苏维埃的监狱对于死刑犯以外的罪犯是采取感化主义，即是用共产主义的精神与劳动纪律去教育犯人，改变犯人犯罪的本质。"

3. 死刑的执行：手续完备和严密监督

中华苏维埃政权执行死刑，设立了严密的程序，以保障正确执行。一是须由作出生效裁判的苏维埃政府下达执行死刑命令，没有命令不得执行，死刑命令由政府首脑签发。二是对罪犯执行枪决前须验明正身，防止替身枪决。三是在执行中须由上级裁判部派检察员临场全程监督，防止违法执行和不当执行，

避免不良后果的发生。四是严密控制执行场面，一般死刑案件的执行，由执行机关所在苏维埃政府派出民警或政府警卫排进行现场警卫，重大死刑案件的执行，由政府请求军事机关派出一定的军事力量警卫。五是执行过程须制作笔录，由执行人员、检察人员签名，并存入案件档案。六是执行完毕后须向上级裁判部门书面汇报。

4. 免予执行：上战场戴罪立功

中华苏维埃共和国设立了免予执行制度。所谓免予执行，是指被判处短期监禁并已悔过的罪犯，如果自愿上战场杀敌，就可以解除监禁并编入作战部队参加军事战斗的一项制度。这项制度适用条件非常严格。一是必须是战争紧急状态，面临着国民党反动派的军事进攻；二是适用对象必须是被判处短期监禁的罪犯，其罪行较轻，社会危害性较小，并已悔过自新；三是必须是罪犯自愿；四是军队通过考察，并已认可。这项执行制度，对运用司法手段支援军事斗争，并更快更好地改造罪犯具有重要意义。

5. 执行管理：环环相扣

中央苏区对监禁刑的执行管理非常严谨、细致，各个环节都有明确的规定。中央司法部在 1933 年 6 月 1 日发布的《对裁判机关工作的指示》规定：看守所和劳动感化院必须建立严格的犯人登记制度，犯人进出看守所和劳动感化院，一定要履行登记手续；对裁判部交付执行的监禁犯人，必须查验判决书，有生效判决书的犯人，才予以收所监禁，依判决书的内容执行；看守所和劳动感化院接收犯人后，把判决书编成号码，按顺序存档，让犯人填写登记表，然后送入监房，对同案件犯人分房关押；在每个监房门上分别用标牌载明犯人的姓名；释放犯人必须凭裁判部的判决书或裁定书，看守所和劳动感化院无权自行释放犯人；犯人亲友探监，必须持有裁判部的许可书；犯人与其亲友会面时一定要有看守员在场监视；在每日的早上和晚上分别对犯人点一次名，并对犯人改造的情况进行总结，指出问题，提出要求，表扬先进，鞭策落后。

此外，看守所和劳动感化院的上级部门，特别是裁判部经常深入看守所和劳动感化院检查工作，认真查找其存在问题和不足，并给予指正，避免发生不测。

6. 财产刑的执行：民、刑按比例分配

罚款和没收财产是中央苏区刑事诉讼制度重要的财产刑，在执行机关执行犯人财产刑的时候，经常遇到该罪犯同时负有对民事判决的财产给付义务，而其财产又不能同时满足二者执行的情形。那么是先满足刑事财产刑的执行，还是先满足民事判决给付义务的执行？为解决这个问题，中央苏区的刑事诉讼法律制度规定，二者按照各自执行标的金额的比例取得罪犯的财产。中央苏区设立这项制度，有利于平衡二者的利益关系，并有利于保证苏维埃政府的财政收入。

第四节　中央苏区诉讼程序的主要特点

为了适应革命战争需要，中央苏区诉讼程序主要追求"高效、准确、有力"地打击各类犯罪活动以保卫苏维埃政权的价值目标，因而呈现出以下几个方面的鲜明特点。

一、侦查和审查起诉阶段注重预审

预审是中央苏区刑事诉讼中不可或缺的一个重要环节，包括侦查机关的自行预审和裁判部的检察员预审。侦查机关侦查终结后，认为案件事实已查清，证据充分可靠，查明犯罪嫌疑人行为已构成犯罪的，即宣布逮捕，然后进行预审。侦查机关预审时，必须认真地审查核对案件事实、情节是否清楚，证据是否充分，罪名是否正确等。经过预审，侦查机关认为犯罪嫌疑人犯罪事实清楚、证据充分，应当追究刑事责任的，便移送审判机关处理。审判机关接到案件后，除简单明了的案件外，均需由审判机关的检察员（军事案件由军事检查所）进行预审。检察员在预审案件时，通过审核侦查机关移送的现有材料、传讯被告人和案件关系人等方式，审查核对案件事实、犯罪情节、证据材料、认定罪名等。检察预审后，检察员认为构成犯罪的，便作出结论后转交法庭审判。由此可见，预审程序是苏区刑事诉讼的必经程序，正如中央司法人民委员部的《对裁判机关工作的指示》规定的一样："再也不能不通过预审就拿到法庭来马虎判决的情形"。苏区司法机关之所以如此注重预审工作，主要是从战争时期的特殊形势出发，极力地追求司法公正、客观真实和程序效率。因为一方面通过正式庭审前先行预审把关，有利于排除案件中的虚假事实和违法证据，为确保无罪的人不受到追究、罪轻的人不受重判提供保障。另一方面，通过预审，能进一步查清犯罪事实，核实犯罪证据，确保庭审调查和法庭辩论的顺利进行，避免反复多次开庭，特别是检察员预审的结果可作为审判该案件的重要参考，被告人在预审中认罪部分，在庭审中可省略有关重复调查工作，将大大提高诉讼效率。

二、注重侦、控、裁三方相互配合

国家政治保卫局、肃反委员会、临时最高法庭、最高法院、各级裁判部等都是苏维埃政权的专政机关，是实现对广大工农民主、对敌人专政的工具，它们担负着打击犯罪、保卫改权的共同职责。这些司法机关在刑事诉讼中的职能各异，所处的法律地位各不相同。根据法律规定，国家政治保卫局执行对一切反革命案件的侦查、逮捕、预审和控诉，肃反委员会执行受命逮捕、看管、处决一切反革命罪犯的任务，各级裁判机关负责一切反革命案件、一般刑事案件和民事案件的审理和判决，附设在裁判机关的检察人员执行一般刑事案件的预审和控诉职能。由于革命斗争需要，中央苏区诉讼程序与现代诉讼程序不同，注重发挥侦查、控诉、裁判三方力量在打击违法犯罪活动上的合力，而忽视利用三方力量相互制约相互监督。侦查机关的侦查、逮捕、预审等诉讼活动不受检察人员、裁判机关的制约，检察人员行使控诉和预审职能也不受裁判机关制约，裁判机关的审判活动也不受检察人员的监督，侦、控、裁三方之间是一种线形关系，各负其责。正如中央司法人民委员部 1933 年 5 月 30 日在对裁判机关工作的指示中明确规定的一样："裁判机关与预审机关必须发生密切的关系，以相互商量来解决案件。"①

三、重证据而不轻信口供，严禁逼供信

在奉行"口供是证据之王"的封建社会，刑讯是其司法制度的组成部分，在中国延续了 2000 多年。直到 20 世纪初的晚清修律，刑事诉讼制度上才注意吸收西方近现代的一些法制成果。但进入民国以后，刑讯依然盛行，尤其是国民党中统、军统审理各类"党国要案"，更是滥施刑讯，酷刑逼供，令人发指。这种审讯方式的认识论基础是主观唯心主义，与革命法制的本质格格不入，因此苏维埃政权建立后进行的工农民主法制建设彻底摧毁了封建的司法基础，宣告了对刑讯的彻底废除。1931 年 12 月 13 日，中华苏维埃共和国中央执行委员会颁布第六号训令。1934 年 4 月 8 日，中央执行委员会发布了《中华苏维埃共

---

① 瑞金县人民法院编：《中华苏绖埃共和国审判资料选编》，人民法院出版社 1991 年版，第 61 页。

和国司法程序》，宣布废止第六号训令、裁判部暂行条例上所规定的司法程序。这个新司法程序，扩大了地方政权机关处置反革命分子的权力，在第一、四、二、三条中对逮捕权、预审权和审判权作了新规定。第一条规定：区保卫局特派员、区裁判部的区肃反委员会（新苏区革命委员会之下的）、民警局、劳动法庭，均有捉拿反革命及其他应该捉拿的犯人之权，过去关于区未得上级同意不能捉拿人的规定，应废止之，并且规定：当紧急时候，乡苏维埃与市区苏维埃、乡革命委员会与市区革命委员会，只要得到了当地革命群众的拥护，均有捉拿反革命分子及其他重要犯人之权，捉拿后分别送交区级肃反裁判机关。第四条规定：一切关于反革命案件，各级国家政治保卫局均有预审之权，预审之后交法庭处置，但在边区的地方保卫局，在战线上的红军保卫局，对于敌人的侦探、法西斯分子、刀匪团匪及反革命的豪绅地主，有权采取直接处置，不必移送裁判部，在严重的紧急的反革命案件上，国家政治保卫局及其地方分局、红军分局、军区分局有权采取紧急处置。第二条规定：区裁判部、区肃反委员会，有审讯和判决当地一切犯人（反革命分子及其他）之权。新区边区，在敌人进攻的地方，在反革命特别活动的地方，在某种工作的紧急动员时期，区裁判部、区肃反委员会，只要得到了当地革命民众的拥护，对于反革命及豪绅地主之犯罪者，有一级审判之后直接执行死刑之权，但执行之后须报告上级处置。第三条规定：省县两级裁判部、肃反委员会、高初两级军事裁判所均有捉拿、审讯、判决与执行判决（包括死刑）一切犯人之权。

《处理反革命案件和建立司法机关的暂行程序》明确规定："在审讯方法上，为彻底肃清反革命组织，及正确的判决反革命案件，必须坚决废除肉刑，而采用搜集确定证据及各种有效方法。""各级苏维埃政府接到本训令后，应严格的遵守执行。"① 从而逐步形成了与一切反动的司法制度具有本质区别的刑事诉讼规则。1932年9月9日，福建省苏维埃政府也发布训令——《关于犯人的材料及坚决废止肉刑的问题》，明确指出：肉刑这种"如此违反苏维埃法令的行为，不但有碍苏维埃的威信，并且是公开的破坏苏维埃的法令，给敌人以很好的宣传材料，不啻间接地帮助了反革命！本政府为坚决地彻底地执行苏维埃的法令，提高苏维埃在群众中的威信，各级政府应绝对地执行苏维埃的法令，废止一切肉刑，使中央执行委员会第六号训令百分之百的去实现！以后各级政

①《中华苏维埃共和国中央执行委员会颁布第六号训令》，《红色中华》1931年12月28日。

府及地方武装如再有用肉刑的事情，当以违反苏维埃法令治罪"①。1933 年 5 月 30 日，中央司法人民委员部在对各级裁判机关的指示中，重申了"绝对废止刑讯"的要求，否则以"故意违反苏维埃的最高法令论罪"②。严禁"逼供信"，注重搜集证据这一刑事诉讼规则是革命人道主义的重要体现，是中国共产党实事求是思想路线在司法工作的具体体现。尽管受"左"倾思想、传统习惯势力、传统封建思想的影响和干扰，滥用刑讯现象在苏区时有发生，但将这一原则用法律的形式确定下来，并在实践中强力推行，在中国刑事诉讼发展史上具有十分重要的意义。

四、创造出新型的革命法制诉讼模式

中央苏区诉讼程序是苏维埃政权在否定国民党反动法制后，在马克思主义法学思想的指导下，结合中国革命斗争需要而设计的，形成了一种符合工农民主法制性质的新型的革命法制诉讼模式。这一诉讼模式呈现鲜明的个性，是一种全新的具有中国革命特色的诉讼模式。

其主要特征在于：一是强调裁判指导。在案件进入庭审前，裁判部已决定了裁判原则。中央司法人民委员部的《对裁判机关工作的指示》明确规定：每个案件先经过裁判委员会的讨论，讨论一个判决的原则，给审判该案的负责人以判决该案的标准。可见，苏维埃政权重视个案的具体指导，统一裁判标准，这样有利于保证案件的正确判决。二是注重开庭前的实质性审查。中央苏区的刑事诉讼制度要求裁判人员在开庭前贯彻全面审查原则，既做好形式审查，又做好实质性审查。中央司法人民委员部的《对裁判机关工作的指示》规定：担任审判某案件的裁判员，在审判之前，对于某案件的材料，必须作详细的研究，把思路理清，将应发问的问题写出来，以便在庭审中能有条理地向被告和见证人发问。三是赋予裁判人员行使调查取证权。在实事求是思想路线的指导下，司法工作奉行追求客观真实的价值目标。为查明犯罪事实，法律规定裁判人员可以主动调取证据，并贯彻于开庭前和开庭后。在开庭前，裁判人员通过充分阅卷、讯问被告人、查核证据，认为有必要再补强证据的，应主动开展调查取证工作。在开庭后，裁判人员认为在庭中没有搞清的证据，也要开展调查取证工

---

① 瑞金县人民法院编：《中华苏维埃共和国审判资料选编》，人民法院出版社 1991 年版，第 132 页。

② 韩延龙、常兆儒主编：《革命根据地法制文献选编》第 3 卷，中国社会科学出版社 1981 年版，第 302 页。

作。在这种诉讼模式中，法庭为证明犯罪事实，行使调查取证权不但是一项重要的权利，而且还是查明案件事实真相的一项重要责任。

中央苏区诉讼模式在当时的历史背景下，是唯一正确的选择。这种诉讼模式既适应了保护被告人的需要，也适应了追求客观真实的需要，更适应了巩固苏维埃政权的需要。特别是在苏维埃政权面临着国民党反动派进攻的严峻形势下，中央苏区的反革命活动又异常猖獗，通过法律手段镇压各类反革命和刑事犯罪的任务迫在眉睫，只有采用这种诉讼模式，才能增强打击犯罪的效果和威慑力。

第六章
中央苏区时期的法制宣传教育工作

中华苏维埃共和国临时中央政府成立后，在努力开展立法工作与加强司法审判工作的同时，也十分重视开展法制宣传教育工作。通过创办法制报刊、开辟法制专栏、出版法律书籍以及创作法制标语、壁画、歌谣等丰富多彩的形式开展法制宣传教育工作，既增强了广大干部和人民群众的法制观念，为红色政权建设发挥了重要作用，还为新中国的法制宣传教育提供了有益的经验。

第一节　创办法制报刊、开辟法制专栏

中华苏维埃共和国成立后，废除了国民党政府实施的半封建半殖民地旧法律法规，制定了许多新法律新法规，所以通过创办法制报刊、开辟法制专栏，组织人民群众学习新的法律，做好法制宣传教育工作，普及法律知识，增强法制观念，具有十分重要的意义。

一、在《红色中华》上发布法律、法规、批示及法律问答

为了使新制定的法律法规和人民政权司法的情况尽快让广大干部和人民群众学习掌握，中华苏维埃共和国中央执行委员会、中央政府利用《红色中华》发行量大、传播快的特点，把这些司法文件登载在《红色中华》上，进行法制宣传教育工作。如：1931 年 12 月 13 日，中央执行委员会非常会议通过的《处理反革命案件和建立司法机关的暂行程序》，半个月后刊登在《红色中华》上；中央执行委员会关于《军事裁判所暂行组织条例》的解答，刊登在 1932 年 4 月 6 日的《红色中华》上；中央执行委员会训令第 11 号《纠正放松肃反的错误》，刊登在 1932 年 4 月 25 日的《红色中华》上；中央执行委员会

《红色中华》通讯社旧址

颁布的《裁判部的暂行组织及裁判条例》以及司法人民委员部《关于实施劳动感化院暂行章程问题的命令》，刊登在 1932 年 9 月 20 日的《红色中华》上；中央执行委员会训令第 21 号《关于镇压内部反革命问题》，刊登在 1933 年 3 月 18 日的《红色中华》上；中央政府第 42 号命令《为检查和取缔私人枪支禁止冒穿军服事》，登载在 1933 年 4 月 15 日的《红色中华》上；"二苏大会"通过的《中华苏维埃共和国宪法大纲》，登载在 1934 年 2 月 14 日的《红色中华》上；中央执行委员会颁发的《中华苏维埃共和国惩治反革命条例》，刊登在 1934 年 4 月 17 日的《红色中华》上；《中华苏维埃共和国最高特别法庭特字第一号判决书》，刊登在 1934 年 3 月 29 日的《红色中华》上；《临时最高法庭批示法字第十四号》附《瑞金县苏裁判部判决书第十六号》，刊登在 1932 年 6 月 2 日的《红色中华》上。

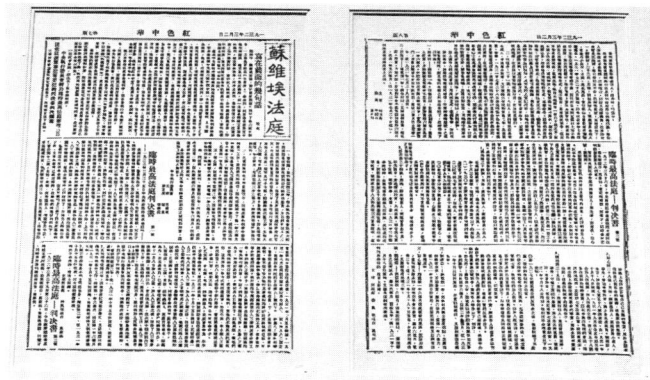

1932 年 3 月 2 日，《红色中华》刊载的《临时最高法庭判决书》

另外，中央司法人民委员部还在《红色中华》等报刊上，结合实际对一些法令、法规作了宣传解释工作，引导人民群众学法知法，创造有法可依、有法必依的社会氛围。如，《红色中华》1932 年 4 月 6 日刊登了《谭震林同志写给人民委员会的信》以及中央执行委员会《关于军事裁判所暂行组织条例的解答》，1932 年 2 月 24 日刊登了《关于婚姻条例实施的几个问题的解答》，在当时起到了很大的作用。

二、在各大红色报刊开辟各种法制宣传专栏

中央政府要求各部门所办报刊要开辟法制宣传教育的专栏，充分发挥各报优势，加强报刊传播媒体的舆论监督作用，壮大法制宣传教育的阵地，提高法制宣传教育的效果。

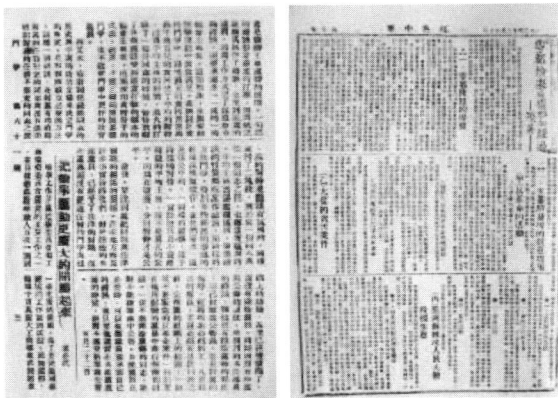

《红色中华》开辟《苏维埃法庭》专栏

当时仅中共中央、中华苏维埃共和国中央机关、中国工农红军党政军创办的报纸就有《红色中华》《斗争》《红星报》《青年实话》《苏区工人》《苏维埃文化》《工农报》《革命与战争》《铁拳》《战士》《红星画报》《少年先锋》《时刻准备着》《互济画报》等，开辟了法制宣传教育专栏，刊登法制宣传教育的文章或诗画。中华苏维埃共和国各省的《福建日报》《福建红旗》《闽赣红旗》《湘赣红旗》《江西红旗》《粤赣红旗》《赣东北报》等报刊，也先后开辟专栏，努力对读者进行法制宣传教育，普及法律知识。上述专栏，名为《苏维埃法庭》《铁锤》《突击》《烈焰》《学与法》《苏维埃法律》《审判台》《法律知识》《轻骑队》《冲锋队》等等，它们经常登载上级领导机关对下级裁判部的批示、案例分析、审判动态、犯罪嫌疑人的违纪违法情况等。

《红色中华》《红星》《红色江西》《苏维埃》等报刊设有法制宣传栏目

中央政府非常重视《红色中华》开辟的《苏维埃法庭》专栏，中华苏维埃共和国临时中央政府副主席项英于 1932 年 3 月为专栏写了《写在前面的几句话》。1932 年 10 月 16 日该专栏刊登了临时最高法庭主席何叔衡 10 月 14 日致会昌县政府裁判部的信、10 月 15 日致寻乌县政府裁判部的信，是对两个县裁判部上报判处案件的批示。1932 年 6 月 2 日刊登了《可耻的一生》一文，报道了瑞金裁判部审判曾杀害贺龙、叶挺部队医官并强奸妇女的原瑞金叶坪村苏维埃政府主席谢步升并判处其死刑的经过；1932 年 9 月 20 日又刊登了《杀媳烹羹的杨嘉才枪决了》一文，报道了强迫侄媳通奸并杀害烹羹的铺商杨嘉才被苏维埃法庭判处死刑的经过。

《红色中华》开辟的《铁锤》专栏，1933 年 5 月 2 日刊载的《贪污腐化分子滚出去》中说：国家银行出纳科员袁雨山、刘道彬，违法腐化，此次被银行发觉，于 4 月 14 日晚把他们扣留在中央警卫营，同时向司法部提起控告。工农检察人民委员部为教育群众起见，特于 10 月 16 日召集中央政府各机关、各工厂工人及工作人员，组织同志审判会，并经到会群众公推周月林等五人为审判委员，即时开始审问。首先由银行代行长李六如报告两人贪污腐化事实及侦查破获经过，同即向袁、刘两人分别审问。他们最初尚饰词狡辩，变更口供，后经各人当面证实，始无词所对。最后由审委会作结论如下：刘道彬，生活腐化，工作不负责任，有贪污行为，判决开除职务送法庭依法讯办；袁雨山也是贪污腐化，且屡次变更口供，判决开除职务，并送法庭依法讯办。这两个贪污腐化分子，经过同志审判会判决后，第二天即送往瑞金裁判部看管，处以应得之罪。1933 年 6 月 17 日刊载的《贪污腐化分子滚出去》中说：江西省木船工人委员长彭士淳和卢汗魁，私吞大家伙食费，把工人的社会保险金拿去做生意，私人图利，喝酒赌博。在全总局领导之下，撤了他们的职，公开法庭判处他们罚做苦工 40 天。

《红色中华》开辟的《突击队》专栏，1932 年 11 月 14 日载文揭发宜黄县东陂区政府裁判部部长李衣禄侵吞互济会救济款，霸占女土豪。区裁判部捉了一个年轻长得较好的女土豪，他就在这个女子身上打坏主意，把她带回家姘居。要她家出 105 元钱赎她，土豪女子家交了 105 元钱，可他不放人，仍把这个女子扣留在家非法同居，随后李衣禄被查处。其他许多报刊，也都辟有批评专栏，这样就使苏区出现的各种消极腐败现象，处于舆论监督之下，难有藏身之地。

除了《红色中华》辟有《苏维埃法庭》《铁锤》等专栏，专门揭露和批评党和政府工作人员的不正之风和腐败现象外，中央一级报刊中《红星》《青年实话》等也辟有《铁棍》《警钟》《红板》《黑板》等专栏，表彰好人好事，批评坏现象。《党的生活》专栏还多次点名批评中央政府部一级领导人和省苏政府主席，旗帜鲜明，毫不留情。还有小品文、漫画等，文笔犀利，铁面无私，令人望而生畏。迫于党报党刊的威力，不少被点过名的人公开在报刊上作检讨，承认自己的错误。

苏区报刊等传播媒体的舆论监督，得到党和政府的支持与保护。中共中央局常委兼宣传部部长、中央党报委员会书记张闻天，在中共苏区中央局机关报《斗争》上发表题为《关于我们的报纸》的文章，明确指出："我们的报纸是革命的报纸，是工农民主专政的报纸，是阶级斗争的有力武器，我们对于一切损害革命利益，损害苏维埃政权的官僚主义者，贪污腐化分子，浪费者，反革命异己分子，破坏国家生产的怠工工人等，必须给以最无情的揭发与打击，使他们在苏区工农劳动群众的面前受到唾骂、讥笑与污辱，使他们不能在苏维埃政权下继续生存下去，这样来改善我们各方面的工作，来教育广大群众。"张闻天在文章中还指出，苏维埃报刊不仅要无情揭发存在的消极腐败现象，还必须从正面大量宣传和表扬先进典型、先进模范，要介绍他们具体的生动的事迹，树立学习榜样，从而使舆论监督的作用更完善更全面地发挥出来。[①]

三、创办专门的法制刊物

1930 年，福建闽西政府创办了《法庭》刊物，是闽西政府裁判部的机关报，是中央苏区最早的法制报刊之一。该刊主要刊登裁判部判决书、训令、司法裁判动态等。它的创办发行，为中央苏区各种法制报刊的创办，起了促进推动的作用。1932 年，中央政府司法人民委员部创办了《苏维埃司法》小报，面向中央苏区省、县裁判部发行。它刊登中央司法部的有关法规、训令、命令，报道司法部门工作动态，主要栏目有社论、消息，还辟有论文、要闻、司法通讯、党的生活、自我批评、问题征答等。该刊的出版发行，为中央苏区司法工作的开展发挥了很好的指导作用。

在江西省政府裁判部部长古柏的推动下，江西省政府裁判部还创办了油印半月刊《司法汇刊》，1933 年 6 月出版了第 1 期，同年 7 月 9 日出版第 2 期，并改刊名为《裁判汇刊》。1933 年 11 月 11 日出版第 7 期，再次改刊名为《江西省苏裁判部半月刊》。该刊主要刊登临时最高法庭给江西省裁判部的批示、训令，江西省政府裁判部的紧急命令、训令、判决书、工作经验、工作研究和工作安排等。该刊的出版发行，有利于提高司法的透明度，有利于加强行政执法和社会监督的力度。

为了配合当时开展的主要政治活动，中央政府还创办了有关专门性的法律宣传报刊，如《选举运动周报》《选举运动画报》等。《选举运动周报》，由"二苏大会"筹备委员会出版，1933 年 8 月 25 日创刊于瑞金，一般出 8 版，是"二苏大会"选举工作的重要宣传指导工具。它主要刊登指导选举工作的指令、法令，宣传选举法的内容、选举运动的意义，介绍选举运动的做法，解答有关选举的其他问题等。《选举运动画报》，也是由"二苏大会"筹备委员会出版，1933 年 8 月 25 日创刊，不定期出版。第 1 期画报封面为工农群众投票选举的热烈场面，人物形象生动，很有吸引力。该报以形象、生动、朴实的作品，宣传了中央苏区广大劳动人民如何当家作主、积极参加选举工作，宣传选举运动

---

① 曾维东、曾维才主编:《中华苏维埃共和国审判史》，人民法院出版社 2004 年版，第 328—329 页。

要与革命战争的动员工作密切联系起来，介绍基层苏维埃代表大会如何召开。此外，有关部门还曾出版过宣传红军家属优待条例、土地法、劳动法等专门法规的画报刊物，也发挥了很好的宣传教育作用。

第二节　出版法律书籍、大众读物

1932 年 4 月，临时中央政府隶属的中央出版局总发行部成立，主管苏区的发行工作。此外，苏区出版发行机构还有中央局发行部、工农红军总政治部出版发行科、工农红军学校发行所、工农红军卫生学校发行部、《青年实话》总发行所、工农红军书局、邮政发行以及其他地方性发行机构。可以看出，当时中央革命根据地的新闻出版事业已有了相当大的规模。各种新闻机构、编审出版机构、印刷机构和发行机构都已建立，中共中央、苏区中央局、临时中央政府及所属部门、工农红军、群众团体以及苏区各省都出版了报刊。中央革命根据地出版的书籍，有马列著作，还有党、政、群、团建设书籍，军事、法律、教育、文艺、医药卫生等各类书籍几百种。中央政府要求各级出版社，在出版面向广大人民群众的读物中，要有一定的普及新法律法规知识的内容，在出版界形成了大家齐抓共管、普及法律知识的可喜局面。据不完全统计，中央执行委员会、中央政府制定颁发的有关国家机构、刑事、民事、经济法、行政法等方面的法规达 100 余种，其中单行本或汇编本就有 50 余种。

一、出版法律法规单行本

1932 年 10 月，中央司法人民委员部在向中央政府报告一年来的工作情况时指出："不但一般群众对于苏维埃政府所颁布的各种条例和法令不很明了，就是苏维埃政府的下一级干部也有不明了的，因此不知不觉中有违反苏维埃法令的事情。以后对于苏维埃的法令，应向工农群众（作）普遍的宣传解释工作，使一般群众提高法律的常识，以减少人民的犯罪行为，为彻底实现苏维埃的一切法令而斗争！"[①] 为此，中华苏维埃共和国中央政府把颁布的各种重要法律、法规尽快出版发行，供广大干部群众学习贯彻。在短短的几年中，中央苏区出

---

① 赣州市中级人民法院编，彭光华主编：《人民司法摇篮——中央苏区人民司法资料选编》，2006 年版，第 134 页。

版了主要的法律法规单行本几十种，其中影响较大的有：

1930 年印发的《劳动法、土地法》，这个单行本收集了"一苏大会"通过的《中华苏维埃共和国劳动法》和《中华苏维埃共和国土地法》，铅印，64 开本。1931 年 11 月出版的《中华苏维埃共和国选举细则》，中央执行委员会第一次全体会议通过，铅印，64 开小册子。内容分 8 章 55 条，即总则、选举权与被选举权、办理选举的机关、选举的手续、各级代表产生的手续与居民人数的比例、基层选举之承认取消及代表之召回、选举的经费、附则等。这个选举细则，规定了中华苏维埃共和国选举制度，规定工农群众享有普遍的选举权，直接选举与间接选举相结合，选民拥有对代表的监督权和召回权等。1931 年 11 月出版的《中国工农红军优待条例》，"一苏大会"通过，铅印，32 开单行本，内容共有 18 条，并附有《红军抚恤条例》13 条，它是为工农红军制定的第一个优待条例和抚恤条例。1931 年 12 月出版的《中华苏维埃共和国婚姻条例》，中央执行委员会颁布，铅印，32 开本。《婚姻条例》的前面附有中央执行委员会主席毛泽东、副主席项英等联名签发的《关于婚姻条例的决议》，《婚姻条例》内容分原则、结婚、离婚、抚养、财产处理、非婚生子女的抚养、附则等。1931 年 12 月出版的《中华苏维埃共和国的经济政策》，"一苏大会"通过，铅印，32 开单行本。全书共分四个部分，即工业方面、商业方面、财政税则、市政方面。1931 年 12 月出版的《地方苏维埃政府的暂行组织条例》，中央执行委员会第一次会议通过，铅印，32 开本。全书共分 7 章 73 条，规定了乡苏维埃、城市苏维埃和区、县、省苏维埃执行委员会的组织条例，并附绘制的通俗易懂的图表。

二、出版法律法规汇编

为了便于学习贯彻党和政府颁布的各项方针政策、法律法规，中央政府出版了有关法律法规汇编，影响较大的有以下几种：

1934 年 3 月出版的《中华苏维埃共和国第二次全国代表大会文献》，由中央政府编。本文献汇编收入的文件有《中国共产党六届五中全会给第二次全国苏维埃代表大会党团的指令》《中华苏维埃共和国中央执行委员会与人民委员会对第二次全国苏维埃代表大会的报告》《关于中央执行委员会报告的结论》《关于中央执行委员会报告的决议》《中华苏维埃共和国宪法大纲》《中华苏维埃共和国中央苏维埃组织法》《关于红军问题决议》《关于苏维埃经济建设的决议》《苏维埃建设决议案》等。这些文件都是 1934 年 1 月召开的中华

中共六届五中全会旧址（江西瑞金）

苏维埃第二次全国代表大会上通过的正式文件。从各方面来看，比"一苏大会"通过的文件要完善些，当然有些方针政策明显存在"左"的倾向，但其他方面对于人民民主专政的年轻国家的政权建设有着重要的指导作用。

1934年7月出版的《苏维埃法典》第二集，由中央政府编。该书为中央苏区法规文献汇编本，共收入了中华苏维埃共和国劳动法、土地法、婚姻法、司法程序、惩治反革命条例以及中央执行委员会第25号、第26号训令等文件。

1934年4月颁布、尔后出版的《苏维埃教育法规》，中央教育人民委员会编，收入了《教育行政纲要》《中华苏维埃共和国小学校制度暂行条例》《小学管理法大纲》《小学课程教则大纲》《短期师范学校简章》《初级师范学校简章》《高级师范学校简章》《短期职业中学试办章程》《中央农业学校简章》《苏维埃大学简章》等中央政府颁布和中央教育人民委员部制定、批准或审定的24个教育规章以及《兴国乡村的教育》。

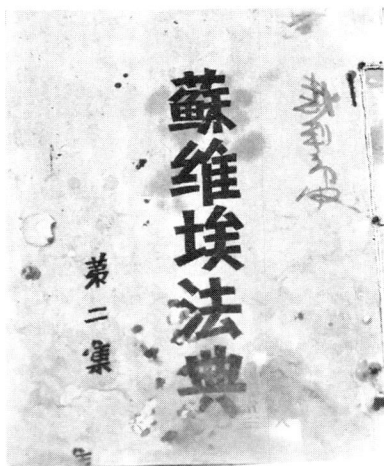

《苏维埃法典》第二集

三、出版宣传法律知识的大众读物

大众读物主要是指面向工农及其子弟的出版物，如《共产儿童读本》《苏维埃公民》《红军识字课本》《工人千字课》《儿童唱歌集》等，它们都结合实际情况，简洁明了地宣传了苏维埃法律知识。

1933 年 7 月，中央教育人民委员部编印
了《共产儿童读本》1 至 6 册。其中第 4 册
第 25 课为《红军好》，第 26 课为《白军苦》，
学生学了这两篇课文后懂得了为什么红军好、
白军苦，为什么要扩大红军、要拥军优属。
它宣传了红军的重要性，同时增强了儿童要
做好拥军、优待红军家属的法律观念。《红军
好》的课文内容是："红军好，红军好，当红
军最荣耀，为苏维埃政权而奋斗，享受优待
条例十八条。踊跃参加红军去，反动政府快
打倒。看今朝，红旗到处飘。"《白军苦》的
课文内容是："白军苦，白军苦，当白军无出
路，升官发财是官长，士兵永远受痛苦。为

《共产儿童读本》第一册

长官当炮灰，疾病生死无人顾，快回头，赶紧来觉悟。"①

第三节　发动群众参与审判工作

在中央司法人民委员部的领导下，各级裁判部积极发动群众参与审判工
作，尽量扩大群众对审判工作的参与程度。通过开展巡回审判、实行人民陪
审、开展"同志审判会"、吸收妇女参加裁判工作、开办培训班等多种方式，
增加了审判工作的透明度和公开性。以公开促公正，既加强了人民群众对审判
工作的监督，又起到了促进人民群众行使权利、对人民群众进行法制宣传教育
的作用。

一、开展巡回审判活动

1932 年 10 月 24 日，中央司法人民委员部负责人梁柏台，在向中央政府报
告该部一年来工作的情况时指出："苏维埃法庭，就是群众法庭，在工农群众

---

① 曾维东、曾维才主编:《中华苏维埃共和国审判史》，人民法院出版社 2004 年版，第
332 页。

监督之下进行工作。除刑事、民事法庭外，还设有巡回法庭。这种法庭是流动的，是到出事地点或群众聚集的地方审判案件，使广大群众来参加旁听审判，借某种案件以教育群众，在群众面前揭破反革命的各种阴谋，这是司法工作教育群众的一种方式。"[1] 1933 年 5 月 30 日，中央司法人民委员部发布《对裁判机关工作的指示》，要求"解决任何案件，要注意多数群众对于该案件的意见，在审判案件之先，必须广泛的贴出审判日期，使群众知道某日审判某某件，吸引广大群众来参加旁听审判，既审之后，应多贴布告，多印判决书，以宣布案件的经过，使群众明了该案的内容，除秘密性的某种案件之外，坚决的不许再有在房间里秘密审判，或随便写一个判决书送上级去批准的不规则情形，裁判部应时常派代表到各种群众会议上去作报告，引起群众对于裁判部的工作注意，多组织巡回法庭到出事地点去审判，以教育群众"[2]。苏区巡回法庭，是在苏维埃审判机构之中设流动的巡回法庭，随时到出事地点或群众聚集的地方去审判有重要意义的案件，以吸引群众旁听，把司法审判工作置于广大基层群众的监督之下，是当时司法公开的重要手段。

二、实行人民陪审制度

为发动广大苏区群众参与审判工作，当时还实行了人民陪审制度。《裁判部的暂行组织及裁判条例》第 13、14、15 条明确规定，法庭须由三人组成，裁判部部长或裁判员为主审，其余两人为陪审员。陪审员由职工工会、雇农工会、贫农团及其他群众团体选举产生，军事陪审员由士兵选举产生。每审判一次得调换两人。实行合议制是由审判员三人以上或审判员一人、陪审员两人组成合议庭审理案件。合议庭讨论决定判决结果时，以多数人的意见为标准，倘若争执不决时，应当以主审的意见来决定，如陪审员之某一人有不同意见，而且坚持保留自己意见时，可以用信封封起，提到上级裁判部去，作为上级裁判部审理该案的参考。这种审判制度，体现了人民司法的民主性，既向人民群众进行了广泛的法制宣传，又使审判工作置于群众监督之下，有利于提高办案质量。

---

① 赣州市中级人民法院编，彭光华主编：《人民司法摇篮——中央苏区人民司法资料选编》，2006 年版，第 131 页。

② 赣州市中级人民法院编，彭光华主编：《人民司法摇篮——中央苏区人民司法资料选编》，2006 年版，第 115 页。

三、开展"同志审判会"活动

为扩大群众对审判工作的参与，发扬司法民主，苏区还创造了"同志审判会"这一特殊时期的审判形式。1932年10月16日，由中央工农检察人民委员部召集中央政府各机关、各工厂工人及工作人员，组织"同志审判会"，由到会群众公推周月林等五人为审判委员，审判国家银行出纳科员袁雨山、刘道彬贪污一案。据《红色中华》报道，这是苏区组织的首次"同志审判会"，取得了较好效果。1934年3月3日的《红色中华》还专门刊登了《瑞金同志审判会的威严》一文，介绍了在中央政府俱乐部召开"同志审判会"，审判曾还珠、刘忠泗、何景新、黎隆生、李茂初等贪污分子的情况。当然，"同志审判会"只是在当时特殊时期的审判形式，其实质上是群众大会，在会议结束后还要将被告人送往苏维埃法庭依法审判。

四、重视吸收妇女同志参加审判工作

苏区还重视吸收妇女同志参加审判工作。1933年10月20日的《红色中华》刊登了《劳动妇女开始做裁判工作》一文，文中介绍："苏区里面的劳动妇女，无论在政治上、经济上、文化上，都站在与男子同等的地位，且他们在革命的过程中，也表现出与男子同样伟大的作用……但是劳动妇女确实在裁判机关工作的，在其他各省各级裁判部有没有是不得而知，不过在江西省所属的各级裁判部在过去是可以肯定的说没有，这就很明显看出江西裁判部忽视劳动妇女在裁判工作中的作用，没有了解劳动妇女在肃反战线上有与男子同等重要的意义……因此，中央人民司法委员部及省裁判部目前所开办训练不分男女性别，而且省裁判部特别规定某些县派送劳动妇女来受训练，虽然没有获得圆满的回答，但至少也给予下级吸收劳动妇女做裁判工作的政治影响。最近江西省裁判部设置女指导员，江西第二劳动感化院设置女检查员，专门检查女监犯，公略县的东固区有妇女充当看守员。此外中央司法部也还有在受训练快要毕业分配裁判工作的劳动妇女。这些仅仅是劳动妇女参加裁判工作的开端。将来要做到裁判机关的工作人员的大部分是劳动妇女来担任，把原先男的裁判工作人员，调去建立边区和新区的工作或参加前方作战。因此吸收劳动妇女的裁判工作，是建立边区新区工作和扩大红军的好方法之一。所以，以后裁判都要注意吸收积极的劳动妇女，给劳动妇女以很好的培养……

来充实裁判机关的组织。"① 落实党的男女平等政策，发挥妇女半边天的作用，在苏区司法实践中引起了重视，作为工作方法和举措得到了推行和保障。

五、通过创办大学、开办培训班等方式开展法制教育培训

1933 年 8 月 16 日，中央人民委员会举行的第 48 次会议通过了创办苏维埃大学的决定。毛泽东任校长，沙可夫任副校长，毛泽东、沙可夫、林伯渠为大学委员会委员。大学专门培养苏区急需的经济、政治、文化、教育等方面的地方干部，学员须在机关团体或党团工作半年以上，表现出色，具有革命经验。大学下设特别班和普通班，设有土地、国民经济、财政、工农检察、教育、内务、劳动、司法等 8 个班。课程包括理论、实际问题研究和实习三部分，修业期限为半年。其中工农检察和司法两个班专门以培养苏区急需的检察、司法等部门高级干部为宗旨。苏维埃大学第二任校长瞿秋白在开学典礼上作报告时指出："苏维埃大学开学的战斗任务，是为了发展中国的苏维埃革命，供给苏维埃革命运动的干部人才。"时任中央人民委员会主席的张闻天在开学典礼上发表讲话，更为详尽地阐述了苏维埃大学学习的中心任务："第一，应当学习领导广大的工农劳苦群众进行一切战争动员工作，来帮助战争；第二，应该学习改善群众生活问题，学习怎样去保护工人农民的日常利益；第三，苏维埃干部应该学习怎样管理苏维埃政权，怎样管理自己的国家。"②

另外，当时的司法人民委员部及各省苏维埃裁判部积极举办各种司法培训班和训练班，提高司法人员素质，有些训练班还吸引司法机关以外的普通干部参加。如《司法人民委员部五个月工作计划（1933 年 8—12 月）》就要求：（1）在 9 月间举办一个短期训练班，学员由每乡选送一人，上课时间两星期，主要目的是造成一批新干部到新区、落后区、边区去帮助组织裁判部的工作；（2）督促江西、福建两省的裁判部各办三期训练班，分别训练县、区两级裁判部工作人员和裁判部书记员；（3）督促闽赣、粤赣两省裁判部各办一期县一级及中心区裁判部工作人员训练班；（4）开办一期军事裁判所工作人员训练班，以充实各级军事裁判所的工作人员。③

---

① 赣州市中级人民法院编，彭光华主编：《人民司法摇篮——中央苏区人民司法资料选编》，2006 年版，第 161 页。

② 江西瑞金市委党史办：《苏维埃大学：培养红军行政干部的摇篮》，《秘书工作》2007 年第12 期。

③ 赣州市中级人民法院编，彭光华主编：《人民司法摇篮——中央苏区人民司法资料选编》，2006 年版，第 139 页。

第四节　其他形式的法制宣传教育活动

在中央苏区，中国共产党和中央政府还利用群众集会、演讲以及标语、布告、壁画、歌谣、话剧创作等形式，全方位多角度地进行法制宣传教育工作，取得了较好的效果。

一、通过集会、演讲等开展法制宣传教育

各级党、政、工、青、妇等组织利用各种集会开展法制宣传教育，如党的代表大会、苏维埃代表大会、工人大会、贫下中农大会等，尤其是开斗争批判恶霸地主、土豪劣绅会以及诉苦大会等，利用典型事例深刻揭露批判旧社会剥削阶级反动法统，讴歌人民民主专政的新政权，热情宣传新颁布的法律法规。学术性的群众组织研究会，在普法教育中也奋勇当先。如，1933 年 4 月 16 日，马克思主义研究会举行了首次学术演讲，由唐开元讲授《中华苏维埃共和国劳动法》，辅导大家学习贯彻劳动法。此后，这个研究会曾几次举行学习法律知识报告会。针对有的地方这方面的工作做得不够、效果不明显的状况，司法人民委员部负责人梁柏台，在 1933 年 7 月 30 日作的该部今后五个月的工作计划中，要求各级党政群组织要切实做好"在各种会议上或文字上向群众做关于司法方面的各种法令的解释工作"。

二、利用标语、壁画、布告等宣传品进行法制宣传教育

中央苏区提出，"我们的宣传品必须简单、明了，为大众所了解；把握着群众脉息的跳动，鼓动和提高他们的革命情绪。每一种宣传品，都必须有时间性、地方性和充分的鼓动力量，各种宣传都应该站在自己的立场上来解释一切问题，从各个方面来动员群众……都要能够在广大劳苦群众的心坎中，燃起革命的热情和造成极度的兴奋"①。在短短的几年中，宣传工作者辛勤劳作，中央苏区各地创作了许多政治标语、口号、漫画，如"穷人不打穷人""缴枪不打人""优待白军俘虏""欢迎白军士兵投降"等，通俗易懂，言简意赅，主题鲜明，很有教育性。红军部队青年宣传员王直，时常拿起画笔，宣传革命。

---

① 《苏区文艺运动资料》，上海文艺出版社 1985 年版，第 247 页。

1933年，他在瑞金街头墙壁上，以幽默的笔调，简洁的线条，画出了《送郎上前线》《主子与走狗》两幅漫画，受到当地人民群众的高度赞扬。中央政府主席毛泽东看了画后称赞说，这画画得好，不识字的人也看得懂。《节省80万行政费汇集革命战争经费》这幅漫画，以一漏斗形式汇集来自政府各部门节省的开支，用于革命战争经费，画面形象易懂。《只有革命才得出头天》这幅宣传画，用对比的艺术手法画出苏区农民手捧大米获得丰收的喜悦和身着破衣烂衫的白区农民则被苛捐杂税的铁链套在颈上的痛苦。瑞金市各地至今保存着许多中央苏区时期的标语、口号、漫画。这些标语、口号、漫画不但对当时法制的宣传教育起了很好的作用，而且也是今天进行革命传统教育的好教材。

苏区还发布了大量的布告，以布告形式宣传法律政策。如，1933年3月5日，中央内务人民委员部发布了代部长何叔衡签署的布告："中央苏区全境，群众数百万人，粮食问题重大，缺少调节流通；现在战争形势，敌人大举进攻，接济红军给养，关系更属非轻；江西福建两省，情形各有不同，田地有多有少，收成有欠有丰；并且有些边地，敌人抢劫一空，都是工农阶级，父母姐妹弟兄；应该同心合力，向着困难斗争，粮食调济设灶，中央正在经营；甲县运到乙县，不能阻挡留停，大家有了饭吃，大家好打白军；省县区乡政府，拿住这个中心，要向群众解释，发展阶级同情，不论奸商富农，定要严拿办罪，法律决不宽容。"①

中央内务人民委员部旧址

---

① 赣州市中级人民法院编，彭光华主编：《人民司法摇篮——中央苏区人民司法资料选编》，2006年版，第170页。

三、通过红色歌谣、话剧创作等文艺活动进行法制宣传教育

（一）通过红色歌谣创作进行法制宣传教育

1931 年 11 月初，中华苏维埃第一次全国代表大会召开期间，在瑞金县城召开了成千上万的苏区群众参加的庆祝大会。为庆祝"一苏大会"通过的各种苏维埃法律法规，苏区文艺工作者们创作并表演了多首红色歌谣："中华全国苏维埃，代表大会今朝开。一轮红日当空照，工农群众踊跃来。千万年来当牛马，如今翻身把头抬。感谢恩人毛委员，定出法令喜心怀。""打起锣鼓响咚咚，梭镖大刀好威风，斗得地主连叩头，权力归我贫雇农。打起锣鼓响咚咚，分田丈地要用功，昔日当牛今作主，支援前线记心中。"[①]

1932 年 5 月 5 日苏维埃临时最高法庭对贪污腐化的原叶坪村苏维埃主席谢步升升判处死刑之后，叶坪村的山歌手邓水娇高兴地创作一首山歌："苏区政权开红花，干部作风人人夸，为官清明树新风，打击贪贼用铁耙。苏区政权开红花，花根扎在穷人家，一心一意为民众，团结工农打天下。"[②]

在当时的中央苏区，有多首具有鲜明革命性的鼓动青年参军、建设人民当家作主的苏维埃政权的红色歌谣以及革命话剧。例如歌谣："保住青山有柴烧，保住江河有鱼捞，保住革命保翻身，保住苏区红旗飘。""一把斧头一把镰，工农翻身建政权，受苦工农团结紧，实行反帝反封建。"还有的歌谣既是鼓动青年踊跃参军的革命诗篇，又是表现青年男女爱情的革命情歌，它们有的借景抒情，如："送郎送到十里坡，眼不流泪嘴唱歌，愿郎革命革到底，等你十年不算多。"有的山歌是歌颂人民领袖的，如："日出东山红彤彤，来了朱德毛泽东，千年铁树开了花，工农做了主人翁。"有的山歌是歌颂革命政权的，如："红色政权一枝花，花根扎落穷人家；贫苦工农有了党，当家作主坐天下。"

（二）通过革命话剧创作进行法制宣传教育

1927 年冬至 1935 年底，以江西革命根据地为中心，兴起了以现代话剧为主的革命戏剧运动，被称为红色戏剧，也叫苏区戏剧。在这场革命戏剧运动中，苏区文艺工作者充分发挥聪明才智，进行了大量的法制宣传教育工作。

早在 1927 年，三湾改编后的工农革命军就在井冈山革命根据地首先建立

---

① 严帆:《峥嵘岁月》，作家出版社 2009 年版，第 13—16 页。
② 朱家柏、刘良:《瑞金风云录》，《当代江西》2009 年第 8 期。

了文艺宣传队，运用活报剧的形式，在井冈山地区演出了《打土豪》《活捉萧家壁》等剧目。1928年元宵节，红四军在江西苏区于都县创作演出了独幕话剧《收谷》，以真实的生活场面表现了地主对农民的残酷剥削。1928年6月，红四军文艺宣传队为配合庆祝七溪岭大捷，编演了大型话剧《二七惨案》《两个面孔》《豪绅末路》等剧目。这期间，方志敏还在赣东北主持创作并登台主演了大型话剧《年关斗争》。

1931年11月，为庆祝中华苏维埃临时中央政府的成立，瑞金掀起了红色戏剧运动的热潮。中央局委派戏剧活动骨干李伯钊、胡底、钱壮飞负责组织文艺晚会，晚会除演出配合现实斗争的歌、舞、活报剧外，还编演了大型话剧《最后的晚餐》和《黑人吁天录》(李伯钊、钱壮飞改编)，扩大了红色戏剧的剧目题材。演出的成功，使中央苏区有关领导感到需要建立一个专业化的剧团，于是以开展戏剧活动有成绩的红军学校俱乐部为基础，成立了瑞金第一个专业化演剧团体——八一剧团。剧团在瑞金、汀州等地演出过反映城市工人运动内容的《父与子》和揭露阶级压迫题材的《阶级》等剧目。

1932年9月，八一剧团进行改组扩建，成立了工农剧社总社。以瑞金的工农剧社总社为枢纽，在各地又成立了许多工农剧社分社、支社，从而使戏剧运动深入到各县、区、乡以及部队的连队俱乐部。工农剧社总社对全苏区的戏剧运动起了组织领导作用和艺术示范作用，曾组织演出队以中央蓝衫团、中央苏维埃剧团的名义到各地巡回演出，并出版推荐剧目，还创建了高尔基戏剧学校，培训了约1000名学员。中央政府教育部副部长沙可夫直接参与了工农剧社的领导工作和创作实践。1934年2月，瞿秋白来到中央苏区就任教育部长，

中央工农剧社旧址（沙洲坝）

他为领导苏区的戏剧运动作出了重要贡献。这一时期红色戏剧的创作与演出日趋成熟。1931 年《婚姻法》颁布后，文艺团体工农剧社创作了以"有了婚姻法，婚姻得自由，妇女得解放，光棍有老婆"为主题的话剧。《土地法》实施后，又创作了以"有了土地法，农民有地种，只要勤耕作，吃穿不用愁"为主题的话剧。这些话剧均受到了广大革命群众的欢迎。

　　1934 年 10 月，红军主力部队开始长征，苏区戏剧队伍也分为两部分，一部随军长征，一部留在闽赣边、粤赣边地区参加游击战争。在瞿秋白领导下，留在苏区的工农剧社成员和高尔基戏剧学校的师生，编成了战号、红旗、火星三个剧团，继续在艰苦环境中进行宣传演出活动①。

---

① 彭保荣、任开弼：《土地革命时期江西苏区戏剧运动钩沉》，《兰台世界》2006 年第 10 期。

第七章
中央苏区法制建设的
历史地位、主要成就与经验启示

第一节　中央苏区法制建设的主要成就

中央苏区法制建设，在党的正确领导下，经过艰苦的探索和实践，取得了重大成就，在巩固苏维埃政权、稳定和改善苏区社会生活方面发挥了重要作用。主要体现在以下几个方面：

一、有力地支持了苏区革命斗争和政权建设

有民主必然要有法制建设，民主的成果只有靠法制才能得到保证。同时，法律总是伴随着国家的产生而产生的，任何一个政权，没有一定的法律法规，是绝不能长久维持社会的正常运转和持续发展的。"国家没有法制，就不能成为国家。"[①] 苏维埃政权作为一种新型的政权形态，从一诞生就开始着手立法和司法工作，就把法制建设特别是审判机关建设作为加强政权建设的重要组成部分，创立了与剥削阶级专政国家截然不同的立法原则、司法原则、审判程序和审判制度。从中华苏维埃共和国建立到中央红军长征进行战略大转移，苏维埃各级立法、司法机关在三年多的时间里，先后制定和颁布了130多部法律法规，内容涉及宪法大纲和刑事、民事、行政、土地、经济、劳动、文化、教育等各方面，不仅使苏维埃的各项工作有法可依，而且为中国共产党在苏区的执政提供了合法性基础。同时，苏区司法机关在极为艰苦的战争环境下，克服各种困难，敢于实践，勇于创新，创造了辉煌的司法业绩，有力打击和惩治了一

---

① 《董必武在军事检察院检察长、军事法院院长会议上的讲话（摘要）》（1957 年 3 月 18 日），《人民日报》1978 年 10 月 19 日。

大批破坏中国革命的反革命分子，肃清了革命队伍中的敌对势力，扫除了革命道路上的障碍，打击了横霸乡里的恶势力，保护了工农群众的生命财产安全，维护了社会安定团结和各项工作的顺利发展，巩固了新生的工农民主专政政权，在广大工农群众中树立了苏维埃专政机关的权威。据统计，1932 年 2 月至 1934 年 10 月中央红军长征前，临时最高法庭、最高法院先后审理和复核了刑事、民事、军事案件 3000 余件，为保卫工农民主政权和巩固革命根据地作出了重要贡献。①

二、为党初步积累了依法治国和执政的经验

中华苏维埃共和国根据革命和建设的需要，制定了包括《中华苏维埃共和国宪法大纲》（以下简称《宪法大纲》）在内的一系列法律、法令，开始了苏维埃共和国有法可依的时代，成立了最高法院和各级地方、军事裁判机构，广泛开展了司法审判工作，开创了人民司法的先河。在革命斗争中，实现了由军政机关审理案件过渡到由肃反委员会、裁判部直至由最高法院专门审理案件的转变。各审判机关在审理工作中，围绕服务中国革命和广大人民群众需要的工作大局，在规范司法程序、完善司法制度、方便群众诉讼等方面大胆探索并取得重大成就，对新中国的民主与法制工作有着积极而深远的影响。今天我国法治体系中很多制度和司法原则，都能从中央苏区法制中寻找到源头。比如：两审终审、合议制、陪审制、上诉制等审判制度，都是对苏区审判模式的有效借鉴；巡回办案、便民诉讼等审判方式，都能从苏区审判工作中反映出来。而且，我国当今正在进行的社会主义法治建设，也是对苏区法制建设经验的继承和发展。这说明中国共产党在领导和管理国家政权的伟大实践中，从一开始就尝试了运用法制的手段和方式，并获得了一定的成功。即使是短短几年的法制实践，也为后来中国共产党实施依法治国战略，推进社会主义法治建设，实现依法执政积累了宝贵经验，也在一定程度上锻炼了党的治国理政能力。

三、初步创建了具有鲜明特色的苏维埃法律体系

苏维埃政权的成立，在彻底打破旧的国家机器的同时也彻底摧毁了国民党统治时期的旧法统。鉴于苏区法制建设基础薄弱，法制很不完备的现状，苏

---

① 《谱写新时期人民司法事业的华彩乐章》，《人民法院报》2009 年 6 月 16 日。

维埃政府组织大量人力、花费大量精力进行苏区立法。如前所述，在短短三年内，制定颁布的法律、法规就达到了 130 余部，且基本达到了"全、细、深、严"的程度，逐步形成了以《宪法大纲》为核心，以各个部门法为主体的比较完备的苏维埃法律体系。总的来看，这个法律体系具有以下特点：

1. 法律规范门类基本齐全。在国家法中，前后共制定以《宪法大纲》为代表的 5 个宪法性文件（含草案），15 部苏维埃国家政权组织法，10 部选举法令。在土地立法方面，制定了全局性的和最高层次的《中华苏维埃共和国土地法》。在行政法方面，有行政管理法令、公安管理法令、民政管理法令、关于红军建制的法令、文教卫科体管理条例等。在刑法方面，主要有《中华苏维埃共和国惩治反革命条例》《关于镇压内部反革命问题》《关于惩治贪污浪费行为》等。在刑事诉讼法方面，主要有《处理反革命案件和司法机关的暂行程序》《裁判部的暂行组织和裁判条例》《中华苏维埃共和国司法程序》等。在经济法方面，有经济管理法令、工商业政策、税收政策等。在民事法律方面，有民法、婚姻条例、婚姻法、劳动法等。

2. 立法内容丰富多样。立法内容涉及经济、政治、文化、教育、卫生和妇女儿童权益保护等诸多方面，涵盖了工业、农业、贸易、财政、金融、水利、开荒移民、环保等各个行业，实现了各行各业基本做到有法可依、有章可循。

3. 绝大多数法律规范科学可行。尽管苏维埃立法受苏联法影响深刻并带有"左"倾倾向，但绝大多数法律规范是根据战争环境特点和革命斗争需要，针对不同阶级、阶层人员制定的，既符合苏区实际，又切实可行。

4. 立法水准较高。中央苏区创制的法律、法规不仅数量多、门类齐全、涵盖面广，而且法律条文比较规范、逻辑比较严密、结构比较严谨，达到了较高的立法水平。比如《宪法大纲》，除前言外仅有 17 条，却非常明确地确定了中华苏维埃共和国的任务、国家的性质、最高权力机构、地方政权机构、中华苏维埃区域的公民所享受的权利和应尽的义务等。就是用今天的宪法理论来审视，在内容的完整性、系统性和科学性、进步性方面，与正规的民主宪法并无多大差距。又如《中华苏维埃共和国婚姻条例》和《中华苏维埃共和国婚姻法》，关于结婚、离婚、离婚后财产与小孩的处理、非婚生子女的处理等的规定比较细致，在结构上采取章、条结构，语言较规范。

总之，中央苏区在当时极为恶劣的战争条件下，能建立起比较完备的新民主主义法律体系，是非常难能可贵的。这一法律体系为苏维埃政权建设提供了基本法律依据，为保护人民各种权益提供了有力的法律武器，为巩固和发展民主政权提供了可靠的法律保障。这一法律体系也成为以后全民族抗日战争时期和全国解放战争时期乃至新中国成立后立法的基础和源头。正如中华苏维埃共和国最高法院院长董必武后来所总结的那样："在过去国内革命战争的各个时期，各个革命根据地，在党的统一领导下，制定了许多代表人民意志和符合革命利益的政策法令。尽管它们在形式上较为简单，而且不可避免地带有地方性，但是它们有力地保障和促进了革命事业的发展。不仅如此，它们并且是我们现在人民民主法制的萌芽。"①

四、建立了一套较为系统的司法体系

在中央苏区，苏维埃政府在加强立法工作的同时，还结合当时革命形势发展需要，积极参照苏联法制模式构建了一套独具特色的苏维埃司法体系。这个司法体系主要包括以下几个方面内容：

1. 形成了一个较为完整的司法组织体系。在中华苏维埃共和国成立以前，各地苏维埃政府建立的司法机关因地而异，有裁判肃反委员会和裁判部、革命法庭、惩治反革命委员会、革命军事法庭等形式。从 1931 年起，中华苏维埃共和国颁布了《处理反革命案件和建立司法机关的暂行程序》《军事裁判所暂行组织条例》《裁判部的暂行组织及裁判条例》等一系列建立健全各级司法机构的规定，开始统一各根据地的司法机关，逐步形成了从中央到地方及军队较为完整的苏维埃司法组织体系。

在组织机构上，主要有：（1）司法行政管理机关——中央司法人民委员部，负责全国司法行政管理工作。（2）审判机关——中央先后设临时最高法庭、最高法院、最高特别法庭，在省、县、区三级地方苏维埃政府内设各级裁判部，在红军系统内设军事裁判所。（3）检察机关——在中华苏维埃共和国成立以后，在人民委员会下设工农检察人民委员部负责监察工作，在军队系统设立军事检查所专司军事案件的预审、起诉等事宜，在最高法院和裁判部内附设检察人员负责管理刑事案件的预审、起诉事宜以及代表国家提起公诉等。（4）国家政治保卫机关——国家政治保卫局及其地方分局，负责维护苏维埃社会治安、社会秩序和镇压反革命，兼有部分审判职能。（5）苏维埃地方临时司法机关——肃反委员会，是集侦查、逮捕、审讯、判决、执行等职能于一身的地方临时政权的专政机关。

---

① 《董必武政治法律文集》，法律出版社 1986 年版，第 475 页。

在职权上：在中央，审判权和司法权分别由最高法院和司法人民委员会独立行使；在地方，则采取"合一制"，即各级审判部兼理审判和司法行政工作。各级司法机构实行双重领导体制，既受同级政府的领导，又受上级司法机关的领导。

2. 构建了较为系统的苏维埃司法制度体系。为保证司法机关依法有效地进行司法活动，苏维埃政府在规范司法程序、完善司法制度等方面进行了大胆探索，建立了一套适合于当时革命战争环境、较为民主化的司法制度。这一司法制度体系的主要内容有：两审终审制度、公开审判制度、巡回审判制度、合议陪审制度、回避制度、上诉制度、死刑复核制度、人民调解制度等。

3. 制定了较为完善的苏维埃司法程序。苏维埃政府先后颁布了《中华苏维埃共和国司法程序》《处理反革命案件和建立司法机关的暂行程序》《裁判部的暂行组织及裁判条例》《革命法庭条例》《革命法庭工作大纲》等规范性法律文件，对审判机关、审判组织、审级制度等作了明确规定。这些法律文件规定了苏维埃法庭、政治保卫局、肃反委员会等司法机关的办案程序，形成了由案件侦查阶段的立案、侦查、逮捕、预审程序，审查起诉阶段的检察、预审程序，审判阶段的立案、法庭调查、辩论、上诉、抗诉和死刑复核等程序以及执行程序所组成的涵盖整个诉讼过程的司法程序，为司法机关办理案件提供了程序法依据，使苏区司法工作走上了依照法定原则、制度办案的新阶段，也为新中国成立后诉讼程序的设立奠定了基础。

五、培养造就了一支苏维埃司法干部队伍

法律贯彻执行，离不开司法人员。处于战争年代的苏区，司法干部十分缺乏。苏维埃政府非常重视司法干部队伍建设，有计划有步骤地培养司法干部。负责司法行政管理的中央司法人民委员部通过创办裁判工作人员培训班，抽调下级裁判部工作人员到上级裁判部实习工作，选拔一些青年充实司法干部等各种有效措施，在较短时间内培训了一大批裁判工作人员，壮大发展了苏区司法干部队伍，大大提升了司法干部队伍素质，不仅为苏维埃司法工作的创立和发展作出了重要贡献，也为新中国的诞生和人民司法事业的发展作了重要的干部准备。根据1933年12月颁布的《中华苏维埃共和国地方苏维埃暂行组织法（草案）》中关于苏维埃共和国各级从事司法裁判工作的人员编制的有关规定，"裁判委员会，省由9人至13人，县由9人至11人，区由7人

至 9 人，市由 7 人至 13 人组织之"①。到 1933 年秋，中华苏维埃共和国全盛时期，"整个中央苏区当时设有江西、福建、闽赣、粤赣 4 个省，共辖有 60 个行政县"②。区级苏维埃政权大约达到 600 个。据此推算，中华苏维埃共和国从事司法裁判（审判与检察）的工作人员大约有 2000 人至 2500 人。可见，中央苏区法制建设培养造就出了一支具有相当规模的司法干部队伍。这当中有许多人不仅成为新中国法制建设的领导骨干力量，而且是治党、治国、治军的精英，成为新中国各项事业的领导骨干力量。1938 年 11 月，毛泽东在延安写作《战争和战略问题》时自豪地说：在苏维埃时，中国共产党"不但造就了一大批会治党会治国的有力的骨干，而且造就了一大批会治军的有力的骨干。这是无数先烈的热血浇灌出来的革命的鲜花，不但是中国共产党和中国人民的光荣，而且是世界共产党和世界人民的光荣"③。比如，担任过苏维埃临时最高法庭主席、最高法院院长的董必武是我国新民主主义革命时期、社会主义革命和建设时期人民司法工作的奠基人之一，新中国成立后出任新中国最高人民法院第二任院长、国家代主席；曾担任中央工农检察委员会委员，在查处中央印刷厂、造币厂和军委印刷所贪污大案中发挥重要作用的刘少奇，新中国成立后，任中共中央委员会副主席、中央政府副主席，后任国家主席；曾担任中央工农检察委员会委员的罗荣桓，在新中国成立后，任最高人民检察署检察长、中国人民解放军总政治部主任，于 1955 年被授予元帅军衔；曾参与起草《土地法》《选举法》等一系列苏区法律的谢觉哉，成为新中国最高人民法院第三任院长；曾任江西省苏维埃政府工农检察委员会主席、中央工农检察委员会委员的蔡畅，在新中国成立后，任全国妇联主席、全国人大常委会副委员长；临时中央政府政治保卫局执行部部长、著名公诉人李克农，新中国成立前后任中共中央社会部部长，于 1955 年被授予上将军衔；陈奇涵、曾汉周先后担任最高人民法院副院长，黄玉昆曾担任审判"四人帮"特别法庭的副庭长；等等。此外，还有滕代远、邵式平等中央苏区时期法制先驱，新中国成立后都成为了部、委、省的卓越领导人，龙飞虎等一批政治保卫机关检察工作人员，成为了新中国治军骨干。

---

① 《中华苏维埃共和国法律文件选编》，江西人民出版社 1984 年版，第 67 页。

② 舒龙、凌步机主编：《中华苏维埃共和国史》，江苏人民出版社 1999 年版，第 132 页。

③ 《毛泽东选集》第 2 卷，人民出版社 1991 年版，第 548 页。

第二节　中央苏区法制建设的历史地位

中央苏区法制建设是中国共产党在半殖民地半封建的中国实现局部执政后，在自己所建立的革命根据地内，在苏维埃政权建设中进行的法制探索，建立了一个与苏维埃政权相适应的新型工农民主法制。它不仅为之后的抗日民主政权和解放区民主政权的法制建设，而且也为新中国成立后建设社会主义法治国家和人民司法制度，提供了宝贵的经验，奠定了坚实的基础，在整个新民主主义法制建设进程中具有极为重要的历史地位。

一、开辟了中国法制建设的新纪元

中央苏区法制是在彻底摒弃剥削阶级、反动政府的法制的基础上建立发展起来的人民民主法制，它体现了广大人民群众的根本利益，是为广大人民群众服务的，具有鲜明的人民性和革命性。尤为重要的是，1931 年 11 月颁布的《宪法大纲》，以国家根本大法的形式，确认了中国共产党领导的新型工农民主专政政权首次以国家形态登上了中国政治舞台，同国民党独裁专制遥相对立。尽管这一政权有着地域局限性，但在中国共产党领导的范围内，苏区法制否定了一切封建特权，公开宣告公民在"苏维埃法律面前一律平等"。而且，苏区法制充分赋予广大工农民众以最广泛的民主，实行了真正的民主选举制度，实现了人民群众当家作主，自己管理自己的国家。从 1931 年 11 月到 1934 年 1 月，中央苏区共举行了三次规模较大的民主选举运动，选民参加选举在 80% 以上，有的地方达到 90% 以上。正如毛泽东所说：苏维埃政权的民主发展到了这样的程度，实在是历史上任何政治制度所不曾有的[1]。苏维埃实现了世界上最完满的民主制度，他是为广大民众直接参加的，他给予广大民众以一切民主的权利，他对于民众绝对不使用也绝不需要使用任何的强力[2]。中央苏区法制建设在中国局部范围内从根本上改变了帝国主义、封建主义、官僚资本主义剥削奴役人民的历史，部分地改变中国半殖民地半封建的社会性质，成为"创造中国新

---

[1]　江西省档案馆、中共江西省委党校党史教研室选编：《中央革命根据地史料选编》下册，江西人民出版社 1982 年版，第 309 页。

[2]　江西省档案馆、中共江西省委党校党史教研室选编：《中央革命根据地史料选编》下册，江西人民出版社 1982 年版，第 310 页。

社会的序幕"①，在中国乃至世界法制建设中写下了新的伟大一页，开辟了中国法制建设的新纪元。

二、处于新民主主义法制建设的初创和奠基阶段

所谓新民主主义法制建设，是指中国共产党领导人民在新民主主义革命时期，在革命根据地创建的，对人民实行民主，对帝国主义、封建主义、官僚资本主义三大敌人实行专政的革命法制实践。它是随着中国共产党领导的革命斗争和革命政权的创建而逐步产生和发展起来的。

纵观中国新民主主义革命的发展历程，根据革命过程中的政治形势、阶级关系、革命政权的阶级结构和革命任务的发展变化情况，新民主主义法制建设的产生和发展大体可分为四个阶段②：一是萌芽阶段（1921年至1927年）。大革命时期，为实现党的二大提出的反帝反封建革命纲领，党在领导工农革命运动中，创立了农民协会、乡村自治委员会、省港罢工委员会等许多具有政权性质的革命组织。这些组织根据党的纲领发布了许多具有法律效力的规约禁令式文件，成为了新民主主义法制的萌芽。二是初创和奠基阶段（1927年至1937年）。土地革命战争时期，党在领导人民发动系列武装起义，开辟革命根据地，进行红色政权建设的同时制定了各种革命法规，开展法制建设，使新民主主义法制建设进入了初具规模的奠基阶段。三是形成阶段（1937年至1945年）。全民族抗日战争时期，各抗日人民民主政权在抗日民族统一战线总方针的指导下，继承并发扬了中央苏区的法制建设成果，对施政纲领、土地政策、政权组织法、选举法、刑法等都作了相应修改，重新制定了减租减息条例、惩治汉奸条例。这一时期的法制建设使新民主主义法制建设日益得到完善，并逐步形成了完整意义上的新民主主义法制。四是发展时期。解放战争时期，各解放区政权先后颁布了许多有关土地、劳动、经济和有关取缔反革命组织、镇压反革命活动、惩办战争罪犯的指示、条例和法令等。这一时期的法制建设为新中国成立后的政权建设和社会主义法制建设创造了极为有利的条件。

---

① 中共中央书记处编：《六大以来——党内秘密文件》（上），人民出版社1981年版，第155页。

② 在学界，不同的学者对新民主主义法制的发展阶段表述有所不同，但都是分为四个阶段。张希坡、韩延龙教授在主编的《中国革命法制史》中将其分为萌芽、初创、形成、胜利四个阶段；曾宪义教授在主编的《中国法制史》中将其分为萌芽、初创和奠基、日益完善和全面发展、向全国胜利推进四个阶段。

1931 年 11 月成立的中华苏维埃共和国，建立了工农民主专政的苏维埃政权，使中国共产党首次在局部执政的区域开始实行由工农劳苦民众当家作主的苏维埃法制。中央苏区法制是一个与国民党反动法制相对立的新型的工农民主法制，是依据党的新民主主义革命思想建立的，不再是少数剥削阶级统治劳动人民的工具，而是代表无产阶级和广大人民的意志，具有反帝反封建的性质，属于新民主主义法制的范畴。值得注意的是：

1. 中央苏区法制建设与大革命时期党领导的各类革命组织进行革命法制探索的实践有着明显不同。后者由于没有建立起属于人民自己的革命政权，并不具备产生新民主主义法制的政权基础，当时制定的一些零星的、单行的法规性文件，也无法形成系统、统一的法律体系，更不是由人民政权的立法机关通过立法形式所制定与颁发，并非真正意义的法制，更不能把它看成是新民主主义法制，仅仅是新民主主义法制的最初萌芽。而中央苏区时期，苏维埃政府曾先后颁布了《宪法大纲》《政权组织法》《选举法》《惩治反革命条例》《土地法》《婚姻法》《财政经济法》《诉讼法》等大量的法律法规，形成了相对统一的法律体系，建立了较为完整的司法系统和制度，并通过法制实践为保卫新生的苏维埃政权和巩固中央革命根据地作出了积极贡献。

2. 中央苏区法制建设也有别于抗日民主政权和解放区民主政权所进行的法制建设。抗日民主政权和解放区民主政权的法制建设是对中央苏区法制建设的继承和发展。从国体上看：全民族抗战时期，政权性质从工农民主专政转变为抗日民主政权，是无产阶级领导的以工农联盟为基础的各抗日阶级和阶层（含地主阶级的一部分——开明绅士）的联合专政，中国革命已进入了完整意义上的新民主主义革命时期；全国解放战争时期，抗日民主政权发展成为人民民主统一战线政权，政权有了比以往任何时候都更为广大和巩固的群众基础。从政体上看：全民族抗战时期，工农兵苏维埃代表大会制度发展为参议会制度，各级参议会由人民选举产生，是权力机关，各级政府委员会由各级参议会选举产生；全国解放战争时期，政体上采取的是人民代表会议制度，采取"人民普遍直接平等无记名选举各级代表，各级代表会选举政府人员"[①]的办法。

可见，中央苏区法制建设仅仅是新民主主义法制建设的雏形，在整个新民主主义法制建设进程中处于初创和奠基时期。

---

① 许静：《论〈中华苏维埃共和国宪法大纲〉的历史影响》，《贵州社会科学》2005 年第 6 期。

三、开创马克思列宁主义法制思想中国化时代化的先河

马克思列宁主义法制思想，是中国共产党在苏区时期开展法制建设的理论根基和基本原则。

马克思主义法制思想的主要内容是：坚持以人为本，以人的权利作为根本；法制活动是人民群众集体意志的具体体现，同时也表现为国家意志，是人类社会发展到一定时期的产物；坚持法制活动的阶级性和社会性相统一；主张司法权应当相对独立于立法权和行政权，实现权力制约，从而保障人民群众的合法权利，实现司法公正；法律的制定创设属于应然的范畴，法律的适用属于实然的范畴；司法权本质上是连接国家和社会的重要治理工具，兼具国家性和社会性的双重属性。作为社会主义政党应当提出自己的法权要求，作为一个积极的社会主义政党，为了夺取国家政权，需要从司法活动中对政权的合理性进行佐证，作为一个斗争的社会主义政党，应当在纲领中用法权的形式明确表达自己的要求。

列宁主义法制思想的主要内容是：坚持人民主权和民主集中制，作为法制思想的两大基石；主张立法公正和司法公正，认为司法公正的前提条件在于立法公正，只有坚持立法公正才能真正实现司法上的公正；要通过依法司法、严格司法实现司法公正；司法权相对独立，司法权、立法权和行政权只是由于职能不同导致分工不同，司法权和行政权相对独立，司法权和行政权都要受到立法权的领导，并且司法权和行政权都是立法权产生的。探索实施司法平等、司法民主和司法监督等一系列法制理念，继承和发展了马克思主义法制思想。

中央苏区的法制建设是中国共产党首次在中国局部执政基础上，将马克思主义、列宁主义和中国实际相结合创造新的法制的伟大实践，成为人民法制的摇篮。中央苏区法制实践的开展是中国共产党早期局部执政的重要探索，苏区法制充分体现了人民群众的根本利益，是人民集体意志的生动体现。中央苏区法制机构在中国共产党的领导下，以维护人民根本利益为出发点，代表的是无产阶级和广大人民的根本利益和真实意志，是为人民服务的国家法律机关，而不是统治阶级用来剥削人民群众的工具。

中央苏区建构了彰显司法人民性的法律制度和程序。与国民党反动阶级的法律不同，中央苏区各项法律制度和程序都是基于人民群众广泛参与并自觉接受人民群众的法律监督，从而切实保障了人民群众的根本利益和集体意

志，充分维护了人民群众的基本权利，极大地彰显了中央苏区法制的人民性。中央苏区法制实行人民陪审员制度，苏区司法庭审由三人组成，其中两人为陪审员。陪审员由职工工会、雇农工会、贫农团及其他群众团体选举出来。司法案件合议之时，少数服从多数，以多数人的意见为标准。如果合议庭意见不统一，出现争议，则按照主审的意见处理，陪审员如果依旧不同意，则可以将自己的意见提交上级司法机关。这种做法实质上是利用陪审员制将领导社会的权力给予人民，能够把人民群众的生活经验和道德观念注入司法审判之中，集中反映了苏区法制的工农民主本质。中央苏区司法审判采取公开审理的方式，即便涉及秘密关系，需进行不公开审判，但在宣布判决之时依然采取公开方式。中央苏区公开审判制度集中体现了审判的阳光操作和审判的透明公开。同时采取巡回审判制度，深入群众、深入基层，依靠群众查明案件真相，从而通过司法教化人民群众、威慑敌人。中央苏区除了运用司法审判的方式，同时也制定了人民调解制度，中央苏区人民调解遵循自愿合法的原则，及时解决了人民内部的矛盾，促进了社会稳定，巩固了苏维埃政权。

中央苏区法制充分显示了法律公平正义的理念，在苏区设立了实现公平正义的法律机构。在中央苏区苏维埃政权建立之后，中央苏区先后颁布了一系列建立健全法律机关的法律规范，逐步形成了一整套从中央到地方和军队的较为完善的法制体系。中央苏区建立的法律机构和旧有的法律机构有着根本的区别。旧的法律机构是国民党反动派为了维护大地主大资产阶级和外来帝国主义，镇压人民，维护其反革命统治的司法工具。中央苏区法律机构则在推翻国民党反动派旧有的法律机构的前提下，以工农民主专政理论为指导思想，将司法审判的重点和斗争对象指向反对苏区苏维埃政权的反革命的阶级和势力。中央苏区法律机构作为服务人民群众和巩固苏维埃工农武装政权的国家机关，坚决依靠人民群众的直接行动和广泛参与，是人民群众当家作主的重要标志。中央苏区法律机构采取行政权和司法权中央分离、地方合一的方式。中央的司法权和司法行政权相互独立、各自分离，而在地方则采取合一制的方式，司法行政权和司法权都由审判部兼顾，各级司法机构同时向同级政府和上级司法机构负责。这种司法体制适应了战时的需要，有利于司法工作的有效开展和政策法令的贯彻落实，有助于巩固中央苏区苏维埃政权。

中央苏区法制围绕着革命斗争这一中心，依靠广大人民群众，在严格执行苏维埃法律规范的基础之上，特别突出坚持党的领导、法律面前人人平等的法制建设原则。在坚持中国共产党的领导这一原则上，苏区法制和活动都是由中国共产党领导和组织的，最大限度地将党的主张、路线、方针、政策等统合到苏维埃法律规范之中，并且在法制实践中得以实现。中央苏区法制各项工作，从法律机构的设置、司法裁判依据到司法审判人员任免，无一例外都是在中国共产党的领导下完成的。同时，中国共产党在法律机构中建立党团组织，从而更好地发挥党的领导作用。中央苏区法制坚持法律面前人人平等的基本原则，苏维埃司法活动中，无论是苏维埃政府官员还是普通民众都没有任何法律特权，在法律适用上一律平等，有力维护了中央苏区法律的尊严，在最大程度上实现了苏维埃公民在苏维埃法律面前人人平等。

中央苏区法制建设主要以模仿苏联法为主。一是在立法方面，根据马列主义关于国家和法的学说，仿照1918年苏俄宪法和1924年苏联宪法，颁布了《中华苏维埃共和国宪法大纲》。这部宪法受苏联法影响最为深刻，关于政权组织形式的规定，完全仿效了1918年苏俄宪法的规定。它所确立的政权体制，不仅名称"苏维埃"与苏联的基本相同，而且在基本框架、基本原则、主要内容上也大体一致，基本上是仿效苏联宪法确定的模式。二是在土地立法方面，受列宁关于农民土地问题的思想和苏俄土地立法经验影响深刻，其中尤以土地所有权国有和消灭富农问题最为典型。三是在劳动立法方面，仿照1918年苏俄劳动法典颁布了《中华苏维埃共和国劳动法》，关于工时、休假，保护女工、青工、童工，工人的民主权利等各方面的规定，与1918年苏俄劳动法典相同。四是在刑事立法方面，借鉴苏俄肃反经验制定了刑事法规。如，在《中华苏维埃共和国惩治反革命条例》中，以苏俄刑法为蓝本规定了反革命罪的概念，建立的镇压反革命的肃反委员会与苏俄国内战争时期的肃反委员会在其任务上基本一致。

中央苏区法制建设虽然模仿了苏联法制模式，但它不是对苏联法制的简单复制，并没有完全照搬苏联苏维埃法制的经验做法。事实上，中央苏区法制在许多具体内容方面，是针对中国当时情况，特别是适应民主革命的需要，创造性地采取了一些合乎中国国情的方法和措施，因而具有中国特点。一是在宪法确定的政权机构设置方面，根据中央苏区所面临的战争形势需要，只设立中央执行委员会作为全国立法、行政、司法的最高管辖机关，没有设立苏联政体中与之具有平等权力地位的联盟院和民族院，因而有力提高了议事和决策效率。二是中央苏区法制建设与苏联法制建设的主要职能不同。苏联法制建设是在和平建设时期开展的，其主要职能是参与社会管理，服务于经济建设。正如列宁在俄国十月革命胜利后不久曾经说过：镇压反抗的任务目前已经基本完成，现在提到日程上来的是管理国家的任务。中华苏维埃共和国是在极为残酷、艰苦的革命战争中建立的，其首要任务仍然是以革命的武装反对国民党的反革命武装。正如毛泽东所说："边界的斗争，完全是军事的斗争，党和群众不得不一齐军事化。怎样对付敌人，怎样作战，成了日常生活的中心问题。"[①] "苏维埃的第一个任务就是武装民众，组织坚强的铁的红军，组织地方部队与游击队，组织关于进行战争的给养与运输。"[②] 在这样背景下发展起来的中央苏区法制，其主要职能就是以法律武器支持苏区革命战争，保卫苏维埃政权，其参与社会管理职能仅仅是辅助职能，且这种辅助职能也都是围绕革命战争这个中心任务来行使的。三是结合中国实际确立正确的土地政策。受苏联 1917 年《土地法令》的影响，1930 年以前中国革命根据地的土地法规都规定，没收的土地归苏维埃政权所有，农民分得的土地，只有使用权，没有所有权。1930 年 9 月，周恩来在中共六届三中全会上传达共产国际关于土地问题的指示精神时指出：土地国有问题，现在是要宣传，但不是现在已经就能实行土地国有。1931 年 12 月中华苏维埃中央政府公布的《中华苏维埃共和国土地法》根据革命形势需要，纠正了以前关于土地国有的错误，在土地权利归属及使用上，采取了灵活变通的规定，指出：土地国有化是消灭封建关系的必由途径，但在目前阶段，分配给农民的土地应允许农民出租、买卖。这个土地法为各地方苏维埃政权制定新的符合中国实际的土地政策起到了重要指导作用。

中国共产党在中央苏区进行法制建设的过程中坚持与时俱进，守正创新，学习借鉴马克思列宁主义法制思想和人类优秀法治文明成果，没有一味套用，而是吸收其内在蕴含的普遍法治理念价值，结合我国具体国情，将其进行本土化改造，不断创新发展，使之具有中国化和时代性，为苏区的社会治理提供了法律保障，开创了马克思列宁主义法制思想的中国化时代化的先河。

---

① 《毛泽东选集》第 1 卷，人民出版社 1991 年版，第 63 页。
② 《毛泽东军事文集》第 1 卷，军事科学出版社、中央文献出版社 1993 年版，第 337 页。

四、推动中华法系创造性转化和创新性发展

任何国家和民族的法的发展虽可借鉴和移植域外法，但终不能割断与历史文化传统相连的脐带，法律发展在某种程度上是承继法的历史传统进行演进的结果。中央苏区法制生长在中华法系的历史传统和文化环境之中，其法制血脉中势必包含了中华法系传统的基因。

中国优秀传统法律文化是中华优秀传统文化的重要组成部分，孕育了灿烂的中华法制文明，形成中华法系，对人类法制建设产生了重要影响，并深深地影响着我国当下的法治建设。

中华法系是世界上五大法系之一，历史悠久、品格独特，形成了自己的法律文化和制度。中华法系以儒家思想作为指导思想和价值准则，维护以孝、忠为核心的价值体系。在法律与道德的关系上，中华法系更强调道德的作用，所谓孔子曾言的"道之以政，齐之以刑，民免而无耻；道之以德，齐之以礼，有耻且格"以及董仲舒归纳的德主刑辅。在人与法的关系上，中华法系更注重人的作用，孔子所谓的"为政在人"以及荀子所言的"有治人、无治法"。在法律追求的目标上，与西方强调的公平正义不同，中华法系追求无讼的理想境界。在立法内容上，中华法系形成了五服制罪、亲亲相隐、十恶、存留养亲等一系列符合儒家经义的制度规范，《唐律疏义》的"一准乎礼"就是明证。在立法主旨上，与西方强调的个人权利主义不同，中华法系维护的是血缘家族伦理，个人对家族只是尽其义务而已，因此有学者将中华法系界定为集团本位。在法律体系上，中华法系更加偏重以刑法为主的公法，国家的重要法典都是刑法典，而对以民法为主的私法在立法上却不够重视，大量的风俗习惯成为民法法源。在实体法与程序法的关系上，中华法系更加注重实体立法，程序立法则显得薄弱。在司法上，中华法系更是独树一帜，与其说是行政与司法合一，不如说将司法看成是如收税等行政的一部分，没有独立的司法机构和职业法官阶层，司法也就没有显示其职业性特点。在司法审判上，与西方强调程序正义不同，中华法系则强调探明事实真相，追求实质正义，因此，程序可以灵活掌握。

中华法系以唐律为代表，其对周边国家和社会产生了重要影响，为人类探索法制文明作出了重要贡献。但近代以来，在西方法治文明的强势示威和示范作用下，中国传统法律制度与文化显得落后，显得格格不入，传统的中华法系在制度上趋于瓦解。但制度瓦解易，而文化的不变难，传统法律文化还在深深

地影响着我们。中华法系蕴含的中国优秀传统法律文化，已经成为我们民族法文化的基因。中央苏区法制建设浸润在中华传统法律文化里，必然受其影响，在承继中国传统法律文化的基础上，探索出了中国特色法制建设的新路径，改变了中国近代以来法制建设的方向，形成了中国特色法制建设的新法统，成为新中国法制建设的源头。

中央苏区法制的公法性、实体性与中华法系的重公法、重实体的品格，昭示着中央苏区法律对中华法系品格和精神的某种继承和渊源关系。此外，司法上追求实质公平和程序上的便利性、灵活性既是中央苏区司法的特征，亦是中华传统司法的特征，其中的契合性也体现了中央苏区司法对中国传统司法的继承性。

1. 公法性

以公法与私法的概念和划分来对照中央苏区法制，则明显地表现为公法性。有学者对中华苏维埃共和国法制统计后指出，中华苏维埃共和国颁布的各类法规中，大致包括六类：一是国家法，包括宪法、国家机构组织法、选举法等；二是行政法，包括行政、公安、民政、民族政策、文教、卫生、科技管理等；三是刑法，主要是惩治反革命条例；四是民法，包括婚姻、借贷等；五是经济法，包括财政、税收、工商业政策、劳动、土地法等；六是司法审判制度。对此分类，《中华苏维埃共和国法律文件选编》的编纂体例和内容进行了佐证。纵观这六大类，第一、二、三、五、六大类的国家法、行政法、刑法、经济法和司法制度都是直接涉及国家政权或公权力的，都属于公法的范畴，而只有第四类的民法，从字面意义上来看是属于私法。

民法在中华苏维埃共和国法制中所占比重非常小。《中华苏维埃共和国法律文件选编》只收录了《中华苏维埃共和国婚姻条例》《中华苏维埃共和国婚姻法》和《中华苏维埃共和国临时中央政府关于借贷暂行条例的决议》。

《中华苏维埃共和国宪法大纲》第 11 条明确表示："中国苏维埃政权以保证彻底的实行妇女解放为目的，承认婚姻自由，实行各种保护女性的办法，使妇女能够从事实上逐渐得到脱离家务束缚的物质基础，而参加全社会经济的政治的文化的生活。"[1] 显然，以解放妇女为目的的婚姻立法，势必要运用公权力的力量，对强迫婚姻、父母代订婚姻、一夫多妻、童养

---

[1] 中共中央文献研究室、中央档案馆编：《建党以来重要文献选编》第 8 册，中央文献出版社 2011 年版，第 652 页。

媳、买卖婚姻、蓄婢、强迫守寡等进行打击。《中华苏维埃共和国婚姻条例》《中华苏维埃共和国婚姻法》都有"违反本条例（法）的按照刑法处以应得之罪"的规定。属于民法的婚姻法本应该用民法的处罚方式，如宣告无效、恢复原状、停止侵害、返还财产、消除影响、赔礼道歉、赔偿损失等，却用了如有期徒刑、死刑等刑法的处罚方式。也就是说，民法刑法化了，这也为运用公权力的力量，对违背婚姻立法原则的行为进行改造和打击提供了注脚。

高利贷剥削被认为是造成乡村阶级对立和农民贫困的重要根源。中华苏维埃共和国关于借贷问题的立法很简单，其目的就是"彻底肃清一切封建剥削，废除和禁止一切的高利贷"，规定"取消和废止一切高利贷形式的借贷。过去高利贷的契约，完全宣布无效，并焚毁之"。显然，只有公权力主动出击，才能达此目的。同时也规定："如违反规定，或用其资金作高利贷的剥削以及帮助反革命行动者，一经政府查出，或群众报告，除将资金没收外，并须予以法律之制裁。"这里的"法律之制裁"应该是指刑法之制裁，也就是说，借贷立法也被刑法化了，公法化了。

2. 实体性

中华苏维埃共和国历史上颁布了《中华苏维埃共和国军事裁判所暂行组织条例》《裁判部的暂行组织及裁判条例》和《中华苏维埃共和国司法程序》三部相对真正意义的程序法。但1934年4月8日颁布《中华苏维埃共和国司法程序》后，明确表示废止前两部法等相关的程序法规定。也就是说，在中央苏区后期，真正被认可和起作用的程序法只有一部。

《中华苏维埃共和国司法程序》总共只有8条，极其简单，没有民事、刑事、行政诉讼的分立。除简单规定了各司法机关的权限和两级审判制外，连最重要的证据制度都没有规定。显然，中华苏维埃共和国在立法上具有实体化的现象。

3. 平等性

中央苏区的法制把追求社会平等作为自己的根本追求。坚持了"法律面前人人平等"的理念。法律保护人民民主权利的平等。《中华苏维埃共和国宪法大纲》宣布，苏维埃公民"在苏维埃法律面前一律平等"。这是工农民主专政的新民主主义的社会性质所决定的。《宪法大纲》还明确宣布："在苏维埃政权领域内的工人、农民、红军兵士及一切劳苦民众和他们的家属……在苏维埃法律面前一律平等……凡上述苏维埃公民在十六岁以上皆享有苏维埃选举权和被选举权……讨论和决定一切国家的地方的政治事务。"① 如有破坏人民民主权利的行为发生，《中华苏维埃共和国的选举细则》指出，将对破坏选举、妨碍选举自由行为给予惩罚。

法律规定保护少数民族的平等权利。《宪法大纲》规定："中国苏维埃政权承认中国境内少数民族的民族自决权……凡是居住在中国地域内，他们有完全自决权；加入或脱离中国苏维埃联邦，或建立自己的自治区域。"②《关于中国境内少数民族问题的决议案》规定，"凡是居住苏维埃共和国的少数民族劳动者，在汉人占多数的区域，亦须和汉族的劳苦人民一律平等，享有法律上的一切权利义务，而不加以任何限制与民族的歧视"。这是中国共产党最早的有关民族政策的法律规范，新中国成立后它成为了中国共产党处理民族关系的基本依据。事实上，凡是红军所到的区域，都执行了民族平等的政策。

法律规定苏维埃区域内的外国人与中国人的平等权。《宪法大纲》规定，"中国苏维埃政权对于居住苏维埃区域内从事劳动的外国人，一律使其享有苏维埃法律所规定的一切政治上的权利"。这体现了中国共产党的高瞻远瞩和宽大胸怀。帝国主义固然是中国人民的死敌，是中国民主革命的首要对象。但是反对帝国主义并非意味着要反对所有的外国人，毕竟当时也有着许多国际友人在支持着中国共产党领导的民主革命，共产国际也委派许多人在苏区参与、指导苏区工作。外国人在法律上的平等权既显示了共产党人不卑不亢的独立人格，也为日后赢得国际支持打下良好基础。正是因为中国共产党注重保护外国人的权利，使得大批外国友人，如史沫特莱、白求恩、柯棣华等在抗日战争期间不远万里来到解放区，积极帮助、宣传中国人民的正义战争。

法律规定苏维埃区域内男女平等的权利。《中华苏维埃共和国婚姻法》规定，男女在家庭和社会中地位平等；实行婚姻自由，女子在经济上政治上和文化生活上，享有同男子平等的权利，实行同工同酬，产前产后休息等等。数千年来，男尊女卑在中国社会中盛行，女人不能享受与男人同等的权利。这种制度极大地损害了妇女的人权，限制了妇女聪明才智的发挥。因此，男女不平等是封建社会留下的遗毒，是旧中国最大的体制弊端。废除男尊女卑体现了中国共产党敢于向旧制度、旧习俗宣战的大无畏的革命精神，真正折射出中国共产党是最广大人民群众利益真实代表的本质。

①② 中共中央文献研究室、中央档案馆编：《建党以来重要文献选编》第8册，中央文献出版社2011年版，第650、652页。

平等性体现在司法实践上的平等。对于违法犯罪行为，不管发生在什么人身上，都要严肃追究责任，依法制裁、决不宽容。例如：中央政府中央执行委员会委员、于都县苏维埃主席熊仙璧，贪污渎职还企图以"不晓"来逃避苏维埃法律制裁。1934年4月，中央执行委员会发出命令（中字第十五号）："熊系中央执行委员会委员，除批准人民委员会将其主席撤职外，并开除其中央执行委员会委员，交最高法院治罪"。随后，最高法院组织特别法庭，经审理判处熊仙璧监禁一年，剥夺公民权一年。苏维埃领导人违法犯罪一律受刑罚，体现了苏维埃司法的平等性。

由此可见，在苏维埃政权下，"法律面前人人平等"不但体现在法律条文中，更加实实在在落实到人民的日常生活当中，体现了苏维埃政权区别于其他旧政权的特质。

4. 习惯法的法源地位

中华苏维埃共和国虽是中国共产党领导土地革命的全国性政权，但由于其中心处于江西福建苏区，具有一定的区域性，其立法也就受江西福建苏区地方风俗习惯的影响。依法理分析，民法是调整民事主体法律关系的法律，其最具社会性，受社会风俗习惯的影响也很大。中华苏维埃共和国民法立法之少，正可以用民法的社会性、继承性与地方风俗习惯的调和性来解释。同时，中华苏维埃共和国民法立法之少，又可以用来论证，除遵循有限的立法外，风俗习惯应是中华苏维埃共和国大量民事司法的法源。即使有民事立法，如《中华苏维埃共和国婚姻法》，由于风俗习惯更有普遍的社会文化基础，风俗习惯仍然影响着苏区的婚姻关系。如《中华苏维埃共和国婚姻法》规定的婚姻自由、禁止童养媳，往往在实践中得不到施行。有些妇女在婚姻问题上不能得到婚姻自由，反受到父母及旁人的压迫手段而自寻短见……潞江区厚田乡有位青年妇女因要结婚而父母不准，服药而死。甚至有的地方政府公开强迫婚姻，乡政府或区政府可以指定女子与某人结婚，有的男子贿通乡政府来达到与某女子结婚的目的。童养媳的习俗还没有彻底铲除，苏维埃所颁布的婚姻法令禁止童养媳，我们的群众还没有切实执行，这些残余习俗依然在苏维埃区域内作怪。

五、新中国社会主义法制建设的重要历史渊源

中央苏区法制建设是中国共产党首次在中国局部执政后进行的法制实践，与新中国成立后所领导的社会主义法制建设属于同一历史类型，并处于重要历史渊源的地位，成为新中国法制建设之源。前者为后者积累了丰富经验，奠定

了坚实的历史基础；后者是对前者的继承和发展。具体表现在：

1. 中央苏区时期国家宪法所确定的模式被新中国宪法所沿袭。《宪法大纲》是中国共产党领导人民制定的第一部宪法性文件，是人民制宪的最初尝试。作为人民宪法的雏形，它所确定的苏维埃模式对新中国成立后的模式产生了重大影响。一是国体的传承。国体作为一个国家政权的性质，是宪法作为一个国家根本大法必须首先要加以阐明的。《宪法大纲》第2条明确规定了"中国苏维埃政权所建设的是工人和农民的民主专政的国家"①。1954年《中华人民共和国宪法》规定"中华人民共和国是工人阶级领导的、以工农联盟为基础的人民民主国家"②。而1982年《中华人民共和国宪法》则进一步明确肯定"中华人民共和国是工人阶级领导的、以工农联盟为基础的人民民主专政的社会主义国家"③。可见，从工农民主专政到人民民主专政，二者都是以工人阶级为领导、以工农联盟为基础，国体的本质特征是一致的。不过是人民民主专政国体下"人民"是一个更广泛的概念，包括了工人、农民、解放军、知识分子和社会各阶层人士，如民营科技企业的创业人员和技术人员、受聘于外资企业的管理技术人员、个体户、私营企业主、中介组织的从业人员和自由职业者等④。二是政体的延续。《宪法大纲》规定苏维埃国家的政体是工农兵苏维埃代表大会制度。1954年《中华人民共和国宪法》规定"中华人民共和国的一切权力属于人民"，"人民行使权力的机关是全国人民代表大会和地方各级人民代表大会"⑤。1982年《中华人民共和国宪法》则明确表明社会主义中国的国家政体是人民代表大会制度。从工农兵苏维埃代表大会制度到人民代表大会制度，形式虽有所不同，但在国家政权的产生方式、组织方式和行使职权等方面，都是人民通过选举，选出自己的代表来组成政府机关，在行使权力、管理国家中都实行民主集中制的组织原则。可以说，工农兵苏维埃代表大会制度是人民代表大会制度的雏形，建起了人民代表大会制度的基本构架。

2. 中央苏区立法理论和实践是新中国立法工作的基石。中华苏维埃共和国成立时，立法工作就已经开始进行。在短短的三年中，先后颁布宪法、政权组

---

① 瑞金县人民法院编：《中华苏维埃共和国审判资料选编》，人民法院出版社1991年版，第12页。

② 曾宪义、张晋藩编：《中国宪法史略》，北京出版社1979年版，第362页。

③《宪法和宪法修正案辅导读本》，中国法制出版社2004年版，第6页。

④ 许静：《论苏维埃宪法大纲与新中国宪法的传承关系》，《求实》2005年第11期。

⑤ 曾宪义、张晋藩编：《中国宪法史略》，北京出版社1979年版，第362页。

织法、选举法以及关于土地、劳动、刑事、婚姻等基本法律、条例多达 130 多个。在残酷的战争年代，苏维埃立法内容之丰富、涵盖面之广泛、规定之严格、条例之细致、执法之严格、法律水准之高，在中外历史上也是罕见的①。新中国成立后，彻底废除了国民党《六法全书》及其一切反动法制，迫切需要建立新的人民民主法制。这一时期的立法，很多都是从中央苏区时期发展起来的，甚至有些法律规范还直接吸收了一些苏区法律规范的条文。比如：新中国的《宪法》除沿袭了《宪法大纲》所确定的模式外，还吸收了《宪法大纲》有关公民平等、公民权利义务等方面的规定；新中国的婚姻法则直接吸收了《中华苏维埃共和国婚姻法》中一夫一妻、婚姻自由等有关规定。

3. 中央苏区司法制度被新中国司法制度所继承和发展。在司法机关的设立方面，中华苏维埃共和国成立后，最高法院作为最高审判机关，隶属于国家最高权力机关——中央执行委员会，地方省、县、区设立裁判部，作为地方审判机关，实行四级两审制。新中国成立后，根据《中华人民共和国人民法院暂行组织条例》规定，人民法院分为三级，最高人民法院及其分院是全国最高审判机关，省级人民法院及其分院、分庭为二审法院，县级人民法院是一审法院，实行三级二审终审制。在诉讼和审判制度方面，中央苏区时期的审判权和审级、公开审判和巡回法庭、审判合议制和人民陪审员制、审判人员回避制、公民起诉和国家公诉制度、辩护制度、上诉和抗诉制度、上级审核和死刑复核制度、判决期限等基本上直接为新中国成立之初的司法制度所吸收，并成为新中国的重要诉讼原则和制度，有的甚至沿用至今。

第三节　中央苏区法制建设的经验启示

尽管受共产国际的影响及王明"左"倾思想的干扰，中央苏区法制建设无论是形式上还是内容上，都具有较为明显的"左"倾倾向，尚存不少脱离中国国情之处，具有不可避免的历史局限性，但它为中国新民主主义革命事业所作出的积极贡献是不可磨灭的，也为新时代大力推进社会主义法治建设提供了宝贵的不可忽视的经验和启示。

---

① 罗惠兰、郑炎明:《中华苏维埃共和国历史地位评析》,《求实》2004 年第 7 期。

一、必须始终坚持中国共产党的领导

中国苏维埃运动是在中国共产党领导和组织下展开的，苏维埃政权也是在中国共产党领导下创建的，没有共产党就没有苏维埃政权。党的领导是苏维埃政权建设的政治保证，从那时起就成为中国共产党领导政权建设的一条基本经验。正如中国共产党所提出的主张一样，"党随时随地都应作苏维埃思想上的领导者，而不应限制自己的影响"①。

作为苏维埃政权建设重要组成部分的法制建设，同样是在党的领导下开展的。中央苏区法制建设就是以共产党领导的工农民主政治制度为载体，通过苏维埃立法、司法、守法、执法、法制宣传等方式，最大限度地把党的主张、路线、方针、政策统合于苏维埃宪法和法律之中，并在法制实践中不断地实现这些主张、路线、方针和政策。比如，党的六大明确提出了中国革命的十大要求，即党在民主革命阶段的纲领，以此为依据，形成了苏维埃政府的十大政纲；六大还规定了党在苏区的八项具体任务，成为后来各级苏维埃政府制定和执行各项具体政策的重要依据。"一苏大会"和"二苏大会"通过的一系列法律法规、决议以及临时中央政府所颁布的各项法令、训令和决议，都是当时党的方针政策和决策的具体体现。而且，我们党还通过在司法机关中建立党团组织，实现对司法机关依法开展司法活动的领导。

中央苏区法制实践充分证明，苏区法制建设的每一步发展都凝聚着毛泽东等老一辈共产党人的心血和智慧，没有中国共产党就没有苏区法制建设，没有中国共产党的领导，就没有新民主主义法制的产生和发展。

在新时代向第二个百年奋斗目标进军的新征程上，在推进全面依法治国的新实践中，要以习近平法治思想为指引，弘扬苏区法制建设坚持中国共产党领导的优良传统和根本原则，把牢党的领导是中国特色社会主义法治之魂，全面落实党领导立法、保证执法、支持司法、带头守法，深刻确立党在全面依法治国中总揽全局、协调各方的领导核心地位，坚决把党的领导这个最根本保证坚持好、这个最大优势发挥好。一要深刻理解和把握党的领导是社会主义法治最根本的保证，把党的领导作为中国特色社会主义法治建设的根本所在、命脉所在；二要深刻理解和把握党的领导是全面依法治国的最根本的要求，是新时代全面依法治国的"定海神针"；三要深刻理解和把握党的领导是中国特色社会

---

① 中央档案馆编：《中共中央文件选集》第4册，中共中央党校出版社1989年版，第408页。

主义法治同西方资本主义国家的法治最大的区别，始终坚持党领导下的中国特色社会主义法治道路；四要深刻理解和把握党和法、政治和法治、依法治国和依规治党等重大关系，明确"党大还是法大"是一个伪命题，着力澄清和纠正较长时间以来在党和法等重大关系上存在的各种模糊、片面和错误认识。

二、必须始终坚持法律面前人人平等原则

《宪法大纲》第 4、16 条分别规定："在苏维埃政权领域内的工人、农民、红军兵士及一切劳苦民众和他们的家属，不分男女、种族（汉、满、蒙、回、藏、苗、黎和在中国的台湾，高丽，安南人等）、宗教，在苏维埃法律前一律平等"；"居住苏维埃区域内从事劳动的外国人，一律使其享有苏维埃法律所规定的一切政治上的权利"[①]。这说明早在土地革命战争时期，我国就以根本法的形式正式确立了人民主体地位平等的政治制度，而联合国直到 1948 年巴黎大会通过的《世界人权宣言》才提出"法律面前人人平等"的口号。"苏维埃法律面前一律平等"原则的确立，意味着在苏维埃法律面前，没有特殊公民，意味着苏维埃共和国党、政、军官员无论职务高低在法律面前一律平等，与普通公民一样受法律约束；意味着任何苏维埃公民都平等地享有苏维埃法律赋予的权利，并履行苏维埃法律所规定的义务；任何苏维埃公民的合法权利都受到苏维埃法律的保护，不得任意侵犯；任何苏维埃公民违法犯罪都必须受到法律追究与制裁。特别是共产党员是人民群众中的先进分子，应该带头模范遵守党的纪律、人民政府的法律，更不能有任何超越党的纪律、国家法律之上的地位和特权，这是一项铁的纪律、法律和司法原则。

比如，原中央执行委员会委员、于都县苏维埃主席熊仙璧及原中央执行委员会委员、工农剧社社长兼中央教育部艺术局副局长洪水等一批在苏区具有较大权力、较高地位的贪腐分子犯了罪，先后受到法律惩处。据不完全统计，仅临时最高法庭审判县团级以上干部犯罪案件就达近百件，有力维护了苏维埃法律的尊严，在很大程度上实现了苏维埃公民在苏维埃法律面前一律平等。与此同时，我们也应看到，由于当时革命斗争所孕育的朴素阶级感情和"左"倾思想的影响，在一定程度上影响到"苏维埃法律面前一律平等"原则在一些具体立法和司法实践中的适用效果。比如，在刑事立法和实践中，以成分和功绩作

---

① 中共中央文献研究室、中央档案馆编：《建党以来重要文献选编》第 8 册，中央文献出版社 2011 年版，第 650、653 页。

为量刑和减免刑罚的依据:"工农分子犯罪而不是领导的或重要的犯罪行为者,得依照本条例各该条文的规定,比较地主资产阶级分子有同等犯罪行为者,酌量减轻其处罚";"凡对苏维埃有功绩的人,其犯罪行为得按照本条例各该条文的规定减轻处罚"。①

在新时代向第二个百年奋斗目标进军的新征程上,在推进全面依法治国的新实践中,要以习近平法治思想为指导,弘扬苏区时期坚持法律面前人人平等原则的法制精神。一要深刻理解和把握坚持法律面前人人平等是社会主义法律的基本属性,是社会主义法治的基本要求。二要深刻理解和把握坚持法律面前人人平等必须落实和体现在立法、执法、司法、守法各个方面,全面推进科学立法、严格执法、公正司法、全民守法。推进科学立法,关键是完善立法体制,深入推进科学立法、民主立法,抓住提高立法这个关键。推进严格执法,重点是解决执法不规范、不严格、不透明、不文明以及不作为、乱作为等突出问题。推进公正司法,要以优化司法职权配置为重点,健全司法权力分工负责、相互配合、相互制约的制度安排。推进全民守法,必须着力增强全民法治观念,坚持把全民普法和守法作为依法治国的长期基础性工作,采取有力措施加强法制立法教育,形成守法光荣、违法可耻的社会氛围,使遵法守法成为全体人民共同追求和行动自觉。三要深刻理解和把握任何组织和个人都必须遵守宪法法律权威,都必须在宪法法律范围内活动,都必须依照宪法法律行使权力或权利,履行职责和义务,都不得有超越宪法法律的特权。四要深刻理解和把握任何人违反宪法法律都要被追究,绝不允许任何人以任何借口任何形式以言代法、以权压法、徇私枉法。五要深刻理解和把握领导干部是"关键少数",要带头遵守法律、敬畏法律、了解法律、掌握法律,做尊法学法守法用法的模范。

三、必须始终坚持群众工作路线

苏区法制的内容不仅是人民群众的意志和利益的体现,而且也是人民群众革命实践的经验总结。苏区法制工作坚持群众路线,体现司法的人民性、民主性和司法工作的群众化,这是由工农民主专政政权性质所决定的,也是中央苏区法制建设最显著的特色。

为了发动群众、领导群众搞好司法工作,中央执行委员会、司法人民委员

---

① 瑞金县人民法院编:《中华苏维埃共和国审判资料选编》,人民法院出版社1991年版,第88—89页。

部、临时最高法庭、最高法院曾多次颁布命令和条例，指示审判机关要与群众相结合，一方面把审判机关的专门工作置于群众的监督之下，另一方面借审判案件教育群众遵纪守法，提高群众对敌斗争的积极性。1933 年 5 月 30 日，中央司法人民委员部颁布了《对裁判机关工作的指示》，强调裁判机关在审判案件时，要注意多数群众对该案的意见，即注重群众反映和社会效果；要求各法庭在开庭审判前，须广泛张贴告示，吸引和组织广大群众届时旁听。并且，为使更多群众能参与到审判中来，还实行人民陪审员制度，从职工会、雇农工会、贫农团及士兵会中采用民主方式选举陪审员参与审判，因为"人民陪审员能把人民群众的生活经验和知识、道德观念带到法院里来运用"①。还规定凡由三人组成的法庭就有两个人民陪审员。在众多的群众面前揭破反革命的阴谋活动及对革命的危害，扩大审判工作的影响。苏区审判机关实行巡回审判，要求审判人员到出事地点去审判一些群众性或比较重要的刑事与民事案件，充分吸收出事地点及其附近的广大群众予以旁听。在苏区，这种以审判机关为核心，以革命群众为基础的办案方式，形成了从中央到地方、从城市到乡村的有形无形的法网。如：1933 年底开展的群众性反贪污反浪费检举揭发运动，先后查出中央总务厅、粮食调剂局、财政部等单位贪污腐败分子六七十人。据记载："被检举的贪污分子送法庭制裁 29 人、开除公职 3 人，包庇贪污与官僚主义者送法庭 1 人，建议行政机关撤职改调工作 7 人，严重警告 2 人，警告 4 人。"②

在新时代向第二个百年奋斗目标进军的新征程上，在推进全面依法治国的新实践中，要以习近平法治思想为指引，弘扬苏区法制的人民性的特点和品格，坚持人民主体地位，坚持法治为了人民、依靠人民、造福人民、保护人民，将为人民谋幸福的根本使命、全心全意为人民服务的根本宗旨落实到全面依法治国理论和实践中。一要深刻理解和把握法治的根基在人民，全面依法治国最广泛最深厚的基础是人民，确立人民在全面依法治国中的主体地位，作为中国特色社会主义法治区别于资本主义法治的根本所在；二要深刻理解和把握推进全面依法治国的根本目的是依法保障人民权益，明确人民权益要靠法律保障，法律权威要靠人民维护，切实解决全面依法治国依靠谁、为了谁的根本问题；三要深刻理解和把握民主、法治、公平、正义是新时代人民对美好生活向

---

① 《董必武政治法律文集》，法律出版社 1986 年版，第 539—540 页。
② 谢建社：《中央苏区反腐倡廉的成功经验与深刻启迪》，《江西师范大学学报》2002 年第 4 期。

往的重要内容，把我们党的奋斗目标、我国社会主要矛盾的变化具体化到法治实践中；四要深刻理解和把握社会公平正义的法治价值追求，围绕保障和促进社会公平正义推进中国特色社会主义法治建设，全面提升新时代人民群众在法治领域的获得感、幸福感、安全感，努力让人民群众在每一项法律制度、每一个执法决定、每一宗司法案件中都感受到公平正义；五要深刻理解和把握加强人权法治保障的重要性，不断健全人权法治保障机制，推动保障人权在立法、执法、司法、守法各环节实现全链条、全方位覆盖。

四、必须始终坚持服务大局

苏维埃政权是在激烈的战争环境下诞生的，其基本任务就是革命战争，集中一切力量以武装的革命反对武装的反革命，巩固和发展革命政权。这也是党和苏维埃政府的工作大局，因为"假若战争失败，则根据地无法存在，党政军民都会垮台"。所以，苏区时期的法制建设必然要服从、服务于这个工作大局——革命战争。正如《司法人民委员部一年来的工作》所指出的一样："在猛烈发展革命战争的时期，一切工作都应以发展革命战争为中心任务，一切都应服从于战争，司法机关也应当如此。各级司法机关就在这一任务下进行工作。""就是在各种命令和指示上，也同样以发展革命战争的任务来指示各级司法机关。"在实践中，苏区各级司法机关始终围绕苏区革命需要这一大局开展灵活多样的工作。各级司法机关在国内战争环境下，"坚决的执行明确的阶级路线"，"采取坚定迅速正确的办法"，"镇压和裁判当地豪绅、地主、富农、资本家及一切反动派的反革命活动与企图，肃清当地反革命势力，以巩固临时政权"，审判了大量的反革命案件和其他刑事、民事案件，"处置了许多反革命分子，给这些反革命以致命的打击"，有力地支持了革命战争，巩固了工农民主专政政权，保障了广大群众的合法权益。

在新时代向第二个百年奋斗目标进军的新征程上，在推进全面依法治国的新实践中，要以习近平法治思想为指引，弘扬苏区法制坚持围绕中心服务大局的做法和经验，开创新时代全面依法治国新局面。党的二十大报告郑重宣告，"从现在起，中国共产党的中心任务就是团结带领全国各族人民全面建成社会主义现代化强国、实现第二个百年奋斗目标，以中国式现代化全面推进中华民族伟大复兴"。全面依法治国必须服从服务于这个中心这个大局。从这个中心这个大局定位法治、布局法治、推进法治，在法治轨道上全面建设社会主义现代化国家、全面推进中华民族伟大复兴。一要深刻理解和把握坚持依法治国、依法执政、依法行政共同推进，法治国家、法治政府、法治社会一体建设的工作布局，推动法治中国建设全面协同发展；二要深刻理解和把握坚持统筹推进国内法治和涉外法治，加快涉外法治工作战略布局的决策部署，充分运用法治思维和法治方式维护国家主权、安全和发展利益，着力推动百年大变局朝着有利于实现中华民族伟大复兴的大方向演进；三要深刻理解和把握全面推进依法治国是一项庞大的系统工程，是国家治理的一场深刻变革。要统筹兼顾、把握重点、整体谋划，立足当前、着眼长远，久久为功，确保新时代全面依法治国行稳致远，不断把法治中国建设向纵深推进。

五、必须始终坚持一切从实际出发

马克思主义法律观认为，制定法律必须从实际出发，反对主观随意性。这就要求我们必须从我国的实际国情出发，实事求是地对我国社会的阶级关系和经济关系进行具体的分析，根据生产力发展的实际水平，考虑经济基础的实际情况，制定出符合社会发展客观规律的法规来。同时也要从广大人民的文化水平、道德水准、觉悟程度出发，制定出真正代表广大人民的共同利益、反映广大人民的要求和愿望、得到广大人民的支持和拥护的法规来。只有这样，才能使法律发挥应有的作用，起到应有的效果。中央苏区法制作为新民主主义法制开创阶段，尽管是探索性的，但基本上是从实际出发，适应当时的时代和环境，体现苏区人民的意愿和要求的。但因"左"倾路线和战争环境的影响，有些法律或法律的有些内容，教条式地照搬苏联法制，或多或少地存在着脱离中国革命实际、从主观出发的倾向。如，《中华苏维埃共和国宪法大纲》中关于用民族自决权解决国内民族问题的主张，是典型的苏联模式，显然不符合我国民族问题的历史和现状，完全脱离了中国实际。土地立法上实行"地主不分田，富农分坏田"政策，这种在生活上不给地主出路的政策，不利于对地主的改造，彻底地将地主群体推向了反革命力量一边；同时又规定给富农分配的是"较坏的劳动份地"，在经济上过分打击富农，不利于团结和联合富农力量进行革命，使革命无法得到富农的支持和拥护，这也是不利于革命的。正如毛泽东1941年所总结的那样："在土地政策方面，对于十年内战前期和中期所采取的、也分配给地主一份和农民同样的土地、使他们从事耕种、以免流离失所或上山为匪破坏社会秩序，这样的正确的政策，加以否定，也是错误的。"①

---

① 《毛泽东选集》第 3 卷，人民出版社 1991 年版，第 792 页。

在劳动立法中，脱离实际，不顾农村环境和战争条件，机械地执行 8 小时工作制，过多的休息，过高的工资待遇，片面的福利要求等，对根据地经济的发展产生了一定的影响。

在新时代向第二个百年奋斗目标进军的新征程上，在推进全面依法治国的新实践中，要以习近平法治思想为指引，弘扬苏区法制建设一切从实际出发的经验，汲取脱离实际、照搬苏联法律的教训，走好中国特色社会主义法治道路，建设中国特色社会主义法治体系，建设社会主义法治国家。一要深刻理解和把握中国特色社会主义法治道路的内涵和要求，中国特色社会主义法治道路，是建设社会主义法治国家的唯一正确道路，是一个管总的东西，本质上是中国特色社会主义道路在法治领域的具体体现，要坚决摒弃西方思潮的影响。二要深刻理解和把握全面推进依法治国，总目标总抓手是建设中国特色社会主义法治体系，本质上是中国特色社会主义制度的法律表现形式，是坚持和发展中国特色社会主义制度的重要组成部分。要同推进国家治理体系和治理能力现代化相适应，既不能罔顾国情，超越阶段，也不能固陈守旧，墨守成规。从我国国情实际出发，推动实现从法律体系建设到法治体系建设的转型升级，加快形成完备的法律规范体系、高效的法治实施体系、严密的法治监管体系、有力的法治保障体系，形成完善的党内法规体系，把党内法规体系作为中国特色社会主义法治体系的重要组成部分，形成国家法律法规和党内法规制度相辅相成、相互保障的法治建设新格局。要坚持依法治国和以德治国相结合，实现法治和德治相互促进、相得益彰。三要深刻理解和把握在法治领域坚持把马克思主义法治理念同中国特色社会主义法治实践相结合，同中华优秀传统法律文化精华相结合，是全面依法治国的重要路径，是马克思主义法治理念中国化时代化的必由之路。要把马克思主义法治理论的思想精髓同中华优秀传统法律文化的精神特性融会贯通起来，扎根中国文化，立足中国国情，解决中国问题。坚持礼法并重、法德合治观念，传承弘扬中华优秀法律文化中的治国策略、民本理念、价值追求、平等观念、恤刑原则等方面的经验智慧，使之融入全面依法治国实践中，从 5000 多年的璀璨文明中传承人文精神、道德价值、法理精华。大力推动把社会主义核心价值观融入法治建设，在执法司法实践中弘扬见义勇为、公序良俗、诚信友善、孝老爱亲等社会风尚，依法打击诋毁贬损英烈、家庭暴力、侮辱猥亵等违法犯罪行为，积极建设民族的科学的大众的社会主义法治文化，努力实现法安天下、文以化人、德润人心。

附　录

1. 中央苏区法制建设大事记

1929 年

4 月

毛泽东率红四军第三纵队到达兴国后，指导中共兴国县委建立了县革命委员会，制定了兴国县《土地法》，帮助制定了《兴国县革命委员会政纲》。

7 月

毛泽东指导制定《闽西土地法》，亦称《中共闽西第一次代表大会土地问题决议案》。

8 月

中共闽西特委制定《闽西苏维埃组织法》。

10 月

信江苏维埃政府通过《信江苏维埃政府政纲》。

12 月

中共鄂西特区第二次代表大会发布《关于土地问题决议案》。

红四军党的第九次代表大会（即古田会议）通过了古田会议决议，包括废止肉刑、党的组织问题、党内教育问题等。其中最重要的是关于纠正党内错误思想的内容，确立了思想建党、政治建军的原则，明确提出编制红军法规等。古田会议决议是中国共产党和红军建设的纲领性文献。

1930 年

1 月

鄂豫边革命委员会发布《土地政纲实施细则》。

2 月

毛泽东主持召开红四军前委、赣西特委和红五、红六军军委联席会议（史称二七会议），通过赣西南《土地法》。

龙岩县第二次工农兵代表大会通过《土地问题决议案》。

永定县第二次工农兵代表大会通过《土地问题决议案》。

3 月

毛泽东在兴国指导召开兴国县第一次工农兵代表大会，成立兴国县苏维埃政府，并颁布《兴国苏维埃政府土地法》。

信江苏维埃政府第二次工农兵代表大会召开并通过《信江苏维埃政府临时组织法》《工会组织临时组织条例》《土地临时使用条例》等。

闽西第一次工农兵代表大会召开，会议通过了《土地法》《劳动法》《军事条例》《婚姻条例》《苏维埃政府组织法》《山林法》《借贷条例》《保护青年妇女条例》《保护老弱残废条例》《合作社条例》《裁判条例》《税则条例》等 16 部法案。这是党早期创建苏区过程中较大规模且成体系的立法实践。

4 月

鄂豫皖区革命根据地六安县第六区发布《六安县第六区肃反条例》。

5 月

闽西苏维埃政府颁发第 12 号布告，公布《裁判条例》。

全国苏维埃区域代表大会通过《土地暂行法》《劳动保护法》和《中华苏维埃政府的政纲》（十大政纲）。

右江苏维埃政府颁布《土地法暂行条例》。

六安县第六区颁布《苏维埃选举条例》。

6 月

闽西苏维埃政府颁发第 13 号布告，公布《惩办反革命条例》。

《峡江县土地暂行条例》颁布。

7 月

湖南省委颁布《组织法》。湖南省苏维埃政府颁布《暂行土地法》。

8 月

中国革命军事委员会在江西颁布《苏维埃土地法》。

9 月

第一次全国苏维埃代表大会中央准备委员会在上海召开会议，讨论通过了临时常委会工作报告、政治宣言、选举条例和准备提交"一苏大会"的宪法大纲草案、劳动法草案、土地法草案、经济法草案、关于红军问题决议草案等。会后,"中准会"发布了《中国工农兵会议(苏维埃)第一次全国代表大会苏维埃选举暂行条例》。

闽西工农兵第二次代表大会通过《修正土地法令决议案》《修正闽西苏维埃政权组织法》等。

10月

中共中央颁布《中国工农红军政治工作暂行条例草案》,这是党的历史上第一个政治工作法规。

江西省苏维埃政府发布《宣布本府成立及政纲布告》。

红一方面军总前委与江西省行委联席会议讨论通过《土地问题决议案》。

湘鄂西特委第一次紧急会议发布《关于土地问题决议案大纲》。

湘鄂西第二次工农兵代表大会通过《土地革命法》。

11月

江西省苏维埃政府发布《彻底平均分配土地通告》。

12月

闽西苏维埃政府制定《租田条例》。

1931 年

2月

闽西苏维埃政府颁发第九号布告,公布《反革命政治犯自首条例》。

《红旗周报》第一期发布中共中央《土地法草案》。

3月

闽西苏维埃政府裁判部组织革命法庭,公开审判反革命政治犯。

江西省苏维埃政府主席曾山和土地部部长段起凤联合署名发布《江西省苏维埃政府关于土地问题所有权的布告》。

赣东北特区苏维埃代表大会制定《赣东北特区苏维埃政府的施政大纲》《土地使用法》。

4月

闽西裁判兼肃反委员会创办《法庭日刊》,这是目前发现的中国共产党创办最早的红色法治刊物。

在于都召开的中共苏区中央局第一次扩大会议通过了《接受国际来信及四中全会决议的决议》,基本上肯定了以毛泽东为书记的红四军前委的工作路线。

5 月

中央政治局通过《关于目前政治形势及中共党的紧急任务决议案》。

赣东北特区苏维埃颁布《暂行刑律》。

江西省苏维埃政府颁布《关于土地问题的布告》。

6 月

闽西苏维埃政府颁布《重新分配土地的条例》。

7 月

鄂豫皖区第二次苏维埃代表大会通过《苏维埃临时组织大纲》和《婚姻问题决议案》。

闽西苏维埃政府颁布第 20 号布告《关于征收土地税问题》。

8 月

中共苏区中央局在江西兴国县通过《关于土地决议案》。随后颁布《关于土地问题的决议案》。

9 月

鄂豫皖区苏维埃政府颁布《革命军事法庭暂行条例》。

湘鄂赣省第一次工农兵代表大会通过《苏维埃政府土地法》。

10 月

鄂豫皖区苏维埃政府颁布《革命法庭的组织与政治保卫局的关系及其区别》。

湘赣省第一次工农兵代表大会通过《湘赣苏区各级苏维埃政府暂行组织法》《对全苏大会劳动法草案的决议》《土地问题决议案》《土地和商业累进税暂行征收条例》《重新彻底平均分配一切土地条例》《经济问题决议案》《文化问题决议案》《肃反暂行条例》《婚姻条例》等。

11 月

中华苏维埃第一次全国代表大会召开，会议讨论通过了《中华苏维埃共和国宪法大纲》《劳动法》《土地法》等法令草案和红军问题、经济政策、工农检察处问题等决议草案。

人民委员会设立外交、军事、劳动、财政、土地、教育、内务、司法、工农检察等 9 个部和国家政治保卫局。委任张国焘为中央司法人民委员，何叔衡为工农检察人民委员，邓发为国家政治保卫局局长。

中央执行委员会第一次会议通过《地方苏维埃政府的暂行组织条例》《中华苏维埃共和国的选举细则》《中华苏维埃共和国划分行政区域暂行条例》《中

华苏维埃共和国暂行税则》《中华苏维埃共和国婚姻条例》等法律文件。

12 月

中央执行委员会召开非常会议，通过并颁布了第 6 号训令《处理反革命案件和建立司法机关的暂行程序》，指出苏区过去肃反中存在的错误，规定以后所有反革命案件一律归国家政治保卫局侦查逮捕预审，然后向国家司法机关提起公诉审判。随后，"中执委"发布《关于各级苏维埃政府建设问题》的训令，颁布《中华苏维埃共和国选举委员会的工作细则》《关于实行劳动法的决议案》和《红军及地方武装选举细则》。

中央人民委员会举行第三次常会，通过统一财政条例及训令等文件，决定各级苏维埃选举经费由中央按规定拨给。

梁伯台任司法人民委员部副部长，因部长张国焘未到职，他实际主持司法人民委员部工作。

苏维埃临时中央政府讨论通过《关于工商业投资暂行条例的决议》，颁布《中华苏维埃共和国暂行财政条例》。

赣东北省苏维埃第二次执委会修改通过《土地分配法》。

1932 年

1 月

中央人民委员会举行第四次常会，通过对于自新自首及反水的工农分子选举权条例。

临时中央政府就江西省的选举运动与合作社问题，致信江西省苏政府，提出了明确要求。

中央执行委员会颁布《国家政治保卫局组织纲要》和发出第 8 号训令，对苏区内居民与各级苏维埃代表的比例标准作出变更和补充规定。

中共苏区中央局通过《关于苏区肃反工作的决议案》。

临时中央政府公布《关于借贷暂行条例的决议》。

湘赣省苏维埃政府制定《湘赣省苏维埃土地税和商业税暂行征收条例》和《湘赣苏区重新彻底平均分配土地条例》。

2 月

梁伯台出席闽西政府裁判部刑事法庭公开审判。

中华苏维埃共和国临时最高法庭成立，中央人民委员会第七次常会决定委任何叔衡为临时最高法庭主席，提出创办劳动感化院。

湘鄂赣省苏维埃政府常字第 40 号通知，宣布湘鄂赣省工农兵苏维埃临时法庭成立，推定赖汝樵为临时法庭主任。

中央执委会发布第 3 号命令，颁布《中华苏维埃共和国军事裁判所暂行组织条例》，规定对触犯苏维埃法律和红军战场纪律的红军军人，必须依法由各级军事裁判所惩处，并对军事裁判所的组成和司法程序作出明确规定。

中央人民委员会颁布训令第二号《山林保护条例》。

湘赣省苏维埃政府批准《湘赣省工农检察部暂行简章》。

项英发布《关于婚姻条例质疑与解答》。

3 月

《红色中华》报从第 12 期开始专门开辟《苏维埃法庭》专栏。

中央执行委员会副主席、中央人民委员会副主席项英为《红色中华》报《苏维埃法庭》专栏写了《写在前面的几句话》的前言。

中央执行委员会和中央人民委员会发布《苏维埃区域暂行防疫条例》。

4 月

临时中央政府发布《关于合作社暂行组织条例的决议》。

中央人民委员会召开第 11 次常会，讨论了苏维埃建设和选举运动等问题。

中央执行委员会颁布《中华苏维埃各级劳动部暂行组织纲要》。

临时最高法庭发布第 2 号训令，纠正江西省裁判部第一、第二号判决书中的错误。

"中执委"发布第 11 号训令《纠正放松肃反的错误》，颁布《中华苏维埃共和国妇女生活改善委员会组织纲要》。

5 月

临时中央政府决定成立邮政总局，颁布了《中华苏维埃共和国邮政暂行章程》。

赣东北劳动感化总院成立，下设三个分院和一个总院农场。

临时最高法庭发布第 5 号判决书，以反革命案判处谢步升死刑，并没收一切个人财产。临时最高法庭法字第 14 至第 18 号批文，分别批准瑞金县苏维埃政府裁判部第 7、16、18、19 号判决书，以反革命案判处罗宏、钟同焕、钟盛波等死刑，纠正瑞金县苏维埃政府裁判部第 20 号判决书，对普通刑事犯朱多伸由死刑改判监禁二年。

6 月

江西省苏维埃政府裁判部成立，在兴国县城办公，古柏、徐达志、江善忠先后任部长。

中华苏维埃共和国中央执行委员会颁布《裁判部的暂行组织及裁判条例》。

中央人民委员会颁布了《内务部暂行组织纲要》和发布训令第 6 号《关于保护妇女权利和建立妇女生活改善委员会的组织和工作》。

裁判部长联席会议召开。

中央人民委员会颁布《发行战争短期公债条例》。

7 月

中央执行委员会颁布命令第 7 号《关于修改暂行税则问题》，颁布《土地税征收细则》。

8 月

中央司法人民委员部发布第 2 号命令，决定设立劳动感化院，加强对各类依法服刑人员的劳动感化，发布《劳动感化院暂行章程》。

中央执行委员会任命何叔衡、梁柏台、刘伯承、陈寿昌、刘振山五人组成最高法院临时法庭，并批准临时最高法庭以反革命案判处刘佐华、李聘卿、肖世俊死刑，蔡佩玉监禁 5 年，但对季振同、黄仲岳由死刑减为监禁 10 年，朱冠甫、张少宣、高达夫由死刑减为监禁 8 年。

中央人民委员会颁布训令第 7 号《发展粮食合作社运动问题》。

中央人民委员会第 22 次常会讨论通过《财政部暂行组织纲要》。

湘赣省第二次苏维埃代表大会制定《劳动法执行条例》和《土地法执行条例》。

中央财政人民委员部颁发《商业所得税征收细则》。

中央人民委员会第 23 次常会修正通过《国家银行暂行章程》。

湘赣省颁布《土地税征收细则》。

9 月

中央工农检察人民委员部决定设立各级工农控告局和控告箱，专门受理工农群众对政府工作人员的检举揭发信件，为此，专门发布了《工农检察部控告局组织和纲要》。

福建省苏维埃政府颁布《关于犯人材料及坚决废止肉刑的问题》的训令。

中央执行委员会发布《关于继续改造地方苏维埃政府问题》的第 15 号训令。

湘赣省苏维埃政府内务部颁布《禁烟禁赌条例》。

10 月

梁柏台在石城县撰写《司法人民委员部一年来工作》，发表于 11 月 7 日的

《红色中华》。这是党领导的司法机关首次作出工作报告。

12 月

闽粤赣省裁判部成立，柳贞吾任部长。

中央执行委员会作出决议，决定对各级的选举运动进行一次检查。

苏区中央局颁布《关于肃反工作检阅决议》。

江西省苏维埃政府颁布《对于没收和分配土地的条例》。

1933 年

2 月

中央人民委员会任命董必武、刘少奇为工农检察人民委员部委员。

中央政府颁布《中华苏区革命互济会章程》。

3 月

中央司法人民委员部召开裁判部长联席会议，总结部署工作，起草《苏维埃刑法》。

中央执行委员会发布《关于镇压内部反革命问题》第 21 号训令。

中央人民委员会第 37 次常会，通过修改酒菜馆等营业税征收办法，通过《关税条例》，审查并批准财政人民委员部关于建立关税制度的训令。

中央人民委员会召开第 38 次常会，修改了财政部暂行组织纲要，研究工农检察部、司法部等部工作。

中央政府颁布了《劳动互助社组织纲要》。

4 月

中央人民委员会召开第 39 次常会，审查通过了《土地部组织纲要》和《教育部暂行组织纲要》。

中央司法人民委员部发布第 9 号命令《为组织劳动法庭的问题》，决定组建劳动法庭，以专门解决关于劳动纠纷的案件。

中央工农检察人民委员部发布第 3 号训令，要求健全各级工农检察部的组织。

中央教育人民委员部颁布《省、县、区、市教育部及各级教育委员会的暂行组织纲要》。

临时中央政府发布第 9 号命令《为检查和取缔私人枪支禁止冒穿军服等》。

司法人民委员部发布第 10 号命令《关于没收犯人的财产和物件的手续》。

中央人民委员会颁布《中华苏维埃共和国各级国民经济部暂行组织纲要》。

中央执行委员会发布《关于肃反委员会决议》。

闽赣省第二次工农兵代表大会通过《土地问题决议案》和《实行劳动法令方案》。

5 月

中央人民委员会任命高自立为中央工农检察人民委员部副部长。

江西省苏维埃政府裁判部通令催促各县赶快成立劳动法庭，贯彻执行劳动法，解决资本家违反劳动法的案件。

中央财政人民委员部发布《关税征收细则》。

6 月

司法人民委员部发布《对裁判机关工作的指示》。

江西省苏维埃政府裁判部《司法汇刊》创刊。

中央政府颁布《关于查田运动的训令》，苏区中央局作出《关于查田运动的决议》。

中央财政人民委员部颁发《合作社工作纲要》，中央国民经济人民委员部颁发《发展合作社大纲》。

7 月

中央人民委员会发出布告第 21 号《关于创办粮食合作社问题》。

梁柏台签发《司法部五个月工作计划》。

闽浙赣省苏维埃政府发布《土地税征收法》。

中央执行委员会发布《关于重新划分行政区域的决议》。

8 月

粤赣省苏维埃政府裁判部成立，办公地点设在会昌县文武坝。

中央执行委员会颁布《苏维埃暂行选举法》和第 22 号训令《关于此次选举运动指示》，对"二苏大会"代表的选举工作提出明确要求。

9 月

中央苏区各省、县开展大规模的选举运动，中央人民委员会召开内务部长选举运动大会，毛泽东作《今年的选举》报告，梁柏台作《选举法》报告。

中央政府颁布《消费合作社标准章程》和《生产合作社标准章程》。

中央执行委员会颁发《农业税暂行税则》。

10 月

中央国民经济人民委员部颁布《运输管理局暂行简章》。

中央司法人民委员部举办司法干部训练班。

中央内务人民委员部颁布训令，决定建立民警管理局和义务劳动管理局。

中央执行委员会颁布《关于重新颁布劳动法的决议》《关于违反劳动法令惩罚条例》。

中央人民委员会颁布《国库暂行条例》和《农业税暂行税则补充条例》。

12 月

中央执行委员会公布《中华苏维埃共和国地方苏维埃暂行组织法（草案）》，发布《关于惩治贪污浪费行为》第 26 号训令和颁布《劳动互助社组织纲要》。

中央工农检察人民委员部检查中央总务厅和瑞金县苏政府的财务工作，发现存在严重的贪污浪费现象。中央人民委员会根据检察结果，决定撤销中央总务厅厅长赵宝成的职务，将管理处处长徐毅拘押审办；瑞金县苏财政部部长蓝文勋被撤职查办，会计科科长唐仁达交法庭处以死刑，县苏主席杨世珠因犯官僚主义错误被给以警告处分。

1934 年

1 月

中华苏维埃第二次全国代表大会在瑞金沙洲坝中央大礼堂隆重召开。大会通过了《中华苏维埃共和国宪法大纲》《关于经济建设的决议》《苏维埃建设决议案》《关于红军问题决议》等。

2 月

中央执行委员会发布第 1 号布告，委任董必武为最高法院院长，梁柏台为司法部部长，项英为中央工农检察委员会主任。

审判机关在中华苏维埃大会场公开审判贪污案，判处原苏维埃大会工程处主任左祥云死刑；原中央政府总务厅管理处处长徐毅监禁 6 年，剥夺公民权 6 年；原中央政府总务厅厅长赵宝成被罚苦工 1 年；原中央政府总务厅事务股股长管永才、原中央政府运输司务长刘兆山各禁闭半年。

中央执行委员会发布中字第 1 号命令《中华苏维埃共和国中央苏维埃组织法》和中字第 2 号命令《审计条例》，这是党领导下的红色政权制定的第一部审计法规，初步构建起统一的审计制度。

3 月

司法部部长梁柏台在《红色中华》报发表《裁判机关的主要工作方向——

镇压反革命》的文章。

《红色中华》第159期公布了中共中央党务委员会和中央工农检察委员会关于"于都事件"检举情形：于都县苏主席、县委组织部部长等人贪污公款、营私谋利；县委书记和少数工作人员合伙做生意；县互济会主任组织所谓"互助合作社"、利用互济公款做投机生意；城区三个区苏主席和六个部长也合伙做投机生意。

最高法院遵照中央执行委员会命令，组织最高特别法庭，以董必武为主审，何叔衡、罗梓铭为陪审，李登湘、邹沛甘为书记员，梁柏台为最高特别法庭临时检察长，以贪污渎职案判处原中央执行委员、于都县苏主席熊仙璧监禁1年，剥夺公民权1年，判处4名贪污犯死刑。

项英率领中央工作组改组了中共于都县委和县苏维埃政府，撤销了熊仙璧中央执行委员、县苏主席职务。

最高法院组织最高特别法庭，公开审判了原中央执行委员、工农剧社社长兼中央教育部艺术局副局长洪水贪污案，判处其强迫劳动三个月。

中央工农检察委员会发布第1号布告，明确规定了各级检察委员会的责权范围。

中共中央组织局发布《苏区党团组织与工作条例》，这是党的历史上第一部专门就党团工作制定的条例。

4月

中央执行委员会公布《中华苏维埃共和国司法程序》《中华苏维埃共和国惩治反革命条例》和《中华苏维埃共和国婚姻法》。

《红色中华》报道了中央司法部以动摇妥协事由，撤销省、县两级11个城关部部长职务。

中央人民委员会颁布《苏维埃国有工厂管理条例》。

教育人民委员部将24个教育法规规章汇编成册，以《苏维埃教育法规》的名义予以颁布，这是中央政府成立后颁布的第一部教育法规汇编。

7月

赣南省苏维埃政府裁判部成立，办公地点设在于都县城北门街，刘幸庭任部长。

9月

毛泽东在于都县城出席赣南省裁判部干部会议，并在会上指示要搞好查田运动，认真做好肃反工作，严格分清敌我友，团结真正的朋友，打击真正的敌人。

11 月

陕甘边区苏维埃政府正式成立，习仲勋当选为苏维埃政府主席。边区苏维埃政权建立后，各级基层政权也陆续建立起来。

12 月

中华苏维埃共和国临时中央政府办事处主任陈毅、副主任梁柏台发布《动员工农群众，积极击杀革命叛徒》的紧急命令。

1935 年

2 月

中国共产党司法战线的先驱、中央苏区法制建设的杰出领导人何叔衡由江西转移福建途经长汀水口时遭敌包围，突围时壮烈牺牲，时年 59 岁。

3 月

中国共产党司法战线的先驱、中央苏区法制建设的优秀领导人之一，时任中共中央分局委员、中央政府办事处副主任梁柏台在率部通过敌军封锁线时负伤被俘，后在大余县惨遭杀害，时年 36 岁。

中央政府办事处主任陈毅和中共中央分局书记项英等党政领导同志陆续突围到信丰油山，开始了赣粤边三年游击战争。

12 月

中共中央在陕北瓦窑堡召开政治局会议，作出《关于改变对富农策略的决定》；召开政治局扩大会议，确定抗日民族统一战线的策略方针。毛泽东作《论反对日本帝国主义的策略》的报告，提出将"工农共和国"的口号改为"人民共和国"的口号。

2．主要参考文献

（1）《马克思恩格斯全集》第 1—4 卷，人民出版社 1982 年版。

（2）《列宁全集》第 1—4 卷，人民出版社 1990 年版。

（3）《毛泽东选集》第 1—4 卷，人民出版社 1991 年版。

（4）《毛泽东军事文集》第 1 卷，军事科学出版社、中央文献出版社 1993 年版。

（5）《董必武选集》，人民出版社 1985 年版。

（6）《董必武政治法律文集》，法律出版社 1986 年版。

（7）《中国共产党简史》，中共党史出版社 2001 年版。

（8）《中共中央文件选集》（1—6 册），中共中央党校出版社 1989 年版。

（9）《中华苏维埃共和国法律文件选编》，江西人民出版社 1984 年版。

（10）《中国新民主主义革命时期根据地法制文献选编》第 1—3 卷，中国社会科学出版社 1981 年版。

（11）中共中央书记处编：《六大以来——党内秘密文件》（上），人民出版社 1981 年版。

（12）江西省档案馆、中共江西省委党校党史教研室选编：《中央革命根据地史料选编》（上、中、下），江西人民出版社 1982 年版。

（13）赣州市中级人民法院编，彭光华主编：《人民司法摇篮——中央苏区人民司法资料选编》，2006 年版。

（14）瑞金县人民法院编：《中华苏维埃共和国审判资料选编》，人民法院出版社 1991 年版。

（15）曾维东、曾维才主编：《中华苏维埃共和国审判史》，人民法院出版社 2004 年版。

（16）熊先觉：《中国司法制度简史》，山西人民出版社 1986 年版。

（17）张希坡、韩延龙主编：《中国革命法制史》，中国社会科学出版社 2007 年版。

（18）张晋藩主编：《中国司法制度史》，人民法院出版社 2004 年版。

（19）曾宪义、张晋藩编：《中国宪法史略》，北京出版社 1979 年版。

（20）余伯流、凌步机：《中央苏区史》，江西人民出版社 2001 年版。

（21）谭世贵：《司法改革的理论探索》，法律出版社 2003 年版。

（22）郭成伟、宋英辉主编：《当代司法体制研究》，中国政法大学出版社 2002 年版。

（23）任允正、刘兆兴：《司法制度比较研究》，中国社会科学出版社 1996 年版。

（24）韩秀桃：《司法独立与近代中国》，清华大学出版社 2003 年版。

（25）李永清主编：《当代世界法制》，人民出版社 2002 年版。

（26）瞿同祖：《中国法律与中国社会》，中华书局 1981 年版。

（27）孙业群：《司法行政权的历史、现实与未来》，法律出版社 2004 年版。

（28）舒龙、凌步机主编：《中华苏维埃共和国史》，江苏人民出版社 1999 年版。

（29）叶清主编：《中国审判制度研究》，上海社会科学院出版社 2002 年版。

（30）王利明：《司法改革研究》，法律出版社 2000 年版。

（31）何勤华：《中国法学史》，法律出版社 2000 年版。

（32）［法］孟德斯鸠：《论法的精神》，张雁深译，商务印书馆 1982 年版。

（33）严帆：《中央革命根据地新闻出版史》，江西高校出版社 1991 年版。

（34）孙家犹等：《中央苏区政权建设研究》，江西人民出版社 1991 年版。

（35）谢一彪：《中国苏维埃宪政研究》，中央文献出版社 2002 年版。

（36）厦门大学法律系、福建省档案馆编：《中华苏维埃共和国法律文件汇编》，江西人民出版社 1984 年版。

（37）张启安：《共和国的摇篮——中华苏维埃共和国》，陕西人民出版社 2003 年版。

（38）陈荣华、何友良：《中央苏区史略》，上海社会科学院出版社 1992 年版。

（39）何友良：《中国苏维埃区域社会变动史》，当代中国出版社 1996 年版。

（40）叶春等：《文化建设与苏区文化传统》，宁夏人民出版社 1999 年版。

（41）段瑞华等：《苏区思想发展历程》，江西高校出版社 1990 年版。

（42）蒋伯英、郭若平：《中央苏区政权建设史》，厦门大学出版社 1999 年版。

后 记

20世纪80年代，我上大学时学过法律，被分配到大学工作后，正逢开设法律课，有幸被选中去教育部主办的法学教学培训班学习，成了学校首位法律教师。当时正赶上实施第一个五年普法规划，我不但要为学生授课，还要为副处级以上领导上法规辅导课。学校要求教师既忙教学又抓科研，"两不误双进步"。几度寻觅，遂发现了法学研究领域的空白——中央苏区法制建设，既欣喜又遗憾。欣喜的是寻找到了研究的突破口和着力点，遗憾的是法学界对这部分研究重视不够。

作为出生于红都瑞金、工作于中央苏区所在地的大学法律教师，我深感责任与重担，从而以此为选题进行了几十年的研究。我先后发表了20多篇文章，在纪念中华苏维埃共和国临时中央政府成立暨中央革命根据地创建60周年期间，承担了《中央苏区政权建设》中的"中央苏区法制建设"专题撰稿任务，由此萌发了为"中央苏区法制建设"著书立说的想法。虽工作单位职务不断变动，但我始终关注和跟进研究进展。经过努力，在纪念中华苏维埃共和国临时中央政府成立暨中央革命根据地创建70周年之际，出版专著《中央苏区法制建设》，被法学界评价为"首部专著""填补空白"。2009年在庆祝新中国成立60周年期间，我参与组织编辑《人民共和国摇篮丛书》（九册），并承担了其中两册的执行主编，一是《中央苏区法制建设》，二是《中央苏区廉政建设》。可算是再版了《中央苏区法制建设》。

习近平总书记2019年视察江西时强调：要从瑞金开始追根溯源，深刻认识红色政权来之不易，新中国来之不易，中国特色社会主义来之不易。今年是新中国成立75周年。中共党史出版社决定旧作新版，在当前全面推进依法治国的新时代下，宣传介绍中央苏区法制建设的光辉历史，传承红色法制文化基因，对于发扬人民民主法制优良传统，推进新时代法治建设事业，具有重要的意义。

该书坚持对标对表习近平法治思想，汲取新时代对中央苏区法制建设的最新研究成果，力求体现系统性、前沿性、时代性、工具性的特点，也展示了我几十年研究的集合性成果。

中央苏区法制建设，仍是一个需要不断深化和拓展的研究领域，坚信会有更完善更完整的思考和解读，为新时代法治中国建设贡献历史智慧和现实力量。

由于主客观条件的局限，本书疏漏、不足之处，在所难免，敬请专家、学者和读者批评指正。

杨木生

2024 年 10 月